역사의식조사, 역사교육의 미래를 묻다

최초의 전국 단위 초·중·고 역사의식조사,
그 10년의 기록

역사의식조사, 역사교육의 미래를 묻다

역사교육연구소 지음

Humanist

머리말

학생과 교사에게 역사와 역사 공부에 대한 생각을 묻다
- 역사의식조사 10년의 기록 -

일상적인 수업 장면에서 역사교사들은 수시로 묻게 된다. '내가 지금 마주하고 있는 학생들은 역사에 대해 어떤 생각을 품고 있는가, 누구와 어떤 대화를 나누면서 역사의식을 형성해가고 있는가, 생각이 서로 다른 이 학생들이 대화하고 토론하면서 바람직한 시민으로 성장할 수 있도록 나는 어떻게 도울 수 있는가, 이를 위해 교육과정과 교과서는 어떻게 변해야 하는가' 등등. 그러나 교사 혼자서는 답을 찾기 어렵다.

2010년 가을, 그때까지 어떤 기관이나 조직도 묻고 답해본 적 없는 우리 학생들의 역사의식을 알기 위해 역사교육연구소와 전국역사교사모임이 다소 무모한 도전을 시작했다. 1988년에 창립된 전국역사교사모임이나 2009년에 출범한 역사교육연구소는 우리 역사교육의 현실을 깊이 들여다보며 현실에 터한 역사교육의 논리를 개발하고, 학생들의 시선에서 우리 역사교육의 방향을 모색하기 위해 다양한 활동을 해왔다. 역사의식조사는 그 연장선에 있다. 이와 관련해 두 단체의 연구진들은 기본적인 준비부터 꽤 전문적인 통계 처리까지 거의 맨땅에 헤딩하듯 해가며 학생들의 역사의식을 진단하는 작업에 몰두했다. 오늘 우리가 세상에 내놓는 이 책은 역사의식조사와 이를 둘러싼 여러 해 동안의 활동을 돌아본 결과다.

2009년 가을, 역사교육연구소와 전국역사교사모임 회원들은 학교 역사교육의 실태와 학생들의 역사 이해와 관련된 방대한 조사를 준비하기 시작했다. 이로부터 2016년에 이르기까지 중등 5회, 초등 3회에 걸쳐 전국 단위의 대규모 학생 조사를 진행했다. 한 번에 그쳤지만, 교사를 대상으로 한 조사도 실시했다. 통계 처리에 용이한 객관식 설문조사에 국한하지 않고 심층 면접, 수업 관찰과 인터뷰 등 여러 형태의 조사를 시도했다.

조사팀에는 초·중·고등학교와 대학에서 역사를 가르치는 이들이 두루 참여했다. 그들은 조사를 기획하고 진행을 주관했으며, 조사 결과를 정리하여 분석하고 그 결과를 공론의 장에 내놓았다. 이를 바탕으로 학교 급의 경계, 교실 수업과 문헌 연구의 경계를 넘나드는 토론이 활발하게 진행됐다.

10여 년 전 이 조사를 기획할 때는 적어도 10년 동안 같은 내용의 설문을 활용하여 지속적으로 자료를 축적할 계획이었고, 실제로 거의 8년 동안 여러 사람이 이 활동에 헌신했다. 당초의 다짐을 지키지 못한 것은 못내 아쉽지만, 그간 쌓인 방대한 자료와 분석 결과를 가다듬어 꼭 필요한 이들에게 도움이 되고자 책을 엮기로 결심했다. 2016년부터 조사팀 중 일부가 단행본 발간을 목표로 토론을 시작했고, 2017년에 어느 정도 얼개를 세웠다. 그리고 그로부터 3년이 지난 오늘, 이 책을 내놓는다.

이 책은 역사교육연구소에서 조사를 진행하면서 생각했던 여러 질문들에서 출발했다. 또한 조사 활동에 기꺼이 동참해주신 많은 역사교사가 가졌던 질문, 조사 결과에서 드러난 경향성과 그 의미를 놓고 벌였던 토론의 결과들을 담고자 하였다.

제1부에서는 조사 과정 전반을 개략적으로 소개하고 초·중등으로 나누어 조사 결과를 분석한다. 먼저 조사의 목적과 전개 과정, 이룩한 것과 남은 과제 등을 정리한 후, 초·중등에서 각각 어떤 질문을 던졌고 학생들이 어떻게 답했는지, 이를 교사들이 어떻게 해독하여 역사수업과 연구에 반영해야 하는지 두루 짚으려 했다. 제2부에서는 조사 결과를 바탕으로 학교 급별, 지역별로 유의미한 차이가 있는지 살펴보고, 학생들의 역사의식 형성에 직·간접적으로 영향을 미치는 교실 안팎의 현상들을 분석한 다음, 교사가 어떤 역사수업을 그려갈 수 있는지 모색해보려 했다. 제3부는 조사를 진행하면서 우리가 가졌던 심화된 질문과 그 질문의 답을 찾아가는 과정을 중심으로 구성했다. 교사가 수업 전문가로 성장하기 위해 필요한 소양을 떠올려 보고, 예비교사들의 역량을 기를 방안들을 담아보았다. 제4부에서는 역사의식조사에 직·간접적으로 관여한 사람들이 조사 과정 전반을 돌아보면서 그것이 갖는 교육적 의미에 대해 나눈 대담 내용을 담았다.

이 책의 출판을 계기로 우리는 지난 10여 년 동안 우리가 나눈 수많은 질문과 대답을 여러 선생님과 공유하고 싶다. 우리나라 역사교육의 현실에 천착하면서 역사교육이론의 새 장을 열고자 하는 연구자들과도 우리가 가진 문제의식을 나누고 싶다. 그리하여 좀 더 나은 역사교육 현장을 만드는 데 아주 작은 보탬이라도 되고 싶다.

이 조사 연구를 기획하고 실천하는 데 지원을 아끼지 않은 전국역사교사모임 회원과 집행부, 역사교육연구소 회원들에게 감사의 인사를 드린다. 그리고 이 책에 실린 여러 글의 저자이기도 한 연구진 여러분, 번잡스러운 조사 실무를 담당해준 구선희 씨와 김신영 씨에게도 감사드린다.

이번에도 휴머니스트 출판사와 손을 잡았다. 일찍부터 이 작업의 의미를 높이 평가해주었기 때문이다. 어려운 출판계 사정에도 불구하고 먼저 출판을 제안해준 데 대해 특별히 감사드린다. 마지막으로 독자 여러분에게 적지 않은 울림이 있기를 바란다.

2020년 여름

집필자 일동 삼가 쓰다

차례

제1부

학습자의 역사의식에 관한 최초의 대규모 조사

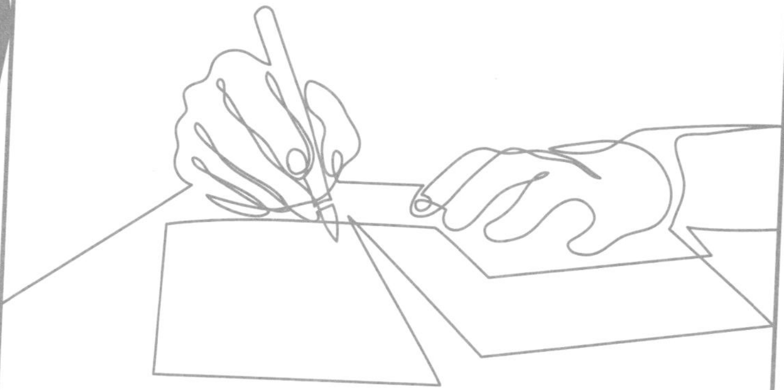

1

역사의식조사 10년, 학습자로부터 출발하는 역사수업 연구

김육훈_서울공업고등학교

10년을 품은 질문, '교실은 가치중립적 공간일까?'

2010년 가을, 우리는 '역사와 역사 공부에 대한 우리들의 생각'이란 제목의 학생 대상 역사의식조사와 '교사의 역사교육 이해 조사'란 제목의 교사 대상 설문조사를 진행했다. 전국 86개 초·중·고등학교 학생 5,638명과 교사 69명이 이 조사에 참여했다.

조사를 처음 논의한 것은 그로부터 1년 전이었고, 역사교육연구소 내 '민주주의와 역사교육 분과'가 논의의 진원지였다. 당시 이 분과는 '민주주의 교육에서 역사교과의 역할'에 대해 공부하고 토론하는 모임을 이어갔는데, 이 모임에서 중학교 역사교사 손현준이 자신의 수업 경험에 대해 발제한 보고서가 이후 10년을 이어갈 조사의 출발점이 되었다. 다음은 손현준의 보고서 내용 가운데 일부이다.

> 현대사 수업이 진행되는 교실에는 학생과 교사 사이에 느끼게 되는 벽(가치중립적이지 않은 가정과 매체로부터 교육받은 학생과 가치중립을 유지하려는 교사 사이에 느껴지는 벽)과 학생과 학생 사이에서 느끼게 되는 벽(계층의식) 등 여러 가지 벽이 존재하고 있다. …… 그러한 벽의 토대를 드러내 허물고, …… 정답이 아닌 발언[을 하는 것]에 대한 두려움이 막고 있는 소통을 푸는 과정, 학우들 사이에 다양한 견해가 존재하는 것에 익숙하게 만드는 과정, 우리 자신의 다양한 이해관계를 현대사 속에서 다시 성찰하게 되는 …….

필자를 포함하여 당시 분과 구성원들은, 역사수업은 '많이 아는 교사가 잘 모르는 학생들에게 역사 지식을 알게 하는 것 이상'이라는 데 공감했다. 아울러 국가가 교육과정과 교과서의 권위를 빌려 생산하는 교과서 역사 지식도 '결국은 누군가에 의해 구성된 역사'라는 데 공감했다. 그저 학생이란 말로 뭉뚱그리기에는 학생들 하나하나가 다르다는 사실에 주목해야 한다고 생각했다.

일본 사회과교육연구회에서 오래전 학생들의 역사의식 발달 과정을 연구하는 프로젝트를 진행했고, 일본 역사교육자협의회가 해마다 1,500명 규모의 자국 학생들을 대상으로 근현대사 인식을 조사한다는 사실에서도 자극을 받았다. 그래서 분과 구성원들은 초·중·고를 망라하는 전국 단위의 대규모 조사를 구상하기 시작했다.

이때 가졌던 문제의식을 잘 표현한 말이 '차이의 역사화'였다. 이 관념은 학생들 간에 역사인식의 차이가 존재하며, 하나하나 따지고 들어가다

보면 거기에는 다 그럴 만한 이유가 있다는 데서 출발한다. 그리고 공부한다는 것은 학생들이 저마다 자신만의 생각을 만들어가는 과정이라고 전제한다. 그러니 교사는 차이가 빚어진 원인을 생각할 수 있도록, 그리고 생각이 다른 친구들과 대화하고 소통할 수 있도록 매개하는 존재란 인식이 담겼다. '역사인식의 차이를 교재화'한다는 말도 이런 맥락으로 사용했다.

분과원들은 개별적으로 학생의 역사인식을 조사하고 여기서 드러나는 학생들의 차이를 교재로 삼는 수업을 실천하는 한편, 역사교육연구소와 전국역사교사모임 집행부에 대규모 조사를 제안했다. 두 단체는 내부 토론을 통해서 이 사업을 주요 사업으로 채택했고, 2009년 12월 여러 사람의 관심과 참여 속에서 10년을 이어갈 조사 활동을 시작했다. 다음은 당시 조사팀에 합류한 이들이 남긴 말이다.[1]

> '학생들이라면 이렇게 생각할 것이다'라고 가정하거나 일부 학생을 대상으로 연구 결과를 도출했을 뿐, 일반적인 학생들의 역사의식을 실증적으로 조사하려는 연구는 부족했다. - 정태윤
>
> 한국에서 이루어진 역사의식 연구는 아주 오래전 일본에서 이루어진 연구를 답습하는 형태를 띤다는 점에 대해 반성할 필요가 있다. - 이해영
>
> 이 조사를 계기로 선생님들 모두가 자신의 수업 실천을 하나의 연구 대상으로 삼고, 자신에게 비판의 칼날을 향할 수 있기를 소망해본다. 그리고 자신의 체험을 다른 선생님들과 나누는 기풍이 우리 모임에서 일어났으면 좋겠다. - 김육훈

역사의식조사 설계, '역사의식을 어떻게 개념화할까?'

2009년 12월, 역사의식조사팀이 출범했다. 역사교육연구소 소장으로 팀장을 맡은 필자를 비롯해 초·중·고등학교와 대학에서 역사를 가르치는 8명이 참가했다. 전국역사교사모임 연구부장도 회의에 자주 참석하여 연구·조사 활동을 지원했다. 연구와 조사 활동에 필요한 비용은 역사교사모임이 대부분 부담했고, 나머지는 역사교사모임 회원 개인들의 자발적인 도움과 역사교육연구소 기금으로 충당했다. 회원 교사 중에는 조사 대상자를 자처한 분도 많았고, 학생 조사를 맡아 진행하거나 비회원 교사를 섭외하는 데 앞장 선 분도 많았다.

조사팀 안팎에서는 이후 하려는 일을 '학생 역사의식조사'로 명명했다. 그러나 '역사의식'을 어떻게 개념화할 것인지, 그래서 무엇을 조사하고 연구할 것인지에 관한 깊이 있는 토론이 필요했다. 수많은 사람이 '역사의식'이란 용어를 입에 올리지만, 저마다 생각하는 의미가 다른 때문이었다. 역사학계나 역사교육학계도 역사의식의 정의에 관해 합의한 적이 없다. 그러니 핵심 개념에 대한 합의 과정을 거치지 않는다면 조사는 설계 단계에서부터 난관에 부딪힐 게 뻔했다.

조사팀은 '역사의식'을 정의하기 위한 토론부터 시작했다. '역사의식'이 주요 개념으로 활용된 연구 성과를 함께 검토하며 개념의 용례와 문제의식을 정리했다. 일찍이 일본에서 진행한 방대한 조사도 비중 있게 검토했다. 일본 사회과교육연구회가 1955년부터 1965년까지 140개 초·중·고등학교 및 대학의 교원과 학생 1만 7,000명을 대상으로 진행한 조사가 그것이다. 이 조사 결과를 바탕으로 '역사의식의 발달 단계'가 개념화되어 오랫동안 한국의 역사교육계에 영향을 미친 바 있다.*

조사팀은 '역사의식'이란 용어가 역사교육 연구자들이 사용하는 차원과는 아예 다른 차원에서 사용되는 사례를 많이 확인했다. 역사교육 연구자들은 역사적 사고 혹은 인지 발달의 문제와 관련해 이 용어를 사용한다. 그런데 '○○○는 역사의식이 없다'라는 말이 널리 통용되는 데서 알 수 있듯, 많은 사람이 역사의식을 '어떻게 살 것인가'의 차원에서 사용하는 것을 볼 수 있었다. 역사학계에서도 마찬가지였다.

조사팀은 학생들의 북한과 통일 문제에 관한 인식 조사와 연구, 다문화·세계시민 교육 관련 민족주의에 대한 인식 조사 등 참조할 만한 연구 사례들도 수집하여 함께 살폈다. 이 과정에서 여러 연구 사례에 나타나는 인식과 우리가 정의하는 역사의식의 관계를 생각해보고, 조사의 기법도 참조할 수 있었다.

짧지 않은 토론 과정을 거치면서, 조사팀은 사람들이 역사의식을 역사교육의 목적·목표 차원에서 개념화하고 역사적 사고와 역사 이해(인식)를 아우르는 차원에서 '역사의식'이란 용어를 사용한다는 데 공감했다. 그리고 역사의식을 다음과 같이 개념화하기로 합의했다.

> 사회 속에서, 그리고 달라지는 시대 속에서 자신이 처한 위치를 성찰적으로 파악함으로써 형성되는 실천적 의식—사회적·역사적 존재로서 인간이 시대의 변화와 공동체 속에서 자신의 위치를 파악하여 주체적 삶을 살려는 실천적 자기 인식

• 이 연구 결과 학생들의 역사의식이 '시원의식→고금상이의식→변천발달의식→인과관계의식→시대구조의식→발전의식' 단계를 거치며 성장한다는, 역사의식의 발달 단계에 관한 주장이 정립되었다. 송상헌, 〈역사적 사고〉, 《역사교육의 이론》, 책과함께, 2009, 327~336쪽. 木全清博, 〈歷史意識の發達と歷史教育〉, 《講座歷史教育 3-歷史教育の理論》, 東京, 弘文堂, 1982, 259~274쪽.

조사팀은 '학생들이 자신의 삶을 역사 이해와 관련짓는 방식'이란 차원에서 이 단어를 정의하려 했다. 사람은 사회적·역사적 존재이며, 현재의 관심사나 관점에서 과거를 선택적으로 구성하고 그 연장선에서 바람직한 미래를 설계한다고 본 것이다.

조사팀은 이런 문제의식을 문항 구성에 적극적으로 반영했다. '학생들의 역사 이해에 영향을 미치는 요소는 무엇인가', '학생들 한 사람 한 사람은 역사와 관련된 현안에 어떻게 반응하는가', '특정한 역사 지식이 있고 없고가 관점에 미치는 영향은 어떠한가' 등의 문제의식을 두루 담고자 했다. 이를 통해 학교 급별로 가장 어울릴 법한 역사교육을 탐색하는 것도 중요한 목표였다.

조사팀은 학생 조사와는 별도로 교사를 대상으로 하는 조사가 필요하다는 데 공감했다. 학생들의 역사의식 형성에 교사와 수업이 큰 영향을 준다고 판단했고, 학생의 역사 이해에 영향을 미치는 교사 요인들을 파악함으로써 역사교육을 개선할 교사의 역할을 탐색하려 했기 때문이다. 조사팀은 자연스럽게 교사팀과 학생팀으로 나뉘었다. 이후 활동은 따로 하되, 필요할 경우 전체 모임을 병행하는 방식으로 운영했다.

최초의 대규모 조사, 역사의식조사에 어떤 내용을 담았나?

조사팀은 2010년 가을 최초의 설문을 완성했다. 여기에는 거의 1년 동안 토론한 내용이 담겼을 뿐만 아니라 조사팀원들이 예비조사를 진행한 결과가 반영되었다.

완성한 학생 설문은 크게 세 영역이었다.

- 역사의식 형성 환경과 상호작용에 대한 학생의 이해
- 현재 이해와 미래에 대한 생각
- 역사적 지식 및 사실에 대한 기억

각 영역은 다시 3~5개의 소영역으로 구분했고, 최종적으로 45개의 객관식 문항과 2개의 서술형 문항으로 설문을 구성했다. 서술형 문항은 객관식 문항과 연동했는데, 예를 들면 '현재 학교에서 하는 역사 공부에 만족하는지'에 '예/아니오'로 답한 뒤 그 이유를 적도록 했으며, '다시 태어난다면 우리나라에 태어나고 싶은가'라는 질문에 역시 '예/아니오'로 답한 뒤 그 이유를 적도록 했다.

응답자의 교직 관련 개인정보에 관한 질문을 제외하면, 교사 대상 설문 역시 다음의 세 영역으로 구분된다.

- 역사의 가치, 역사교육의 역할에 대한 생각
- 역사 교육과정 편제 및 교사 전문성에 대한 생각
- 근현대사 쟁점 사안에 대한 입장 및 역사 갈등에 대한 생각

이를 바탕으로 역사교사가 된 이유, 교사의 수업에 영향을 미치는 요인, 역사교육의 목적, 역사수업의 초점, 적절하다고 생각하는 역사 교육과정, 역사교육에서 민족주의 문제, 한국 근현대사의 쟁점, 통일 문제, 과거사 문제, 역사 갈등과 역사 교과서 문제, 세계사 교재 구성 원칙, 역사교사의 교육관과 교과서관, 역사교사의 전문성 등과 관련된 22개의 질문을 준비했다.

교사 대상 설문은 경력이나 나이, 성(性), 근무하는 지역, 가입한 교원

단체, 전국역사교사모임 회원 여부, 역사학 혹은 역사교육학 전공 여부 등이 교사의 역사교육관에 영향을 미칠 것으로 예상하고 설계했다. 그중에서도 특히 전국역사교사모임 혹은 전국교직원노동조합 가입 여부가 의미 있는 차이를 불러올 것이라 예상했다.

학생 설문을 설계할 때는 나이가 가장 의미 있는 차이를 불러올 것으로 생각했다. 그래서 초등학생은 6학년, 중학생은 2학년, 고등학생은 1학년을 대상으로 설정하고 조사를 설계했다. 학생의 거주 지역이나 성별이 차이를 가져올 것인지도 관심 있게 들여다보려 했다.

2010년 가을 첫 설문조사를 진행했다. 참여를 유도하기 위해 참가 학생과 교사에게 약간의 기념품을 배포했다. 조사를 진행하는 교사를 위한 매뉴얼도 만들어 배부했다. 교사들은 참가하는 학생들에게 설문의 취지를 진지하게 설명했고, 학생들도 대부분 진지하게 설문에 응했다. 다만 역사 지식의 습득 정도를 파악하는 세 번째 대영역에 속하는 문항에 불성실하게 답하는 사례가 종종 눈에 띄었다. 초등학생 중에는 질문을 오해하여 엉뚱하게 답한 학생도 다소 있었다. 문항 수도 많았다.

객관식 문항의 통계 처리는 역사교사모임 회원 중 한 사람이 근무하는 고등학교의 성적 처리 장비와 프로그램을 활용했다. 서술형 문항은 학생들의 응답을 일일이 옮겨 적은 뒤 답안을 몇 가지 유형으로 분류하고 그 의미를 토론했다.

교사팀은 전국역사교사모임과 역사교육연구소 네트워크를 통해 조사 대상자를 선정했다. 설계는 회원과 비회원 숫자를 배려했으나, 실제 조사에서는 상대적으로 교사모임과 전교조 회원의 참여가 많았다. 초등교사는 애초 설계보다 적은 수가 참여했고, 전교조 회원이 상대적으로 많았다.

조사팀은 통계를 처리한 뒤 그 의미를 토론하는 과정에서 조사 과정 전반을 비판적으로 점검했다. 아울러 조사에 참여한 교사들을 대상으로 후속 조사를 진행했다. 통계 처리한 설문 결과를 바탕으로 워크숍도 두 차례 개최했는데, 교사뿐 아니라 역사교육학자·역사학자·통계 전문가가 참가했다.

문항 수가 많다거나 학생이 이해하기 어렵다거나 은연중에 특정한 답을 요구하는 듯한 문항이 있다는 등의 문제가 제기됐다. 통계 처리 방법을 좀 더 공부한 뒤 조사를 진행했어야 한다거나, 다음번에는 표집 대상을 줄이더라도 절차를 좀 더 엄격하게 해야 한다는 의견도 있었다. 이와 관련해 조사팀 내부에서 조사 결과의 학문적 엄밀성을 보증할 수 있을지 우려하는 목소리도 있었다. 그럼에도 많은 사람이 방대한 규모의 조사를 통해 역사교육의 현황을 통계적으로 파악할 수 있었다는 데 대해 만족감을 표했다. 첫 번째 시도인 만큼 본격적인 역사의식조사라 하기에는 부족하지만, 두 번 세 번 계속하다 보면 언젠가는 애초에 설정한 목표에 이를 수 있을 것이라는 기대감도 드러냈다.

개발된 설문지와 설문조사 결과를 교육 현장에서 활용하는 사례도 나왔다. 학교 실정에 맞는 설문지를 자체 개발하여 조사한 뒤 전국 단위 조사의 결과와 비교하면서 자신의 수업을 돌아보거나, 이 조사를 참작하여 노동에 관한 학생들의 인식을 조사하고 노동의 관점에서 역사 교재를 재구성한 사례도 있었다.*

---

* 윤종배는 중학교, 조경훈은 고등학교에서 이 같은 활동을 진행하고 역사교육연구소 회보에 그 결과를 발표했다(《역사와 교육》 5, 2012). 역사교육연구소의 '민주주의와 역사교육 분과'는 학생 역사의식조사의 취지와 조사 과정에서 나타난 문제점을 참작하여 '노동의 관점에 선 역사교육의 가능성'을 주제로 학생 대상 노동인식조사를 설계하고 진행했다. 이때 개발한 문항 중 일부가 2차 조사 설문지에 포함되었다.

역사교육연구소와 전국역사교사모임은 이 같은 평가를 바탕으로 2차 조사를 준비했다. 단위별 평가 내용을 수합하고, 몇 개 학교를 대상으로 설문을 재구성하여 조사하고 교육적 활용도를 검증하는 작업도 진행했다.

중등용 객관식 설문에 담은 내용은?

2012년에 제2기 역사의식조사팀이 구성됐다. 역사교육연구소장과 1기 학생팀의 이해영, 교사팀의 박주현이 다시 한번 힘을 냈고, 여기에 방지원이 새로 합류했다. 조사팀은 1차 조사의 의의와 한계에 대해 폭넓게 토론했다. 그리고 예비조사와 워크숍 등을 거치면서 조사 계획을 세웠다.

2차 조사 준비 과정에서는 교사 대상 조사를 유보하고 학생 조사에 집중했다. 가장 먼저 한 일은 이후 정례화할 정교한 객관식 문항을 만드는 일이었다. 2012년에는 그중에서도 중등 문항에 집중했고, 2013년에 중등 제2차 객관식 설문조사와 함께 처음으로 면접조사를 진행했다. 문항의 적절성을 점검하기 위해 완성 전에 예비조사도 실시했다.

2차 조사 때는, 1차 때의 평가를 바탕으로 설문지 문항 수를 크게 줄이고 발문과 선지도 대대적으로 손보았다. 1차 설문지 제1영역과 제2영역에 해당하는 문항들은 2차 설문지에도 상당부분 반영되었으나 역사 지식 습득과 관련된 제3영역의 문항은 전면 삭제되었다. 그 대신 거기에 담겼던 문제의식을 면접조사에 반영했다. 새로 만든 설문의 얼개는 다음과 같다.

영역		문항 수(개)
학생의 역사 이해에 영향을 미치는 물리적인 요인과 이에 대한 학생의 태도	역사 공부에 대한 흥미 및 목적	2
	한국사 및 세계사 내용에 대한 흥미와 계열화	3
	역사 지식의 출처와 정확성에 대한 인식	2
	역사 지식의 구성적 성격에 대한 인식	1
현재와 미래에 대한 생각	주변국 인식과 사회 인식 형성	2
	단일민족주의 및 민족주의 상대화	4
	역사 변화의 동력과 주체	2
	산업화와 민주화에 대한 생각	3
	남북관계 및 통일에 대한 생각	3
	대한민국의 미래상	3

2013년 5월, 총 25개의 문항으로 구성된 객관식 설문지를 지역 간, 도·농 간, 남녀 간 균형을 고려하면서 각각 600명 내외의 중학생과 고등학생(중3, 고2 남녀 학생 총 1,282명)에게 배포했다. 2014년, 2015년, 2016년에도 유사한 형태로 조사를 진행했다.[2]

2차 조사는 몇 가지 부분에서 1차 조사 때와 달랐다. 1차 조사 때는 학생과 교사의 민족주의에 관한 인식을 가늠하기 위한 질문이 제법 많았다. 역사교육이 민족 정체성 함양 교육으로 기능하고 있는 현실을 진단하고, 정체성 교육과 관련한 학교 역사교육의 방향을 비판적으로 성찰하자는 취지였다. 그런데 2차 조사 때는 한 걸음 더 나아가 민족주의를 상대화하고, 민주공화국의 시민 주체를 형성하기 위한 역사교육의 역할을 찾는다는 문제의식을 더했다. 이에 따라 단일민족주의, 민주주의, 선성장 후분배 정책(산업화와 민주화) 등에 관한 학생들의 인식을 살필 수 있는 문항을 새로 마련했다.

객관식 문항 간 연계 분석이 가능하도록 설계한 점도 큰 변화였다. 문항 개발 과정에서부터 이를 적극적으로 의식했고, 통계 전문가의 도움을 받아 설문지의 형태와 디자인을 가다듬었다. 통계 처리는 아예 통계 전문가에게 의뢰했지만, 조사를 준비하고 진행한 연구자와 실무 간사도 체계적인 통계교육을 받았다. 그 결과 2차 조사 때는 상당한 수준의 연계 분석이 가능했다. 다음은 분석 결과 연계성이 있다고 확인한 문항들이다.

- 단일민족에 관한 인식과 현재 남북관계에 대한 인식은 통일 문제에 영향을 줄까?
- 성장 중심 경제정책에 대한 인식은 민주주의·노동 문제에 관한 인식과 관련이 있을까?
- 역사 공부에 대한 흥미의 정도는 역사 지식의 습득 경로, 역사 지식의 정확성, 역사 지식 구성 정도, 더 공부하고 싶은 시대, 역사교육의 목적과 관련이 있을까?

2013년 2차 조사 이후로는 약간의 수정만 있었을 뿐, 설문지 내용이 대동소이했다. 이로써 조사팀은 의미 있는 연구 자료를 축적할 수 있었다. 연도별 경향성을 비교하여 추이를 분석할 수 있었고, 다른 단체나 기관 혹은 연구자들이 수행한 조사 결과와 비교할 수 있었다. 그리하여 역사교육과 관련된 중요한 의제들에 대해 의미 있는 문제 제기가 가능해졌다. 아쉽게도 애초에 희망한 '10년간의 자료 축적'이란 목표에는 미치지 못했지만, 8년이라는 시간이 주는 의미는 결코 작지 않았다. 최종 완성된 설문지는 이 책 〈부록〉에 첨부했다.

심층 면접, 내면의 깊은 생각을 엿볼 수 있을까?

조사팀은 2차 조사를 준비하는 과정에서 심층 면접 도입을 적극적으로 검토했다. 5지 선다형으로 이루어지는 양적 연구란 점에서 비롯되는 객관식 설문의 한계를 조사팀은 늘 의식했다. 그래서 조사 대상자의 마음속으로 더 깊이 들어갈 수 있는 방법을 모색했다.

심층 면접은 연구원이 조사 대상자를 만나서 많은 이야기를 듣는 과정으로 진행했다. 그러나 심층 면접의 결과를 신뢰성 있는 자료로 축적하기 위해서는 준비 과정에서 객관식 조사와는 다른 차원의 논의가 필요했다. 조사팀은 서로에게 다양한 질문을 던지면서 공동으로 조사를 설계했다. 다음은 조사팀이 심층 면접을 준비하면서 함께 고민한 지점들이다.

- 어떤 질문을 던질까?
- 중·고등학생에게 같은 질문을 던질 수 있을까?
- 표본은 어떻게 구성해야 할까?
- 학생들이 자연스럽게 이야기를 할 수 있는 분위기를 어떻게 만들 수 있을까?
- 면접을 진행할 연구원들 간 개인차가 발생하지 않을까?

조사팀은 수차례의 토론을 통해 심층 면접 질문지를 만들었다. 그리고 사범대학에 재학 중인 예비교사를 대상으로 예비조사를 진행했다. 이 결과를 바탕으로 위 질문에 대한 답을 찾으려 했다.

조사팀은 다섯 문항으로 이루어진 면담 자료를 만들었다. 객관식 조사의 결과를 심층 분석하기 위한 문항도 있었으나, 대개는 학생들의 자유로운 답변을 바탕으로 연구원들이 종합적인 결론을 도출해야 하는 문항이었다. 그래서 문항 구성 단계에서부터 가능성 있는 답변들을 예상해보고 이를 분류하여 분석할 기준을 만들기 위해 애썼다.

다음은 심층 면접 문항의 주요 내용과 분석 기준이다.

	질문 내용		분석의 기준
1	우리나라 역사를 이야기로 구성하는 방식의 특징		자국사를 이야기로 구성하기 위해 동원되는 중심 서사
2	우리나라 현대사에서 중요하다고 생각하는 사건의 특성		역사적 의의를 부여하는 방식
3	민족주의적 역사인식의 상대화 가능성		역사 지식의 구성적 성격 및 역사 서술의 관점·정확성·객관성에 대한 생각
4	중학생	국가-개인 대립 구도에서 선택의 문제	국가, 민족의 상대화
	고등학생	교과서의 자국사 서술 평가의 기준	자국사 서술 상대화 가능성
5	민주화와 산업화 문제를 통해 조명하는 현실 인식		과거 이해-현실 인식-미래 지향 사이의 관계

처음 두 질문은 중·고등학생을 가리지 않고 같은 내용, 같은 방식으로 질문을 던졌다. 마지막 질문은 내용은 같지만, 중학생에게는 좀 더 이해하기 쉬운 방식으로 풀어서 질문했다. 다른 두 문항은 분석 기준은 같지만, 질문 내용을 다르게 구성했다.

조사팀은 면접 진행 매뉴얼도 만들었다. 면접을 진행하는 과정에서 생길 수 있는 조사자 변수를 최대한 줄여야 한다고 생각했기 때문이다. 앞으로 많은 교사가 손쉽게 심층 면접에 도전하려면 참고할 만한 진행 매뉴얼이 필요하다고 판단한 때문이기도 했다.

매뉴얼은 '심층 면접 전 사전 안내와 준비', '문항별 심층 면접 진행 방법'으로 나누어 준비했다. 다음은 전자의 일부이다.

- 조용하고 편안한 분위기의 공간을 마련하고, 4명이 둘러앉아 마주 보고 이야기할 수 있도록 자리를 배치해주세요. 진행 교사는 모든 학생의 반응을 살필 수 있는 적절한 위치에서 진행합니다.
- 심층 면접을 시작하기 전에 면접 취지를 충분히 설명하고, 영상 촬영과 녹취에 대한 거부감이나 '공포'를 느끼지 않도록 안심시켜주세요.
- 문제지를 배부하고, 필기도구를 준비해주세요.
- 1~2번 문항에 시간이 많이 소요되면 이후 문항에 대한 집중도가 많이 떨어지므로 시간 배분에 유의해주세요.
- 1시간에서 1시간 20분 사이에 면접이 마무리되게 해주세요.

'문항별 심층 면접 진행 방법'에는 문항별로 취지와 소요 시간을 포함해 진행 요령과 예상되는 질문 및 대처 방법 등을 상세하게 기록해두었다[〈부록〉의 심층 면접 진행 매뉴얼 참조].

면접조사 첫해, 3명의 연구원이 예비 면접을 포함해 모두 10회의 심층 면접을 실시했다. 이 자리에는 역사교육연구소 간사가 참석하여 모든 대화를 녹취했고, 녹취 내용을 면접이 끝난 뒤 그대로 글로 옮겨 적었다. 이렇게 수합한 방대한 자료를 바탕으로 방지원과 박주현이 연구 결과를 정리하여 보고서로 작성했다. 다음은 그중 방지원의 보고서 〈중·고등학생들은 역사를 어떻게 바라보고, 어떻게 중요성을 평가할까〉의 일부이다.

[학생들은] '역사'와 '역사 공부'에 대한 자기 나름의 생각이 있다. 이 생각은 여러 가지 영향을 받으며 형성된다. …… 이 생각은 계속해서 달라지고 끊임없이 재구성된다. 만일 이러한 생각을 '역사의식'이라고 부를 수 있다면, 오늘날 우리 학생들의 역사의식의 내용과 형성 경로를 추적하여 확인하는 일이야말로 '학습자로부터 출발하는 역사교육'의 핵심이 될 것이다.

학생들의 과거를 향한 관심은 어떤 식으로든 현재에서 출발한다. 그들은 현재의 사회를 보는 시각으로 과거를 보며, 과거에 대해 배우면서 습득한 관점으로 현재를 보는 시각을 바꾼다. 그런 점에서 과거를 어떤 관점에서 어떤 식으로 가르칠 것인지, 어떤 사건을 중요하게 의미 부여하여 가르칠 것인지가 학생들의 현재 인식에 결정적인 영향을 미친다고 할 수 있다.[3]

2014년에는 교사의 역사의식이나 역사교육관, 민주주의가 수업을 통해 학생들의 역사의식 형성에 어떤 영향을 미치는지 조사했다. 방지원과 이해영은 각각 경기도에 소재한 고등학교 두 곳의 역사수업을 여러 차례 참관했다. 사전에 역사교육연구소에서 계속 진행 중이던 객관식 설문을 일부 재편집하여 수업에 참여하는 학생 전체를 대상으로 조사했고, 교사가 사용하는 학습지를 검토했다. 수업을 관찰한 뒤에는 수업을 진행한 교사와 학생들을 인터뷰했다. 그리고 보고서에 그 과정을 상세하게 기술했다.[4]

비슷한 시기에 강화정 역시 생활세계가 학생의 역사인식에 미치는 영향을 살피기 위한 면접조사를 진행했다. 그는 여러 학교 현장에서 나타나고 있던 '일베(커뮤니티 사이트 '일간베스트저장소'의 약칭) 현상'에 주목했다. 일베를 자처하는 학생 여럿을 직접 만나서 많은 대화를 나누면서, 그들이 어떤 과정을 거쳐 자신의 역사인식을 만들어왔는지, 그들의 역사

인식은 교과서의 공식 역사와 어떻게 다른지를 확인하고 교육적 대안을 모색하는 보고서를 작성했다.[5]

2015년과 2016년에는 다른 방식으로 면접조사를 진행했다. 2015년에는 학생이 사는 지역·생활세계가 학생의 역사인식에 어떤 영향을 미치는지를 살피려 했다. 이해영은 '광주·대구·서울 학생들 간에 5·18에 대한 인식의 차이가 있을까'라는 가설을 세우고 연구를 진행했다. 그는 5·18 관련 사진 6장을 준비한 뒤, '사진을 순서대로 배열하고 이야기 만들어 보기→사진에 대한 분석과 지식, 감정이입 확인하기→이 사건에 대해 어떻게 알고 있으며 왜 그렇게 생각하게 됐는지' 등으로 구성한 질문지를 준비하여 2시간 안팎의 집단 면접조사를 시도했다.[6]

초등 조사, 어린이를 위한 역사교육인가 역사교육의 초등판인가?

역사교육연구소가 처음 출범했을 때부터 많은 초등교사와 연구자가 함께했다. 역사교육의 첫 단계란 중요성에도 불구하고, 초등 역사교육에 관한 연구가 미진하다고 생각하는 이들이 많았기 때문이다. 연구소에서 학생 역사의식조사를 논의할 때도 처음부터 초등학생을 조사 대상에 포함했다. 역사교육의 현실에 대한 기초 조사가 가장 부족한 곳이 초등학교라고 생각했기 때문이다. '초·중·고 역사교육은 어떻게 달라야 할까'라는 오랜 질문에 대한 답을 찾고 싶기도 했다. 오랫동안 역사교과 밖에서는 '왜 유독 역사 과목만 똑같은 내용을 세 번 배우나'라는 질문을 자주 던졌다. 역사를 가르치는 교사들은 '그래도 잘 모른다'라거나 '아니, 왜 역사에만 그런 질문을 던지지? 모든 교과가 점점 심화하면서 유사한 내용을 배우지 않나'라고 대답하지만, 속으로는 개운하지 않았다.

새 교육과정을 만들 때마다 비슷한 문제 제기가 있었지만, 누구 하나 똑 부러지는 답을 내놓지 못했다. 그러다 보니 교육과정 개발에 참여하는 인사들의 면면에 따라 초등 역사 교육과정의 진폭이 컸다. 국정 교과서 제도여서 그렇겠지만, 심지어 어떤 때는 교육과정의 문제의식과 전혀 다른 방향의 교과서가 개발된 적도 있다. 그래서 많은 사람이 우리 조사가 초등 역사교육의 고유성을 밝히고, 초·중·고의 계열성을 정리하는 데 필요한 아이디어를 제공할 것으로 기대했다.

바로 이 때문에 1차 조사 때부터 초등 조사가 당연했다. 2010년 첫 조사 때 1,181명의 초등학생을 대상으로 학생 조사를 실시했고, 초등교사를 교사 설문 대상자에 포함했다. 그리고 2014년 이후에는 더 정밀해진 초등 조사를 실시했다.

2014년 초 세 번째로 구성된 역사의식조사팀에는 초등 역사교육 전문가 2명이 합류했다. 역사교육학 박사 논문을 준비 중이던 문재경과 정미란이었다. 초등교육 경력이 풍부한 이 2명을 포함한 5명의 조사팀 구성원들은 초·중등을 아우르는 맥락 속에서 초등 제2차 조사를 준비했다.

초등 연구진은 1차 조사 결과를 검토했다. 초·중·고를 구별하지 않고 같은 설문지를 사용한 이유에 공감하면서도, 장점보다는 단점이 크다고 판단했다. 그래서 초등 역사교육을 둘러싼 논의들을 참작하여 새로운 문항을 개발했다. 초·중등의 차이나 인지 발달을 알아본다는 기본적인 취지를 전제로 초등학생의 국어 능력과 역사 이해 수준을 고려하여 기존 문항을 적절하게 수정하는 한편, 초등에서 문화유산이나 인물을 통한 역사교육이 강조되어온 점, 중등보다 현대사 교육이 미흡한 점 등에 주목하여 새로운 문항을 만들었다.

2014년 거의 한 해 동안 새로운 설문지를 만들고 예비조사를 실시했으며, 이를 바탕으로 모두 23문항으로 구성된 초등학생용 설문지를 최종 완성했다. 그해 12월 전국 16개 광역 자치단체별로 초등학교 한 곳씩을 선정한 뒤, 학교마다 4, 5, 6학년 1학급씩 48학급을 최종 선별하여 총 1,283명을 대상으로 설문을 진행했다.

연구진은 예비조사 도중 학교에서 역사를 공부한 학생과 그렇지 않은 학생 간에 의미 있는 차이가 존재한다는 사실을 알아냈다. 1차 조사가 역사수업을 받은 6학년을 대상으로 조사를 진행한 뒤 학년 구분 없이 초등학생으로 뭉뚱그려 결과를 도출했다면, 초등 제2차 조사는 아직 역사수업 경험이 없는 4학년 학생들을 대상에 포함하여 학교에서 역사수업을 받기 전과 받은 후의 역사의식을 비교하는 데 주안점을 두었다.

학생의 역사인식에 영향을 미칠 교사 요인도 함께 알아보려 했다. 그래서 학생들에게 나누어준 설문지와 똑같은 설문지를 조사를 진행한 48학급의 담임교사들에게도 제공하고 답변을 요청했다.

- 우리 역사에서 가장 중요하다고 생각하는 인물을 한 사람 선정하고 그 이유를 구체적으로 적어보세요.
- 우리 역사에서 가장 중요하다고 생각하는 문화재를 한 가지 골라 쓰고 그 이유를 구체적으로 적어보세요.
- 다음 〈보기(현대사 주요 사건 다섯 개)〉 중 가장 배우고 싶은 사실을 골라 그 번호를 표시하고, 그 이유를 구체적으로 적으세요.

객관식 문항의 분석 결과는 문재경, 서답형 문항의 분석 결과는 정미란이 역사교육연구소 회보를 통해 공개했다.[7] 초등 조사가 본격화되면서, 초등에서 중등으로 이어지는 학생의 성장 과정을 하나의 시선으로 파악하려는 시도도 병행했다. 초·중등 교사 출신이 어우러진 조사팀은 초·중등 간 연계를 염두에 두고 문항을 가다듬었으며, 비교를 적극적으로 의식하면서 서답형 문항도 만들었다. 2016년에는 우리 조사팀이 만든 마지막 질문지가 완성됐다.

마지막이 된 2016년 조사, 조사가 10년을 이어가지 못한 까닭은?

2016년 3월 네 번째 조사팀이 구성되었다. 기존 팀원인 김육훈, 방지원, 이해영, 문재경, 정미란 외에 1기 조사팀에서 교사팀으로 활동했던 백은진이 다시 합류했다.

2016년 한 해 동안 질문지 문항을 다시 한번 가다듬고 설문조사를 진행했다. 그러나 이 조사가 결국 마지막이 되었다. 2009년 조사팀이 활동을 시작할 당시에는 10년을 다짐했지만, 이즈음에는 조사 활동 자체가 한계를 맞고 있었다. 구성원 개인의 문제도 있었지만, 우리 사회 지식 생산 시스템의 문제에서 비롯된 한계가 더욱 컸다. 우리 연구는 처음부터 역사교육연구소와 역사교사모임 회원들의 자발성에 의존했다. 고된 학습과 치열한 토론, 의미를 쉽게 찾기 힘들 정도의 단순노동이 요구되었지만, 연구원들에게 기본적인 노동의 대가조차 지불하기 어려웠다. 더욱이 팀원들은 모두 다른 직업을 가진 사람들이라 개인적으로 많은 것을 희생해야만 했다. 2013년부터 5년 동안은 역사전쟁이 한국 사회를 휩쓸었다. 수많은 역사교사와 연구자가 그 소동에 휘말려 역사교육의 퇴행에 맞서 싸워야 했는데, 역사교육연구소와 전국역사교사모임도 그 소용돌

이의 한가운데 있었다. 여기에 헌신적으로 활동해온 연구원들의 개인 사정이 겹쳐졌다.

2016년 조사를 시작할 즈음, 역사교육연구소 소장이었던 필자는 마지막 조사가 될 것임을 예감했다. 그래서 조사를 진행하되, 한편에서는 몇 년간의 활동 내용을 종합적으로 정리하고 조사 과정 전반을 비판적으로 성찰하는 활동을 진행했다.

새로 다듬은 질문지를 바탕으로, 2016년 10월 한 달 동안 전국의 중·고등학생 1,117명을 대상으로 객관식 설문조사를 진행했다. 그리고 11월 한 달 동안은 전국의 초등학교 4~6학년 학생 1,257명을 대상으로 객관식 설문조사를 진행했다.

당초에는 객관식 설문과 면접조사를 함께 기획했다. 특히 초등팀은 중등용 심층 면접 질문지와 진행 매뉴얼을 검토하면서 초등학생에게 적합한 방식의 면접조사를 준비했다. 면접 질문지와 매뉴얼을 만들고 예비조사까지 진행했다. 그러나 역사 교과서 국정화 국면에다 연구원 개인 사정이 겹치면서 면접조사는 끝내 진행되지 못했다.

중등 면접조사도 결국 유산되었다. 연구원 개인 사정도 있었지만, 면접조사의 방향을 놓고 조사팀 내부에 이견이 생긴 때문이었다. 의미 있는 이견이라 기록해둔다. 2010년 조사 때부터, 성별에 따라 결과에 차이가 드러나는 문항이 제법 있었다. 면접조사를 맡은 이해영은 이에 착안하여 성별에 따른 차이에 주목한 면접조사를 진행하고 싶다는 의견을 내비쳤다. 그런데 연구진 내에서 '역사인식의 차이는 여러 요인이 복합적으로 작용한 결과인데, 여러 요인 중 성별만 떼어내서 차이를 드러낼 경우 과정을 해명하기보다 결과를 고착시키는 역할만 할 수 있다'라는 우려 섞인 이견이 나왔다. 이후 몇 차례 더 의견이 개진되었으나, 논의는 지지부진했고 면접조사는 결국 시행되지 못했다.

새로 합류한 백은진을 중심으로 2009년에 시작한 이 조사 활동 전반을 돌아보는 일종의 메타 연구도 진행했다. 그동안 축적한 자료를 정리하면서, 우리가 한 활동의 의의와 한계를 동시에 돌아보려는 시도였다. 그때까지 조사한 내용과 진행한 논의를 글로 정리하여 단행본으로 펴내자는 논의도 시작했다. 짧지 않은 기간 동안 축적한 성과가 무미건조한 숫자와 딱딱한 논문체의 글로만 존재한다는 아쉬움이 있었고, 학생의 역사 이해에서 출발하는 새로운 수업에 관한 구상이 폭넓게 이루어지길 기대하는 마음도 있었기 때문이다.

2017년 이해영은 〈역사의식조사로 본 학생들의 역사 이해 양상과 특징〉이란 글을 통해 5회에 걸쳐 진행한 중등 역사의식조사 결과를 종합해서 연구소 회보에 게재했다. 정미란은 2014년과 2016년 조사를 아우르는 두 편의 글을 연구소 회보에 게재했다.[8] 이로써 2009년 시작된 역사의식조사는 일단락되었다.

10년의 발자취, 이룬 것과 이루지 못한 것

지난 10년간의 활동은 조사의 필요성에 대한 갈구와 책임감이 뒤엉킨 결과였다. 많은 사람이 수업 개선, 나아가 역사교육의 변화를 위해서는 이 연구가 꼭 필요하다고 생각했다. 여러 명이 헌신적으로 이 활동에 매진한 것도 그 때문이다. 그러나 이들의 헌신적 활동을 뒷받침할 여건은 끝까지 마련되지 못했다. 실무적으로 꼭 필요한 예산은 역사교사모임이 책임졌지만, 최선의 연구를 하기에는 늘 부족했다. 본업이 따로 있는 조사팀원들이 전문성을 키워가면서 연구를 진행하기란 불가능했다. 전문 연구자를 초빙하여 상근 연구를 진행할 조건도 못됐다.

선행 연구가 거의 없는, 사실상의 불모지에서 우리 조사팀이 진행한 연구는 처음으로 길을 내는 과정이나 다름없었다. 그 속에서 배운 점도 많지만, 아쉬움도 많이 남았다.

방대한 자료를 축적했음에도, 애초에 던진 질문에 대한 답을 충실히 찾아내지는 못했다. 애써 분석한 결과가 학문적으로 엄밀성을 보장할 수 있는 수준인지를 놓고 다른 견해가 제기된 적도 있었다. 처음부터 중요하게 여겼지만, 충분한 답을 구하지 못한 질문도 있었다. '초·중·고 역사교육은 어떤 점에서 달라야 할까' 같은 질문이 그것이다.*

그럼에도 불구하고 지난 10년에 걸친 조사와 논의가 이룬 성과는 결코 작지 않다. 첫째, 객관식 설문, 심층 면접, 수업 관찰과 인터뷰 등 다양한 형태의 조사를 현실화하고 관련 문항과 매뉴얼을 개발함으로써 이후 현장에 기초한 역사교육 연구의 가능성을 확대했다. 둘째, 초·중·고 역사교육의 현실을 보여주는 방대한 자료를 축적함으로써 초·중·고 역사교육의 실태를 이해하는 데 큰 도움이 됐다. 특히 민주시민 교육이 지향하는 가치에 관한 학생들의 인식을 지속적으로 조사함으로써, 역사교육이 민주주의 교육에서 해야 할 몫을 확인할 수 있었다. 셋째, 학생들의 역사의식이 공공기억이나 역사문화와 소통하면서 형성된다는 사실을

* 연구진은 역사의식을 연령에 따른 발달의 문제로 접근하지 않았다. 교육 불가능성을 의식하는 발달 단계론이 적절하지 않다고 판단했기 때문이다. 연구진은 역사적 사고를 기계적으로 분할하여 단계를 설정하는 것이 불가능하며, 적절한 형태로 가공하여 제공할 수 있다면 연령에 따른 교육 내용의 차이도 일정하게 극복할 수 있다고 생각했다. 조사를 거듭하면서 연구진은 연령보다는 학생의 학습 경험이나 문화적 환경이 훨씬 중요하며, 발달 단계가 아니라 학생 집단 내부에 존재하는 차이를 더 의식해야 한다고 결론지었다.

확인함으로써 향후 역사교육 연구에 방향 전환이 필요함을 보여주었다. 그동안은 교실 수업을 중심으로 연구를 진행해왔지만, 앞으로는 범위를 더 확장하여 공공기억의 형성 혹은 집단 정체성과 관련된 역사교육의 역할을 거시적으로 조망하는 연구가 더 활발해져야 한다. 넷째, 교육과정 논의에도 변화가 필요하다는 점을 확인했다. 10년간의 조사는 초·중·고를 막론하고 학생들이 현재의 문제의식으로 과거를 보고, 그 터전 위에서 미래를 탐색한다는 사실을 확인해주었다. 모든 연령대에서 가까운 시기의 역사에 더욱 큰 관심을 보여주었다. 근현대사 비중을 늘리고 현재의 문제를 적극적으로 다룰 수 있는 교육과정의 모색이 필요하다는 결론이다. 다섯째, 역사의 논쟁성을 살리는 수업이 필요함을 확인할 수 있었다. 학생들은 다양한 곳에서 역사 지식을 얻고, 교과서 역사 지식은 구성된 역사로 이해한다. '학생들'로 뭉뚱그릴 수 있는 단일성은 존재하지 않는다. 서로 다른 형태의 인식이 존재할 뿐이다. 이러한 인식의 차이를 교재로 삼아, 학생들이 역사의 다원성과 해석의 다양성, 대화의 필요성과 그 기술을 배울 수 있는 수업을 구상해야 한다.

교실 수업을 둘러싼 환경은 급속도로 바뀌고 있다. 그러나 교육과정과 교과서는 여전히 이를 따라가지 못하고 있다. 많은 역사교사가 교육과 역사의 본령을 추구하면서 역사교육의 변화를 도모해온 것도 사실이다. 한국의 현실에서 출발하는 역사교육 연구, 특히 학생을 학습의 주체로 여기면서 시민으로서 역사교사의 실천을 전제하고 역사교육이 민주시민 양성에 일조할 수 있는 길을 여는 실천과 연구가 더 활발해지길 기대한다.

역사의식조사 주요 일지

2009년	제1기 역사의식조사팀 구성(김육훈, 이해영, 손현준, 정태윤, 구경남, 백은진, 박주현, 왕홍식)
2010년	제1차 조사-전국 86개 초·중·고등학교 학생 5,638명과 교사 69명 참여
2012년	제2기 역사의식조사팀 구성(김육훈, 이해영, 박주현, 방지원) 1차 조사 과정 성찰, 2차 조사를 위한 예비조사 진행
2013년	중등 제2차 조사-전국 38개 중·고등학교 학생 1,282명 참여 중등 면접조사 실시(예비조사 포함 10팀, 총 40명)
2014년	제3기 역사의식조사팀 구성(김육훈, 방지원, 이해영, 문재경, 정미란) 중등 제3차 조사-전국 37개 중·고등학교 학생 1,326명 참여 중등 수업 참관 인터뷰 초등 제2차 조사-전국 16개 지역 초등학교 4, 5, 6학년 학생 1,283명 참여
2015년	중등 제4차 조사-전국 39개 중·고등학교 학생 1,177명 참여 면접조사-서울·대구·광주 지역 남녀 학생 각 4명(3*2*4=24명)씩 참여
2016년	제4기 역사의식조사팀 구성(김육훈, 방지원, 이해영, 문재경, 정미란, 백은진) 중등 제5차 조사-전국 38개 중·고등학교 학생 1,117명 참여 초등 제3차 조사-전국 19개 초등학교 4, 5, 6학년 학생 1,257명 참여

2

초등학생에게 역사수업의 길을 묻다

정미란_서울초당초등학교

역사가 뭐라고 생각하니?

옛날에 사용했던 것

박물관 같은 것

오래전에 있었던 일

시간의 발자취

과거 사람들의 이야기

우리 조상들이 살아온 기록

옛날 위인들이 우리나라를 위해 싸운 아픈 기억 같은 것

우리나라를 알 수 있는 교과서

현재를 있게 한 중요한 일

과거, 현재, 미래를 비추는 거울

살아가면서 꼭 알아야 하는 것

우리에게 소중하고 꼭 기억해야 하는 것

본받아 후에는 실수하지 않게 하는 중요한 교훈

어렵고 복잡하고 다양한 것[9]

초등학생은 대체로 역사를 '옛날, 오래전, 과거에 있었던 일', '우리 혹은 우리나라에 대해 알 수 있는 중요한 것'으로 여긴다. 그들에게 역사는 막연하지만 '기록'이며, 기억과 관련되어 '꼭 알아야 하는 것'이다. 이런 생각은 역사의 특성이나 목적, 내용 등 여러 측면과 연결되는데, 역사에 대한 그들의 경험이나 인식이 다양하다는 사실을 내포한다.

초등학생 대상 역사의식조사에 따르면, 평소 역사에 흥미와 관심이 있다고 대답한 학생이 60%를 웃돌았다. 흥미와 관심이 없다는 학생은 약 20%에 지나지 않았다. 남녀를 구분해 비교하면, 남학생의 흥미와 관심이 여학생보다 높았다. 학년별로 비교해보면, 학교에서 역사를 배우기 전인 4학년과 처음으로 역사를 배우기 시작한 5학년이 역사수업 경험이 많은 6학년보다 역사에 대한 흥미와 관심이 높았다. 대개의 학생은 학교에서 역사를 배우기 전에 이미 만화나 동화로 된 역사책이나 영상, 박물관 견학이나 유적지 답사 등을 통해 역사를 접하고 호기심과 상상력을 키운다. 6학년 학생들의 관심도가 상대적으로 낮은 것은 수업 경험이 쌓일수록 역사가 어렵고 복잡하며 외울 것이 많다고 여기게 되는 때문일 것이다.

'역사를 배우면 어떤 점이 좋은가'라는 질문, 즉 학생들이 생각하는 역사교육의 목적을 알아보려는 질문에는 '새로운 역사 지식을 많이 알 수 있다'라고 대답한 학생이 가장 많았다. '대한민국 사람이라는 자부심을 느낄 수 있다'라거나 '옛날과 오늘날의 생활을 비교하여 이해할 수 있다'라고 응답한 학생도 적지 않았다. 역사학습을 통해 '다른 입장을 이해하여 공감하거나 비판할 수 있다'라거나 '교훈을 얻을 수 있다'라고 응답한 학생의 비중은 상대적으로 낮았다. 일반적으로 역사교육의 목적은 역사적 사실을 통해 현재와 미래의 문제를 해결할 실마리를 찾고, 교훈을 얻고, 교양으로서 역사 지식을 습득하고, 민족 공동체의식을 고취하고, 역사의식을 함양하는 데 있다고 한다.[10] 그런데 역사의식조사 결과에 따르면, 우리 초등학생들이 생각하는 역사학습의 목적은 교양으로서의 역사나 민족 공동체의식의 고취에 치중해 있었다. 이는 초등 역사수업이 여전히 지식 전달 중심으로 이루어지고 있는 현실을 반영하는 것이기도 하다.

학생들은 건국, 혁명, 전쟁 같은 굵직한 역사적 사건과 역사 인물, 옛날 사람들의 생활과 문화에 관심을 보였다. 초등학교 4, 5학년을 대상으로 재미있거나 기억에 남는 역사 내용을 구술하게 한 연구에 따르면, 학생들은 사건을 단위로 역사를 기억하며 인물의 행위를 중심으로 이야기를 풀어낸다. 학생들의 이야기는 대체로 갈등 구조로 이루어져 있고, 인간의 다양한 본성을 드러내는 장면이 포함되어 있다. 4, 5학년 학생들은 정의, 희생, 용기 등 인간의 위대함을 느낄 수 있는 내용에도 관심을 보인다. 현재 세계에서는 볼 수 없는 옷이나 무기 등 새롭거나 낯선 문화에도 흥미를 나타냈다.[11]

그중에서도 초등학생들이 떠올리는 역사 인물은 대부분 위대하다고 칭송받는 인물, 즉 '위인'들이다. 몇몇 연구에 따르면, 초등학생들은 보통 사람들에 관한 이야기가 역사에 포함될 수 있다고 생각하지 못한다.[12]

교사는 과거의 보통 사람들, 현재를 살아가는 우리도 역사의 한 부분이라는 사실을 학생들이 자각할 기회를 주어야 한다. 학생 자신과 가족이 살아온 시간을 되짚어보며 인상적이거나 중요하다고 여겨지는 일을 기록해보는 것도 학생들이 보통 사람들을 역사적 존재로 이해하는 데 도움이 된다. "내가 살아온, 살아가는 이야기는 우리 가족 역사의 한 부분이고, 우리 마을의 역사, 우리나라의 역사, 나아가 세계사의 일부분"[13]이라는 사실을 학생들과 공유해야 한다.

어디에서 역사를 배웠니?

초등 역사의식조사 결과, 무려 40%가 넘는 학생이 역사수업과 교과서를 역사에 관한 지식을 가장 많이 얻는 곳으로 꼽았다. 역사 관련 동화책이나 만화책, 드라마나 영화, 역사 체험학습이나 논술 프로그램 등 개인적인 경험이나 학습을 통해 역사를 접한다는 대답도 비슷한 비율을 차지했다. 학생들의 역사 지식은 이렇게 학교 수업과 교과서 같은 공식적인 통로와 여러 비공식적인 통로를 통해 형성된다. 이는 역사를 가르칠 때 학생들이 갖고 있는 선행 지식과 이미지를 고려해야 한다는 것을 알려준다. 역사수업 궁리와 실행의 과정에서 우리 반 학생들은 어떤 부분에 흥미를 보이는지, 학생들이 이미 알고 있는 역사 지식은 무엇이며 그 성격은 어떠한지를 살펴볼 필요가 있다.[14]

학생들이 공식·비공식 경로를 통해 역사를 배우는 과정에서 역사인식이 뒤엉키기도 한다. 많은 초등학생이 '역사'와 '과거'의 개념을 구분하지 못한다. 초등 사회 교과서는 과거인이 사용한 도구, 놀이기구, 입었던 옷, 먹었던 음식, 과거인의 풍습 등에 대한 잡다한 정보들을 제공하지만, 거기에 담긴 생활문화와 인식세계를 탐구하도록 유도하지는 않는다. 대개가 단편적인 정보들이며, 이미지들의 집합이다. 학생들이 선호하는 이야기 구조도 아니다. 역사적 사고를 체계적으로 가르치려는 의도도 없다. 그래서 학생들이 과거 그 자체를 역사로 곡해하는 데 영향을 미친다.[15]

역사의식조사에 따르면, 초등학생은 대체로 교과서에 서술된 역사 지식을 매우 신뢰한다. 교과서는 검증된 사실만을 담고 있으며 설명도 중립적이라고 생각한다. 실제로 수업에서는 역사 교과서도 누군가의 시각과 의도가 담긴 역사 서술의 하나이자 비판적으로 검토해야 할 대상이라는 점이 쉽게 간과된다. 교과서 내용은 각종 평가와 시험의 준거와 기준으로 활용되기에 학생들에게는 읽고 그대로 수용하면 되는 일종의 경전(經典)이다. 비공식적인 역사 지식의 출처들도 문제가 있기는 마찬가지다. 극적인 내러티브 구조로 된 역사책이나 역사 드라마는 역사 내용을 쉽게 이해하고 기억하는 데 도움을 주지만, 학생들이 꾸며지거나 과장, 왜곡된 내용을 모두 역사적 사실로 받아들이게 될 위험이 있다. 그런 만큼 학생들이 역사 지식의 특성을 알고 비판적으로 역사 지식을 수용할 수 있도록 교사가 이 부분에 각별히 관심을 기울일 필요가 있다.

한편 학생들은 역사에 대해 궁금한 것이 생겼을 때 주로 인터넷 정보(약 40%)와 역사책(약 30%)을 참고한다. 4학년은 교과서 이외의 역사책을 참고하는 비중이 높고, 5, 6학년은 역사책보다 인터넷 검색 사이트를 더 가까이한다. 학년이 올라갈수록 궁금증을 쉽게 해결할 수 있는 인터넷을 활용하는 비중이 높았다. 교과서를 참고한다는 학생은 10% 남짓이었다. 휴대전화나 컴퓨터를 이용한 자료 검색이 일상화되면서 미디어 리터러시(media literacy)의 중요성도 커지고 있다. 학생들이 범람하는 정보를 비판적인 시각으로 해석하고 창의적으로 검토하여 재창조할 수 있도록 미디어 리터러시를 기르는 교육이 필요하다. 역사수업에서도 문서나 사진 혹은 그림, 동영상 자료를 활용할 때 반드시 그 출처를 확인하고 자료 생산자의 의도나 목적을 고려해야 한다.

초등학생이 가장 중요하다고 생각하는 역사 인물

초등 역사 교육과정에서는 초기부터 꾸준히 인물학습을 강조해왔다. 교육 내용을 선정할 때도 '인물의 활동을 중심으로 시대상을 파악한다'라는 원리가 적용되었다. 예를 들어 2015 개정 교육과정의 성취기준은 "고려를 세우고 외침을 막는 데 힘쓴 인물(왕건, 서희, 강감찬 등)의 업적을 통하여 고려의 개창과 외침 극복 과정을 탐색한다"[16] 등의 진술을 통해 이를 명확히 드러내고 있다.

그렇다면 초등학생들이 우리 역사에서 가장 중요하다고 여기는 인물은 누구일까? 2014년에 전국 16개 지역의 초등학교 4, 5, 6학년 1,283명을 대상으로 진행한 두 번째 초등 역사의식조사 결과에 따르면, 세종대왕(701명, 54.6%)인 것으로 나타났다. 다음은 이순신(293명, 22.8%)이고, 유관순(69명, 5.4%), 안중근(50명, 4.0%), 김구(28명, 2.2%), 단군왕검(16명, 1.3%), 이성계(12명, 0.9%) 등이 그 뒤를 이었다.[17] 그런데 이를 학년과 성별로 나누어 비교해보면, 흥미로운 결과가 도출된다.

다음의 표를 보자.

4학년

순위	남학생			여학생		
	역사 인물	수(명)	비율(%)	역사 인물	수(명)	비율(%)
1	세종대왕	93	42.7	세종대왕	130	61.9
2	이순신	81	37.1	이순신	58	27.6
3	단군왕검	4	1.8	유관순	6	2.9
4	광개토대왕, 김유신, 유관순, 김구	각 3명 (12)	1.4 (5.5)	안중근	4	1.9
5	박혁거세, 주몽, 이성계, 장영실	각 2명 (8)	0.9(3.7)	단군왕검, 이성계	각 2명 (4)	0.9(1.9)
6	을지문덕, 선덕여왕, 문무왕, 장보고, 왕건, 신숭겸, 문익점, 신사임당, 선조, 논개, 안용복, 정약용, 안중근, 안창호	각 1명 (14)	0.5(6.4)	신사임당, 논개, 방정환, 윤봉길, 박정희	각 1명 (5)	0.5(2.4)
7	기타	3	1.4	기타	1	0.5
8	무응답	3	1.4	무응답	2	0.9
합계		218	100.0	합계	210	100.0

5학년

순위	남학생			여학생		
	역사 인물	수(명)	비율(%)	역사 인물	수(명)	비율(%)
1	세종대왕	90	40.9	세종대왕	113	52.6
2	이순신	59	26.8	이순신	30	13.9
3	유관순	18	8.2	유관순	26	12.1
4	안중근	13	5.9	안중근, 김구	각 11명 (22)	5.1 (10.2)
5	김구	9	4.1	이승만	4	1.9
6	이승만	4	1.8	영조	3	1.4
7	이성계, 고종(조선)	각 3명 (6)	1.4(2.7)	단군왕검	2	0.9

8	광개토대왕, 정조	각 2명 (4)	0.9(1.8)	선덕여왕, 왕건, 이성계, 정도전, 장영실, 정조, 김만덕, 서재필, 주시경, 김좌진, 이봉창	각 1명 (11)	0.5(5.1)
9	단군왕검, 박혁거세, 진흥왕, 김유신, 문무왕, 서희, 정몽주, 광해군, 영조, 윤봉길, 박정희, 김대중	각 1명 (12)	0.5(5.5)	기타	4	1.9
10	기타	2	0.9	무응답	0	0.0
11	무응답	3	1.4			
합계		220	100.0	합계	210	100.0

6학년

순위	남학생			여학생		
	역사 인물	수(명)	비율(%)	역사 인물	수(명)	비율(%)
1	세종대왕	137	62.3	세종대왕	138	69.0
2	이순신	39	17.7	이순신	26	13.0
3	안중근	13	5.9	유관순	11	4.0
4	단군왕검, 유관순	각 5명 (10)	2.3(4.5)	안중근	8	1.9
5	이성계, 정약용, 김구	각 2명 (6)	0.9(2.7)	김구	3	1.5
6	주몽, 광개토대왕, 연개소문, 신숭겸, 장영실, 박연, 신사임당, 흥선대원군, 고종(조선), 주시경, 윤봉길, 전태일	각 1명 (12)	0.5(6.4)	단군왕검, 선덕여왕, 이성계, 장영실	각 2명 (8)	1.0(4.0)
7	기타	2	0.9	신사임당, 정조, 정약용, 안익태, 김정일	각 1명 (5)	0.5(2.5)
8	무응답	1	0.5	기타	1	0.5
9				무응답	0	0.0
합계		220	100.0	합계	200	100.0

우선 1위와 2위는 남녀를 불문하고 모든 학년에서 세종대왕과 이순신이다. 하지만 3위부터는 학년 및 성별에 따라 이름을 올린 인물이 달라진다. 3위를 예로 들면, 4학년은 남학생의 경우 단군왕검, 여학생의 경우 유관순이고, 5학년은 남녀 학생 모두 유관순이다. 6학년은 남학생의 경우 안중근, 여학생의 경우 유관순이 3위를 차지했다.

학생들이 중요하다고 꼽은 역사 인물은 모두 49명인데, 남학생들은 그중 42명을 언급한 데 비해 여학생들은 27명만을 언급했다. 특히 4학년 여학생들이 이름을 적은 역사 인물은 11명에 지나지 않는다. 4, 5, 6학년 모두 남학생이 언급한 역사 인물의 수가 여학생이 언급한 수보다 많았다. 역사 어휘 관련 연구에 따르면, 남학생은 '영토', '봉기', '함락', '의병' 등의 역사용어에 대한 이해도가 여학생보다 높다고 한다.[18] 관심을 갖거나 중요하다고 생각하는 역사 인물도 남녀 학생이 서로 달랐다. 4, 5, 6학년 남녀 학생이 공통으로 언급한 인물은 1, 2위를 차지한 세종대왕과 이순신을 제외하면 '단군왕검', '이성계', '안중근', '유관순' 4명에 불과하다. 특정 학년에서만 등장하는 인물도 있다. 논개는 4학년, 영조와 이승만은 5학년에서만 등장한다. 어떤 역사 인물은 일찍부터 접하거나 여러 번 반복해서 배우지만 어떤 인물은 특정 학년에서만 다루어지는 까닭에 학년별로 역사 인물에 대한 이해의 양상에 조금씩 차이가 있는 것이다.

학생들이 언급한 역사 인물은 대체로 교과서에서 다루는 인물들이다. 이름이 언급된 49명을 시대별로 보면, 고려 이전이 11명, 고려 5명, 조선 15명, 대한제국기와 일제강점기 13명, 현대 5명으로, 조선시대와 근대의 인물이 가장 많았다. 주요 업적을 기준으로 인물들을 유형화해보면, 연개소문, 서희, 이순신 등 시대를 막론하고 외침을 막은 인물이나 안중근, 유관순, 김좌진, 윤봉길, 이봉창, 안창호, 김구 등 일제강점기에 독립운동을 전개한 인물이 압도적으로 많다. 순위에 오른 인물 중 여성은 선덕여왕, 신사임당, 논개, 김만덕, 유관순 5명인데, 응답자 총 1,283명 중 80명(6.2%)만이 이들을 가장 중요한 역사 인물로 꼽았다. 그런데 이들이 각각의 인물을 꼽은 이유를 분석해보면, 초등학생들의 역사 인물 인식에는 다음과 같은 특징이 있다.

첫째, 초등학생은 역사 인물을 '나라를 구한 이순신', '만세운동을 한 유관순'처럼 업적이나 활동과 연결해 하나의 이미지로 단순화해 기억하는 경향이 있다. 따라서 역사 인물에 대한 이미지가 역사 인물을 바라보는 틀이 되며 역사 인물에 대한 하나의 서사로 나타난다.*

둘째, 초등학생은 중요한 역사 인물을 선정할 때 오늘날의 잣대를 적용한다. 특히 인물의 업적이 지금까지도 긍정적인 영향을 미치고 있는지를 중요시한다. 이는 '세종대왕님 덕분에 지금 내가 한글을 쓴다', '세종대왕이 없었다면 한글이 없고 우리나라의 발전이 적었을 것이다' 등의 응답을 보면 알 수 있다. 역사 인물의 활동이 지금의 '우리', '우리나라'에 큰 영향을 주기 때문에 중요하다는 것이다.

셋째, 초등학생은 역사 인물의 생애나 활동을 시대적인 맥락 속에서 이해하는 데 미숙하다. 인물이 속한 시대가 아니라 자신이 속한 현재의 잣대로 인물의 생애나 활동을 평가하는 것도 이와 관련 있다. 또한, 인물의 역사적 위상을 동시대 여러 사람과의 관계 속에서 파악하지 못한다. 시쳇말로 그는 '홀로 영웅'이다.

넷째, 초등학생은 역사 인물을 설명하는 역사적 개념이나 용어에 대한

* 류현종, 〈초등학교 3학년과 6학년 학생들의 역사 인물 소개글에 나타난 서사 특성 비교〉, 《사회과교육》 45(1), 2006, 39쪽. 류현종은 학생들이 각각의 역사 인물을 특정 이미지로 내면화하게 되는 이유로 위인전 및 역사 만화의 영향을 지적했다.

이해가 부족하다. 예를 들어 학생들은 세종대왕을 설명할 때 '훈민정음'이라는 역사용어 대신 20세기 들어 사용하기 시작한 '한글'이란 표현을 사용한다. '새로운 것을 처음으로 고안하여 만들거나 제정하다'라는 뜻의 '창제'라는 개념 대신, '만듦, 발명, 창조, 제작' 같은 일반적인 단어를 쓴다. 역사용어를 적절하게 사용할 때 훈민정음 창제 당시의 시대정신과 훈민정음에서 한글로 이어지기까지의 역사성을 제대로 들여다보고 설명할 수 있다는 점을 고려한다면, 역사용어 사용과 교육에 좀 더 주의를 기울일 필요가 있다.

다섯째, 학생들의 역사 인물에 대한 인식은 고정되지 않고 다양한 경로의 역사학습 혹은 경험에 따라 수정, 보완되어 나간다. 4학년 때 광개토대왕을 중요하게 생각했던 학생이 5학년 때는 김구를 더 중요하게 생각할 수 있다는 것이다. 실제로 한 해 간격으로 같은 질문을 던졌더니 두 번째 조사에서 다른 답변을 한 학생이 드물지 않았다. 이들은 그사이 새롭게 알게 된 역사 인물이나, 역사수업 또는 대중매체를 통해 접한 역사 인물 가운데 인상적이었던 인물을 고르는 경우가 많았다. 한 해 전과 같은 인물을 고른 학생들은 선정 이유를 좀 더 자세히 설명하거나 강조하는 경향을 보였다.

이런 점을 고려하면, 역사 인물 관련 수업을 할 때는 역사 인물에 대한 학생 나름의 이해 방식과 수준을 말과 글로 표현해보도록 이끌 필요가 있다. 그래야만 교사는 학생의 역사 이해 수준을 제대로 파악할 수 있고, 학생은 자신의 역사인식을 적절하게 수정, 보완하면서 구체적으로 확장해갈 수 있다.

근간의 초등 사회과 교육과정에서는 특정 시대 특정 인물에 관한 학습을 강조하면서 인물의 활동을 통해 해당 시대를 학습하도록 요구한다.

하지만 교과서에서 교육과정의 이러한 요구를 담아내기란 거의 불가능하다. 사회과 체제라는 교육과정의 제약은 논외로 치더라도 교과서라는 극히 제한된 지면에서 역사적 맥락을 고려해 생동감 있게 인물을 묘사하기는 어렵다. 오히려 인물의 특정 이미지와 성격만 부각시킬 가능성이 크다.[19] 무엇보다 초등 역사교육에서 '인물학습'이 유효한지에 대해 근본적으로 따져 물을 필요가 있다. 실제로 초등 역사교육에서 인물학습의 유효성은 제대로 검증된 적이 없다. 제1차 교육과정 때부터 인물학습을 강조해왔고, 이것이 그대로 통념화한 결과일 뿐이다. 과연 '역사 인물'이 초등 역사교육에 유효한지, 그렇다면 어떤 인물을 왜, 어떻게 가르칠 것인지에 대한 궁리가 필요하다.

초등학생이 가장 중요하다고 생각하는 문화재

문화재는 역사적 사실 위주의 암기식·주입식 교육에서 벗어나 역사에 대한 학생들의 관심과 흥미를 높이고 왕조사를 넘어서 민족 정체성을 함양할 수 있는 역사교육 자료로 주목받아왔다. 2015 개정 교육과정에도 "고대 시기부터 조선 전기에 이르기까지 나라의 발전에 기여한 인물과 대표적 문화유산"을 통해 "우리나라 역사 속에 드러나는 사회 변화의 특징과 중요한 사건들을 이해"한다고 명시되어 있다. 역사 인물과 함께 문화재를 역사교육의 주요한 내용 선정 기준으로 제시한 것이다.

2014년에 두 번째로 진행한 초등 역사의식조사 설문지에는 '우리 역사에서 가장 중요하다고 생각하는 문화재'를 적는 문항이 있었다. 초등학생들이 적은 문화재는 총 86가지였는데, 표로 정리하면 다음과 같다.

단위: 명

구분	문화재	4학년		5학년		6학년		전체		합계
		남	여	남	여	남	여	남	여	
구석기 ~ 청동기 시대	1 구석기(주먹도끼)	1	·	1	·	·	1	2	1	3
	2 빗살무늬 토기	3	·	6	5	1	3	10	8	18
	3 반구대 암각화	·	2	·	·	·	·	0	2	2
	4 고인돌	7	7	8	6	2	5	17	18	35
	5 청동기(청동검)	1	1	1	1	·	·	2	2	4
	6 반달 돌칼	·	·	·	1	·	·	0	1	1
삼국 ~ 후삼국 시대 (발해 포함)	7 김수로 왕릉	·	·	·	·	1	·	1	0	1
	8 칠지도	·	·	·	·	1	·	1	0	1
	9 광개토대왕릉비	2	1	1	·	1	1	4	2	6
	10 무령왕릉	·	·	3	·	·	1	3	1	4
	11 천마총	·	·	6	·	1	·	1	0	1
	12 천마도	·	·	·	·	·	1	0	1	1
	13 백제 금동대향로	·	·	7	1	2	·	9	1	10
	14 금동 미륵보살 반가 사유상	·	·	1	·	·	·	1	0	1
	15 첨성대	17	10	9	14	25	30	51	54	105
	16 계백장군 묘	·	2	·	·	·	·	0	2	2
	17 문무왕릉	·	·	1	·	·	·	1	0	1
	18 동궁과 월지(안압지)	1	·	·	·	1	1	2	1	3
	19 신라 주사위	·	·	·	·	1	·	1	0	1
	20 불국사	9	8	2	5	8	3	19	16	35
	21 석굴암	8	14	4	2	4	2	16	18	34
	22 다보탑	4	6	·	·	2	3	6	9	15
	23 석가탑	·	·	·	·	1	·	1	0	1
	24 《무구정광대다라니경》	2	1	1	2	3	1	6	4	10
	25 성덕대왕신종	1	·	8	10	1	1	10	11	21
	26 정효공주 묘	·	·	1	·	·	·	1	0	1
고려 시대	27 운주사	1	1	·	·	·	·	1	1	2
	28 관촉사	·	2	·	·	·	·	0	2	2
	29 팔만대장경	2	3	23	24	8	12	33	39	72
	30 해인사	·	·	·	·	·	1	0	1	1

	31 경천사지 10층 석탑	·	·	·	2	·	·	0	2	2
	32 《직지심체요절》	7	10	1	4	7	8	15	22	37
	33 고려청자	1	4	6	2	3	1	10	7	17
	34 금속활자	·	·	·	1	·	·	0	1	1
조선 시대	35 경복궁	10	9	30	28	20	28	60	65	125
	36 근정전	·	·	·	1	·	·	0	1	1
	37 광화문	1	1	·	·	·	1	1	2	3
	38 숭례문	3	4	2	5	4	5	9	14	23
	39 흥인지문	1	1	1	2	1	1	3	4	7
	40 창덕궁	1	2	·	·	·	·	1	2	3
	41 《농사직설》	·	·	·	1	·	·	0	1	1
	42 해시계	2	2	3	1	9	7	14	10	24
	43 자격루	1	·	·	2	·	1	1	3	4
	44 훈민정음(한글)	40 (11)	29 (8)	37 (12)	47 (7)	68 (10)	40 (18)	145 (33)	126 (33)	271 (66)
	45 《세종실록》 지리지	1	·	1	·	·	1	2	1	3
	46 삼성혈	1	·	·	·	·	·	1	0	1
	47 《동국여지승람》	·	·	·	1	1	·	1	1	2
	48 거북선	8	10	21	3	7	6	36	19	55
	49 《난중일기》	·	1	·	·	·	·	0	1	1
	50 이순신의 칼	·	1	·	·	·	·	0	1	1
	51 《동의보감》	1	1	1	·	·	1	2	2	4
	52 상평통보	·	·	2	·	·	·	2	0	2
	53 《곤여만국전도》	·	·	1	2	·	·	1	2	3
	54 풍남문	·	1	·	·	·	·	0	1	1
	55 규장각	·	·	1	·	1	·	2	0	2
	56 《발해고》	·	·	1	·	·	·	1	0	1
	57 수원 화성	15	18	5	10	8	4	28	32	60
	58 거중기	·	·	1	·	3	2	4	2	6
	59 《대동여지도》	1	·	2	3	2	1	5	4	9
	60 동구릉	1	2	·	·	·	1	1	3	4
	61 백자(청화백자)	·	·	3	1	·	·	3	1	4
	62 《조선왕조실록》	1	·	3	2	·	·	4	2	6

대한 제국기와 일제 강점기	63 독립문	·	·	2	·	·	·	2	0	2
	64 건청궁	·	·	1	·	·	·	1	0	1
	65 대한제국 칙령	1	2	·	·	·	·	1	2	3
	66 조선총독부	·	·	·	1	·	·	0	1	1
	67 서대문형무소	·	·	1	1	·	1	1	2	3
현대	68 5·18 민주화 탑	·	·	1	·	·	·	1	0	1
	69 청와대	1	·	·	·	·	·	1	0	1
기타	70 아리랑	3	1	·	1	4	1	7	3	10
	71 강강술래	·	·	1	·	2	·	3	0	3
	72 판소리	·	·	·	1	·	·	0	1	1
	73 탈춤(사자춤)	·	·	1	1	·	·	1	1	2
	74 한복	1	1	·	·	1	·	2	1	3
	75 한옥/초가집	·	3	·	·	·	·	0	3	3
	76 장독대/항아리	·	·	·	1	1	1	1	2	3
	77 김치	·	1	·	·	·	·	0	1	1
	78 왕릉	1	·	·	·	·	·	1	0	1
	79 석탑	1	·	2	·	·	·	3	0	3
	80 도자기(토기)	·	·	1	4	1	1	2	5	7
	81 해치	1	·	·	·	·	·	1	0	1
	82 고분벽화	1	·	·	·	·	·	1	0	1
	83 풍속화	·	·	1	·	·	·	1	0	1
	84 초상화	·	·	·	·	1	·	1	0	1
	85 《정간보》	·	·	·	·	·	1	0	1	1
	86 태극기	·	·	1	·	·	·	1	0	1
	87 모두 소중하다	·	1	·	·	·	·	0	1	1
	오답	14	10	4	10	3	0	21	20	41
	무응답	39	37	5	6	10	11	54	54	108
	합계	218	210	220	215	220	200	658	625	1283

설문 결과를 보면, '훈민정음'을 우리 역사에서 가장 중요한 문화재로 꼽은 학생이 가장 많았고(한글 포함 271명, 21.1%), 경복궁(125명, 9.7%), 첨성대(105명, 8.2%), 팔만대장경(72명, 5.6%), 수원 화성(60명, 4.7%), 거북선(55

명, 4.3%)이 그 뒤를 이었다.[20]

이를 시기별로 분류해보면, 특정 시대에 한정되지 않는 18가지를 제외하고 구석기~청동기 시대 유물·유적이 6가지, 삼국~후삼국 시대 유물·유적이 20가지, 고려 8가지, 조선 28가지, 대한제국기와 일제강점기 5가지, 현대 2가지로 조선시대의 유물·유적이 40%가 넘는 비중을 차지한다. 그리고 삼국~후삼국 시대 유물·유적 20가지 중 14가지는 신라의 문화재이다.

학생들이 중요하다고 생각하는 문화재는 교과서에서 중요하게 다루는 문화재와 대부분 일치한다. 그중에서도 고인돌, 첨성대, 불국사, 석굴암, 《무구정광대다라니경》, 팔만대장경, 《직지심체요절》, 고려청자, 경복궁, 숭례문, 흥인지문, 해시계, 훈민정음(한글), 거북선, 수원 화성은 학년과 성별을 불문하고 중요한 문화재로 꼽았다. '동구릉', '풍남문', '계백장군 묘' 등은 몇몇 학생이 자신들이 사는 지역의 문화재를 꼽은 것으로 보인다. 문화재 유형별로 보면, 대부분 유형문화재에 속한다. 무형문화재는 아리랑, 강강술래, 판소리, 탈춤, 김치 등 5가지에 불과하다.

학생들은 문화재 이름을 잘못 표기하는 경우가 많았다. 석굴암을 '석굴함', 성덕대왕신종을 '선덕대왕신종', 상감청자를 '상강청자, 삼강청자', 경복궁을 '경북궁', 곤여만국전도를 '곤여만도지도', 자격루를 '자력구', 오죽헌을 '오축현', 대한제국 칙령을 '대한제국 침령' 등 소리나는 대로 적은 경우가 많았다. 학생들에게 문화재 이름이 낯설고 어렵게 느껴진다는 사실을 알 수 있다.

제시된 표에서 볼 수 있듯, 문화재를 반구대 암각화, 《무구정광대다라니경》 등과 같이 특정한 사물로 인식하는 학생이 대부분이다. 하지만 청동기, 고려청자, 금속활자 등과 같이 특정 시대의 대표적인 문화유산을 통칭하는 용어나 왕릉, 도자기, 풍속화, 초상화 등 시대와 관계없이 특정 분야를 통칭하는 용어로 인식하기도 한다. 교과서의 문화재 표기가 이를 혼용하고 있는 점이 영향을 주었을 것이다. 그 때문에 생기는 오해도 있다. 예를 들어 학생들은 '빗살무늬 토기' 하면 신석기 시대의 표지유물을 통칭하는 용어로 이해하지 못하고 교과서에 등장하는 특정 유물을 떠올린다. '빗살무늬 토기'를 특정한 하나의 문화재를 지칭하는 문화재명으로 오해하는 것이다.

학생들이 특정 문화재를 중요하게 생각하는 이유는 다양했다. 학생들의 답변을 몇 가지로 유형화하면, 문화재의 의미, 문화재의 보존성, 문화재의 우수성, 문화재의 영향, 역사 인물과의 관련성, 문화재에 대한 개인적인 경험과 인상 등으로 나누어볼 수 있다.

첫째, '문화재의 의미'에 주목하여 응답한 예로 팔만대장경을 들 수 있다. 구체적인 답변 내용을 보면, '고려 사람들이 온 정신을 다해 대장경을 만들어서', '전쟁 속에서도 많은 사람이 믿음으로 만들었기 때문', '나라를 지키겠다는 의지로 16년 동안 힘을 모아 만들었기 때문' 등 '몽골의 고려 침략'이라는 팔만대장경의 제작 배경과 제작 과정의 특성을 그 이유로 들었다. 역사적 사건을 이해하는 데 인상적인 매개 작용을 하는 문화재가 중요하게 인식된다는 것을 알 수 있다.

둘째, '문화재의 보존성' 측면에 주목한 예로 경복궁이 있다. 학생들은 경복궁이 중요한 이유로 '옛날에 만들어졌는데도 아직도 남아 있기 때문', '조선시대부터 있던 거라서', '오래되었기 때문에' 등 현재까지 보존되고 있다는 점에 의의를 부여했다. 특히 경복궁이 '불타 없어졌는데 다시 복원한 걸 보면 중요하다고 느낄 수 있다'라는 답변에서 문화재 '복원'을 시대적 상황이나 맥락에서 인식하기보다 문화재 자체의 중요성 때문이라고 생각하는 것으로 나타났다.

셋째, '문화재의 우수성'에 주목한 예로 수원 화성을 들 수 있다. 답변 내용을 보면, '과학적이며 예술성을 지니고 있기 때문', '아름답고 과학적인 건축물이어서', '과학적인 기구를 이용해서 건축했기 때문', '뛰어난 축성 방법과 과학기술로 축성했기 때문' 등 주로 과학적인 축성 기술 및 예술성을 언급하고 있다. 학생들은 문화재의 우수성을 표현하는 데 이처럼 '과학적'이라거나, '최초'라는 수식어를 사용한다. 여기에 종종 '아름답다', '섬세하다', '크다' 등의 표현을 덧붙일 뿐이다. 우리는 왜 문화재의 우수성을 '과학성'이나 '최초'와 결부시켜왔는가에 대한 성찰이 필요하다.

넷째, '문화재의 영향'을 보여주는 예로 앙부일구를 들 수 있다. 학생들은 문화재가 오늘날에 끼친 영향을 중요하게 생각할 뿐만 아니라, 그 영향을 과도하게 인식하는 경향이 있었다. 앙부일구를 가장 중요한 문화재로 적은 학생 중에는 '해시계를 본받아 현재에는 시계, 핸드폰 시계 등 여러 가지가 있다', '해시계 덕분에 지금 우리가 시간을 이용할 수 있어서', 심지어 '해시계가 없었으면 지금의 시간도 없다'라고 답변한 학생도 있었다. 문화재의 가치를 현재의 쓸모에서 찾으려 하거나 심지어 이를 과장하여 해석하는 오류를 범하지 않도록 교육해야 한다. 나아가 문화재를 박제화된 이미지에 가두지 않고 내력을 가진 변화하는 사물로 인식하게 만드는 교육이 절실하다.

다섯째, '문화재와 역사 인물의 관련성'에 주목한 응답으로 훈민정음과 첨성대, 수원 화성, 거북선 등을 들 수 있다. 훈민정음은 세종대왕, 첨성대는 선덕여왕, 수원 화성은 정조나 정약용, 거북선은 이순신과 함께 거론된다. 학생들의 역사 인물에 대한 인식은 관련 문화재에 대한 인식과 밀접한 연관이 있었다.

여섯째, '문화재에 대한 개인적인 경험과 인상'의 예는 첨성대를 들 수 있다. 첨성대를 가장 중요한 문화재로 꼽은 학생 중에는 첨성대를 직접 본 소감을 적은 학생이 많았다. '멋있고 진짜 성같기 때문', '경주의 환경과 잘 어울리기 때문', '수학여행 때 봐서', '밤에 보면 아름답고 대단해서', '첨성대의 곡선이 멋있고 아름답기 때문에' 등이 그것이다. 몇몇은 다른 문화재 관련 답변에서는 찾아보기 힘든 표현이다. 문화재를 직접 체험하고 난 뒤에 얻은 나름의 안목이 드러나는 것이라고 할 수 있다.

문화재에 대한 관심과 인식의 진전은 다각도의 상상과 이해 및 감동에서 출발한다는 점을 고려하여 교실 안팎에서 다양한 방식의 문화재 체험교육을 모색할 필요가 있다. 학생들의 문화재에 대한 인식은 고정되지 않고 학년이 올라가며 성장함에 따라, 어떤 문화재를 어떻게 접하는가에 따라 변화될 가능성이 크다.

학생들이 문화재를 제대로 이해할 수 있도록, 문화재 관련 정보를 그대로 베끼거나 수용하는 수준을 넘어 정보를 나름대로 발견하고 창조할 수 있도록 유도하는 역사수업을 모색해야 한다. 교과서의 문화재 정보를 그대로 전달하는 수업이 아닌, 문화재에 대한 학생들 각자의 이해를 바탕으로 인식의 질적 변화를 지향하는 적극적인 수업 실천이 필요하다. 학생들이 문화재의 탄생뿐만 아니라 그 후의 역사적 변천 과정과 현재적 의미를 종합적으로 살펴보고 이해할 수 있는 교육이 필요하다.

초등학생이 현대사에서 가장 배우고 싶은 사건

학생들에게 어떤 역사를 가르쳐야 할지를 궁리할 때 교사는 역사적 사건의 중요성뿐만 아니라 해당 사건에 대한 학생의 인식과 이해 양상을 고려해야 한다. 어차피 학생들은 어려워할 거라고, 이해하지 못할 거라고 함부로 예단해서는 안 된다. 특히 학생들이 알고자 하는 역사적 사건에 대해서는 좀 더 적극적이고 구체적으로 수업을 구상, 실천할 필요가 있다.

초등학생들이 가장 흥미를 보이는 시기는 조선시대와 일제강점기였다. 학년별로 보면, 역사수업을 경험하기 전인 4학년 학생들은 고대부터 현대까지 다양한 시기에 비교적 골고루 흥미를 보인 반면, 5, 6학년 학생들은 조선시대 이후의 역사에 더 큰 관심을 보였다. 학교에서 역사를 배우게 되면서 자신들이 속한 현재와 가까운 시기의 역사를 더 궁금해하는 경향이 생기는 것으로 보인다. 초등학생들이 현대사에서 가장 배우고 싶은 사건은 '분단과 6·25 전쟁'이었다.[21]

단위: 명(%)

구분	2014년 조사			2016년 조사		
	남	여	전체	남	여	전체
분단과 6·25 전쟁	397 (60.5)	335 (53.4)	732 (57.1)	350 (55.0)	333 (53.6)	683 (54.3)
민주화 운동	56 (8.5)	47 (7.5)	103 (8.0)	53 (8.3)	65 (10.5)	118 (9.4)
경제 성장	43 (6.6)	34 (5.4)	77 (6.0)	40 (6.3)	23 (3.7)	63 (5.0)
외환 위기	67 (10.2)	73 (11.6)	140 (10.9)	81 (12.7)	81 (13.1)	162 (12.9)
남북정상회담 등 전후 남북관계	87 (13.3)	133 (21.2)	220 (17.1)	107 (16.8)	105 (16.9)	212 (16.9)
무응답	6 (0.9)	5 (0.8)	11 (0.9)	5 (0.8)	14 (2.2)	19 (1.5)
계	656 (100)	627 (99.9)	1,283 (100)	636 (99.9)	621 (100)	1,257 (100)

2014년과 2016년 조사 모두 약 55%의 학생이 분단과 6·25 전쟁을 가장 알고 싶은 현대사의 사건으로 꼽았다. 이들은 특히 같은 민족끼리 전쟁을 한 까닭을 알고 싶다고 했다. 역사수업 시간에 전쟁의 구체적인 전개 과정보다 전쟁이 일어난 배경을 충분히 논의할 필요가 있다는 점을 알 수 있다. 전쟁의 참상과 거기서 얻을 교훈을 간과해서는 안 된다는 사실을 확인해주는 답변도 있었다. 분단과 6·25 전쟁을 배우고 싶은 이유로 '6·25 전쟁의 아픔을 알려주려고', '6·25 전쟁의 역사를 기억하려고', '6·25 때 사람이 많이 죽었는데 사람들이 까먹고 있어서', '전쟁은 얼마든지 일어날 수 있기 때문', '전쟁의 무서움을 알고 다음에는 이런 비극이 생기지 않게 노력하기 위해', '다시는 이런 아픔이 반복되지 않았으면 좋겠기 때문'이라고 대답하는 학생도 적지 않았기 때문이다.

'매일 뉴스에 나오는 북한이 생긴 계기라서', '아직 휴전 중이기 때문', '이런 최악의 일이 지금까지 해결되지 않았기 때문', '우리가 북한과 남한으로 나뉘어 전쟁을 두려워하기 때문', '아직도 남북이 분단되고 북한을 모르기 때문', '지금 우리나라와 북한이 서로 사이가 좋지 않아서' 등의 답변도 있었다. 분단과 6·25 전쟁에 대한 보다 깊은 이해가 현재 한국의 상황을 이해하는 데 도움을 줄 것이라고 여기는 것이다. 여기에는 전쟁 재발에 대한 불안과 두려움이 섞여 있다는 것도 느낄 수 있다.

전후 남북관계를 궁금해하는 학생도 적지 않았다(약 17%). 초등 제2차 조사를 진행한 2014년에는 남북 이산가족 상봉이 추진되고 인천 아시안게임에 북한 선수단이 참가하는 등 남북관계가 호전되는 듯 보였으나 3차 조사를 앞둔 2016년 초 북한이 기습적인 핵실험을 감행하면서 남한이 곧바로 남북 민간 교류 중단과 개성공단 폐쇄를 선언하는 등 남북관계가 급속도로 악화되었다. 학생들이 남북관계를 고른 이유도 '지금 현재 일어나고 있는 문제이다', '남북한이 통일을 위해 무슨 노력을 해왔는지, 지금은 왜 사이가 나빠졌는지 궁금하다', '전쟁 위험에서 벗어나려고' 등 당시의 상황과 무관하지만은 않은 듯했다. '북한을 조금 더 알고 싶어서', '북한에 어떤 어려움이 있는지 알고 싶어서', '북한과 떨어져 있는데, 어떻게 하면 북한과 또 가까워질 수 있을지' 같은 답변에서 확인할 수 있듯 북한에 대한 궁금증도 남북관계를 알고 싶은 이유 중 하나였다. '북과 남한이 정말 통일하고 싶어하는 건지 궁금해서', '남북정상회담을 했는데 왜 통일을 안 했는지', '통일을 위해 노력했는데 아직 통일이 안 된 이유를 알고 싶다', '남북이 통일되면 어떨지 궁금하고 관심이 많아서' 등 남북관계를 통일 문제와 관련지어 인식하는 학생들도 많았다.

남북관계가 분단 및 6·25 전쟁과 직결된 문제임을 고려하면, 초등학생들의 응답은 초등 현대사 수업에 중요한 시사점을 준다. '분단과 6·25 전쟁'과 '남북관계'를 고른 학생 수를 합산하면, 2014년에는 74.2%, 2016년에는 71.2%에 달한다. 그리고 그 관심의 초점은 전쟁의 과정이 아니라 전쟁의 배경과 원인, 현재의 남북 상황에 대한 정보와 남겨진 과제의 해결에 있다. 보통 남학생이 여학생보다 전쟁에 관심이 많다고들 하지만, 분단과 6·25 전쟁 및 남북관계를 고른 학생들의 남녀 성비에는 두드러지는 차이가 없었다. 학생들이 과거의 상황을 제대로 알고 현재를 직시하면서 미래를 상상할 수 있도록 역사수업에서 이 사건들을 현대사의 다른 사건들보다 심층적·다각적으로 다룰 필요가 있다.

2014년 조사와 2016년 조사 모두 외환 위기가 남북관계의 뒤를 이었는데, 외환 위기에 대해 알고 싶다고 답한 학생들도 전쟁에 대해 알고 싶다는 학생들처럼 '왜 외환 위기가 온 건지 궁금해서', '나중에도 이런 일이 일어나면 잘 대처할 수 있어서'와 같이, 사건의 배경과 재발의 위험을 이해하고 경계하고 싶은 마음에서 이 사건을 선택한 것으로 보인다. '우리 부모님이 힘든 고비를 넘기고 우리를 키워주셔서'처럼 힘듦, 어려움, 고통, 아픔 등의 정서적 표현과 개인적인 이유가 다른 사건들보다 많이 등장하는 것도 특징이다.

마지막으로, 민주화 운동에 대해 배우고 싶다고 응답한 학생들은 민주화 운동의 원인과 과정에 대해 알고 싶다고 했고, 민주화 운동을 우리나라 민주주의의 기원으로 설명했다. 민주화 운동에 대해 배우고 싶은 이유로 학생들은 '재미있고 흥미 있어서', '정치인들이 어떤 마음이었는지 궁금하다', '혁명에 대해 관심이 있어서' 등을 들었다. 무엇보다 학생들은 '우리나라 국민이 자신의 권리를 위해 투쟁하는 모습이라', '우리나라 국민의 힘이 대단해서', '모든 사람이 힘을 합쳐 대통령을 물러나게 한 것이 멋지기 때문', '민주주의를 지키려는 사람들은 정말 대단하다', '이 사람들은 목숨 걸고 민주 활동을 하셨기 때문이다', '우리나라가 민주주의라는 것이 좋아서', '민주적인 것들이 좋아서' 등 민주주의와 민주화 운동에 대해 높이 평가하고 있었다.

이상과 같이 현대사의 주요 사건에 대한 학생들의 인식 수준은 낮지만, 흥미는 높은 것이 사실이다. 학생들은 이 사건들에 대해 자세하고 충분하게 학습하기를 원한다. 한편으로, 사건에 대해 정서적인 표현이 많이 등장하는 것은 현대사 수업에서 학생들의 인지와 정서를 조화시킬 궁리가 필요하다는 것을 알려준다. 사건 현장에 있었던 사람들의 증언을 통해 사건을 간접 체험하거나 관련 장소를 답사하는 등 교과서 밖 사회적 연결망을 활용해 인지와 정서가 조화를 이루는 학습이 가능하도록 새로운 교육 프로그램을 개발, 운영할 필요가 있다.

역사교육은 역사학의 연구 성과가 역사수업을 통해 '학생들이 인식하는 역사'로 바뀌는 과정[22]이며 초등 역사수업은 그 첫 단추이다. 하지만 초등학생은 백지 상태의 도화지도, 일방이 전하는 정보를 그대로 소비하는 텔레비전 시청자 같은 존재도 아니다. 학생들은 여러 경로를 통해 역사를 접하며 나름의 지식을 쌓는다. 학생들의 역사 지식은 역사수업과 일상을 통해 생성되고 변화한다. 역사수업은 학생들이 무엇을 알고 무엇을 모르는지, 어떤 인물 어떤 시대 어떤 사건을 궁금해하는지, 그 다양한 지점을 제대로 탐색하는 데서 출발해야 한다. 그런 의미에서 지금까지 진행해온 역사의식조사와 그 결과는 초등 역사교육 개선의 단초가 될 것이다.

3

중·고등학생들은 역사를 어떻게 수용하는가?

이해영_대구가톨릭대학교 역사교육과

학생들은 어디에서 역사 지식을 얻을까?

역사의식조사의 객관식 설문은 앞에서도 살펴보았듯이 '학생의 역사 이해에 영향을 미치는 요인'과 '현재와 미래에 대한 학생들의 생각'이란 두 영역으로 구성했다. 그리고 이 두 영역을 다시 몇 가지 소 영역으로 나눴는데, 역사에 대한 흥미와 관심, 학생이 생각하는 역사 공부의 목표, 역사 지식의 주된 출처와 그에 대한 신뢰도 등이 전자를 구성하는 소 영역들이다. 이들이야말로 학생들의 역사 이해에 영향을 미치는 주된 요인이라 판단했기 때문이다. 후자는 역사교육의 새로운 방향을 모색한다는 취지 아래, 그동안 우리 역사교육이 민족 정체성 함양 교육으로 기능해 오며 역사 서술과 해석에서 민족주의를 앞세운 데 대한 비판과 반성에서 출발했다. 그래서 '단일민족'이란 신화와 '민족' 혹은 '국가'를 앞세운 역사 서술과 해석이 우리 학생들에게 끼친 영향, 우리의 현재와 미래를 함께할 북한과 주변 나라들에 대한 학생들의 인식, 우리 역사교육이 지향해야 할 새로운 가치, 즉 '탈민족'과 '민주주의', '평화', '인권' 같은 보편 가치에 대한 학생들의 인식을 파악할 수 있는 소 영역들로 구성했다. 이 글에서는 그중 유의미한 결과가 도출된 몇 가지 소 영역에 주목하고자 한다.

첫 번째로 주목할 영역은 '역사 지식의 출처와 그에 대한 신뢰도'이다. 학생들이 주로 어디에서 역사 지식을 얻는지, 지식의 주된 출처를 묻는 데는 변화된 세상의 영향이 크다. 예전에는 역사 교과서와 역사수업이 의심할 바 없는 영순위 지식 습득 통로였다면, 세기 힘들 정도로 다양한 매체가 발달한 지금은 학생들이 역사 지식과 관련 정보를 접하는 통로도 특정 매체로 한정되지 않는다. 그래서 학생들이 주로 어떤 통로를 통해 역사 지식을 습득하는가의 문제는 학생들에게 역사수업과 역사 교과서로 상징되는 학교 역사교육이 어떤 위상을 차지하고 있는가의 문제와도 직결된다. 교과서를 비롯해 지식의 각종 출처에 대한 신뢰도를 조사하는 것도 학교 역사교육의 현실을 가늠하는 잣대인 교과서 서술의 방향과 함께 지식 습득의 통로로서 다양한 매체의 활용이란 면에서 앞으로 학교 역사교육이 해야 할 새로운 역할을 모색하기 위한 것이다. 먼저, '역사 지식의 주된 출처'에 대한 학생들의 답변을 살펴보자. 단, 설문지에서는 복수 응답을 요구했다.

단위:%

	2013년	2014년	2015년	2016년
① 친구나 어른들 이야기	9	8.9	17.8	10.5
② 역사수업 시간, 역사 교과서	43	43.9	70	43.2
③ 역사 소설이나 드라마, 영화	25	23	8	21.6
④ 인터넷을 이용한 검색 활동	8	8.6	3.2	10.2
⑤ 교과서 이외의 역사책들	15	15.6	1	14.6

결과를 보면, 학생들은 역사수업과 역사 교과서를 역사 지식을 얻는 주된 통로로 여긴다는 사실을 알 수 있다. 2013년부터 2016년까지 네 번에 걸친 조사 결과, 매년 조사 대상의 40% 이상이 역사수업과 역사 교과서를 통해 역사를 가장 많이, 혹은 자주 접한다고 답했다. 선지의 내용이나 순서가 조금씩 달랐던 2010년 첫 번째 조사 때도 선지 ①번으로 제시한 '수업시간, 교과서'를 꼽은 학생이 41.1%였으니, 2010년부터 7년 동안 이 추세에는 그다지 변함이 없다. 앞에 소개된 글에서 보았듯, 초등학생들 역시 총 세 번에 걸친 조사에서 40% 이상이 같은 선지를 고른 것을 보면, 학교 급을 막론하고 혹은 학생 개인의 성장 과정에서도 수업이나 교과서가 역사 지식 형성에 가장 큰 역할을 한다는 사실을 인정할 수밖에 없다.

그다음을 차지하는 것이 역사 소설이나 드라마, 영화 같은 대중매체이다. 복수의 답변임을 고려해도 2015년 조사 때를 제외하고는 21~25%이니 적은 비중이 아니다. 2010년 조사 때는 '인터넷이나 방송, 신문, 영화'로 제시된 선지를 택한 학생이 23.3%였다. 2013년 조사 때의 선지 ③번 '역사 소설이나 드라마, 영화'와 ④번 '인터넷을 이용한 검색 활동'이 통합되어 있는 셈이다. 따라서 2013년 조사 때 선지 ③번과 ④번을 꼽은 비율을 합산하여 비교하면 3년 사이에 7% 이상 증가한 셈이다.

드라마 〈장희빈〉을 보다가 '조선시대 궁궐의 여인들은 저렇게 비정상적인 행동을 했을까?'라는 생각이 들어 책을 찾아 읽었어요.

서대문형무소에서 유관순이 모진 고문을 당한 현장을 본 적이 있어요. 그런데 수업시간에 3·1 운동에 관해 배우다가 그때 감정이 떠올라서 생생하게 기억이 나요.

유튜브에서 3·1 운동을 주제로 한 랩 배틀 영상을 보다가 3·1 운동에 대해 더 찾아봤어요. 그래서 이 부분을 잘 알게 되었어요.

이상은 가장 잘 아는 역사와 잘 알게 된 이유를 소개해달라는 물음에 고등학생들이 답한 내용이다. 이외에 사극에 관심이 많은 한 학생은 "영화나 텔레비전 드라마에서 병자호란이나 임진왜란 같은 큰 사건들은 많이 접할 수 있어요. 그래서 수업시간에 선생님이 하는 설명을 좀 더 쉽게 이해할 수 있었어요. 이해가 잘 되니 오랫동안 기억하게 되고요"라고도 하였다. 학생들은 대중매체나 현장체험에서 처음 접한 역사 내용을 수업을 통해 역사 사실로 머릿속에 정리하거나, 반대로 수업시간에 들은 내용을 영화나 드라마 같은 비공식 통로를 통해 다른 방식으로 머릿속에 각인한다. 이로써 해당 내용은 아는 역사 지식으로 자리를 잡는다. 학생들은 어느 하나의 경로로 역사를 접하지 않는다는 것이다.

학생들이 역사 사실을 자신의 역사 지식으로 만들기까지는 형식적 교육과정, 상징적 교육과정, 사회적 교육과정이 서로 보완한다.[23] 형식적 교육과정은 교육체계의 지배조직이나 정책에서 승인된 형식적 수업계획을 말하는데, 흔히 국가 수준 교육과정이나 교과서로 대변된다. 상징적 교육과정은 지식, 기능, 가치, 도덕을 가르치기 위해 사용된 이미지, 상징, 좌우명, 특정한 상, 경축일, 유물 등을 가리킨다. 사회적 교육과정은 텔레비전, 신문, 잡지, 영화 같은 대중매체에 묘사된 문화집단에 대한 지식, 개념, 인상 들이다. 학생들은 텔레비전 드라마의 소재를 학교 수업에서도 접한다. 박물관과 학교 수업, 하물며 텔레비전 다큐멘터리를 통해서도 동일한 역사 주제를 만난다. 이처럼 학생들은 복합적·중층적으로 역사를 만나고 있는 것이다.

학생들은 다양한 출처에서 역사 지식을 얻었다. 그렇다면 학생들은 이런 출처들을 얼마나 신뢰할까? 먼저 학생들이 역사 지식의 주된 출처로 꼽은 역사 교과서에 대한 신뢰도를 알아보았다.

단위:%

	2013년	2014년	2015년	2016년
① 사실(강함)	8.9	8.1	9	8
② 사실(약함)	27.4	29.2	31.7	29.5
①+② 합계	36.3	37.3	40.7	37.5
③ 중간	36.9	37.4	34.6	34.7
④ 생각과 의도(약함)	21.1	21.8	20.6	23.7
⑤ 생각과 의도(강함)	5.7	3.5	4.2	4.1
④+⑤ 합계	26.8	25.3	24.8	27.8

선지 ①번에 가까울수록 교과서가 '옛날에 있었던 그대로의 사실을 알려준다'는 믿음이 강하다는 의미, 즉 교과서에 대한 신뢰도가 높다는 뜻이고, 선지 ⑤번에 가까울수록 교과서도 '누군가의 생각과 의도가 반영된 수많은 역사책 중 하나'임을 인정한다는 의미이다. 따라서 답변이 ①번 쪽으로 많이 기울수록 교과서 서술의 객관성에 대한 학생들의 믿음이 강하다는 뜻이 된다. 결과를 보면, 2차 조사를 시행한 2013년 이후

매해 35%가 넘는 학생이 교과서에 대한 신뢰를 표시했다. 선지 ①번과 ②번 결과를 합계한 수치가 그것이다.

심층 면접을 통해 5·18 광주 민주화 운동에 대한 서울·대구·광주 지역 학생들의 인식 차이를 비교하는 과정에서도 역사 교과서에 대한 학생들의 신뢰를 확인할 수 있었다. 예를 들어 대구 지역 학생 중 일부는 '5·18은 폭동'이라 말하면서도 '역사 교과서에서 왜 5·18을 민주화 운동으로 다루고 있을까?'라는 질문에 쉽게 답하지 못하며 갈등했다. 즉, 극우 성향의 커뮤니티 사이트 '일간베스트저장소(이하 '일베')'나 부모나 친지, 친구 등의 비공식 경로를 통해 접한 폭동설에 익숙하던 학생들도 5·18을 민주화 운동으로 규정한 역사 교과서 내용을 무시하지 못했다.[24] 학생 대부분이 역사 교과서는 국가가 공인한 정확한 정보를 가장 중립적인 입장에서 서술한다고 믿기 때문이다. 역사 교과서의 관점과 용어, 개념 등에 대한 신중한 논의가 절실한 이유이다.

역사 지식의 출처를 묻는 문항에는 역사수업과 역사 교과서라고 답한 학생이 가장 많았지만, 정작 일상에서 궁금한 내용이 생기거나 역사 지식이 필요할 때는 교과서보다 인터넷을 활용한다는 학생이 많았다. 특히 초등학생은 약 40%가 인터넷을 활용한다고 답했는데, 이 점에서는 중·고등학생들도 크게 다르지 않았다.

역사를 학습하는 과정에서 온라인 매체는 여러 가지로 활용 가능하다. 인터넷을 통해 문서나 증언 등 다양한 형태의 1차 자료를 직접 확인할 수 있고, 역사 쟁점과 관련해 각양각색으로 대립하는 의견을 폭넓게 수렴할 수도 있다. 그러나 인터넷은 개인 사용자의 검색 기록을 바탕으로 사용자의 구미에 맞게 세상을 필터링해서 보여주기에, 사용자들은 자신들의 견해와 비슷한 주장들로 둘러싸인 채 편향된 정보만을 접하며 자신이 가져온 선입견이나 편견에서 벗어날 기회를 잃어버린다. 종국에는 자신과 다른 의견을 배척하는 지경에 이르기도 한다.

따라서 디지털 자료를 읽을 때는 내용을 부단히 의심하면서 자료의 의미를 재해석하고 재구성해야 한다. 디지털 리터러시의 핵심도 텍스트에 질문을 던지며 비판적으로 읽는 데 있다. 디지털 미디어가 제공하는 역사 관련 자료나 정보는 말 그대로 역사 탐구 방법인 출처 확인, 맥락화, 증거의 사용, 확증을 이용한 검토를 해야 하며, 자료에 문제를 제기하며 비판적으로 읽을 수 있어야 한다. 누가 그 자료를 만들었는지, 누가 그것을 올렸는지, 믿을 수 있는 자료인지 등을 확인하고 여러 웹사이트의 관련 글들과 비교해가며 비판적으로 읽도록 가르칠 필요가 있다.[25]

우리가 역사를 배우는 이유는?

그간 많은 사람이 역사교육의 목적에 대해 다양한 의견을 내놓은 바 있다. 정선영은 역사교육의 최종 목표를 '역사적 통찰력의 함양'이라 주장한다. 역사적 사실의 의미와 본질을 꿰뚫어 보고 그 현재적 특성을 이해하여 이를 바탕으로 미래에 나아갈 방향을 통찰해야 한다는 것이다.[26] 김한종은 "역사를 공부하는 과정은 비판적 사고를 기르는 과정"이라고 말하기도 하였다.[27] 역사교육의 목적에 대한 역사학자나 역사교육 전공자들의 논의는 활발하지는 않지만 꾸준하다. 그러나 정작 역사교육의 주체인 교사나 학생들의 논의는 미약하다. 역사교육의 목적에 관한 논의는 주로 국가 수준 교육과정 차원에서 학교와 교실에 하향식으로 전달되고 있을 뿐이다. 아무리 내용이 잘 선정되고 조직된다 하더라도 역사를 가르치고 배우는 의미를 교실 속 교육의 주체들이 공감하고 합의하지 못한다면 목적지 없이 표류하는 배와 진배없다. 역사교육의 목표는 다양한 논의 과정을 거쳐 교육의 주체들이 합의해야 한다.

최근에는 이에 관한 학생들의 의견을 경청하여 학생이 중심이 되는 역사교육의 목적을 밝힐 필요가 있다는 의견이 제기되고 있다. 과거를 탐구하는 수업에서 느낀 '맛'과 얻은 '힘'이 수업이 끝난 이후 학생들의 삶에서 어떻게 쓰일 것인가를 살피고, 어떤 삶을 살고 어떻게 기록될 것인가에 대한 성찰을 통해 학생 스스로 역사를 만들어가는 방향으로 역사교육을 고민할 필요가 있다는 것이다.[28] 다년간의 역사의식조사는 이에 관한 단초를 제공한다. 다음은 '학생들이 생각하는 역사교육의 목적'을 조사한 결과이다. '역사를 배워 나 자신에게 어떤 변화가 있기를 바라나요?'라는 표현으로 '역사교육의 목적'이란 딱딱한 단어들이 줄 수 있는 부담을 줄이고자 했고, 복수의 답변을 요구했다.

단위:%

	2013년	2014년	2015년	2016년
① 새로운 역사 지식을 더 많이 안다.	29	24.8	50.6	26.5
② 대한민국 사람이라는 자부심을 느낀다.	21	17.1	21	16.1
③ 과거의 경험과 오늘날의 상황을 연결하여 이해하는 힘을 기른다.	24	27.7	21	16.1
④ 역사 이야기를 들었을 때 내용이 정확한지 근거는 있는지 따져보는 습관을 기른다.	13	14.8	5.4	17.9
⑤ 역사 이야기를 읽으면서 어떤 삶이 가치 있는지 생각한다.	13	15.7	1.2	14.3

수치를 보면, 절반이 훌쩍 넘는 학생이 역사를 배워 '새로운 역사 지식을 습득한 나' 혹은 '과거의 경험을 통해 오늘날의 상황을 이해하는 능

력을 기른 나'가 되기를 바란다. '대한민국 국민으로서 자부심을 느끼는 나'라는 답변도 바짝 그 뒤를 쫓는다. 선지가 다른 2010년 조사에서도 '많은 상식을 알게 된다'(29.5%), '선조들의 지혜를 배울 수 있다'(23.4%)는 답변이 가장 많았고, '우리가 함께 살아왔다는 공동체(민족)의식을 갖게 된다'(22.3%)라는 답변이 뒤를 이었다. '여러 가지 사회문제를 이해하는 데 도움을 얻는다'(16.5%)는 답변이 그다음 순위를 차지했는데, 이는 '선조들의 지혜를 배울 수 있다'는 답변과 함께 2013년 이후 조사에서 선지 ③번 '과거의 경험과 오늘날의 상황을 연결하여 이해하는 힘을 기른다'에 상당하는 내용이라고 볼 수 있다.

심층 면담이나 관련 서술형 문항으로 들어가 보면 이 수치들의 의미가 좀 더 분명해진다. 학생들은 현재를 달구고 있는 사회문제의 연원을 알아보기 위해 역사를 배우고자 했다. 과거를 제대로 공부하면 현재뿐 아니라 미래의 사회문제도 해결할 수 있다고 여겼고, 과거의 실수를 되풀이하지 않을 것이라고 답하기도 했다. 학생들은 현재 자신이 처한 상황을 이해하는 데 역사를 활용하고자 했다. 학생들이 가장 공부하고 싶은 시대를 묻는 문항에 '현재와 가까운 시기'라는 대답이 가장 많은 이유이다. '한국 현대사를 대표하는 사건들 가운데 중요하게 공부해야 한다고 생각하는 사건'을 선정할 때도 학생들은 오늘날의 상황을 이해하는 데 도움이 되는지, 현재의 문제를 해결하는 데 도움이 되는지를 중요한 선정의 기준으로 삼았다. 역사가가 역사 자료를 연구하고 결과물을 만들어내는 데 현재가 의미 있는 작용을 하는 것과 마찬가지로 학생들도 역사적 사건을 현재와 관련지어 바라보았다. 예컨대, '일베' 사이트에서 5·18을 폭동으로 규정한 발언이 사회적 이슈가 된 시기에는 5·18을 가장 배우고 싶은 사건으로 선정했고, 남북 분단의 기원을 찾아보거나 불편한 남북관계의 실마리를 풀고 통일로 가기 위한 방향을 찾아보는 주제와 관련해서는 '분단과 6·25 전쟁'을 가장 중요한 역사적 사건으로 꼽았다. 이처럼 학생들을 둘러싼 현재 상황은 배우고 싶은, 혹은 중요한 역사적 사건이나 사실을 선정하는 기준이었다. 현재와 관련된 사건의 기원을 알아보고 그 사건에서 현재의 문제를 해결할 수 있는 실마리를 찾을 기회를 주는 역사교육이야말로 학생들이 역사와 사회문제에 지속적인 관심을 갖게 할 방법일 수 있다.

이처럼 학생들이 생각하는 역사교육의 목적은 과거를 통해 오늘날을 이해하는 데 있었다. 여기에는 역사교사의 영향도 있다. 교사 대부분이 역사수업에서 과거와 현재를 비교하고 과거가 현재와 어떻게 연관되어 있으며 현재에 어떤 영향을 끼치는지에 대해 설명한다고 한다. 역사교육의 목표를 주체의식과 역사적 사고력, 민족의식의 함양이라고 생각하는 교사들 상당수도 과거 사건에 대한 이해를 돕기 위해 과거 사건을 오늘날의 사건과 비교하거나, 현 사회에 대한 올바른 이해를 돕기 위해 과거 사건에서 오류와 교훈을 끄집어내 비교해준다고 대답했다.

하나의 지식체계로서 역사학이 오늘날 우리가 당면한 과제를 해결하는 데 도움이 되고 실천적 학문으로서 사회적 요청에 부응해야 한다는 점에서 역사학의 현재적 가치는 중요하다. 그러나 과거의 눈으로 현재를 조사하고 현재의 잣대로 과거를 보는 일은 조심스럽다. '시대착오'란 실수를 범할 수 있고, 이로 인해 사고(思考)가 탈맥락화할 수 있기 때문이다. 과거와 현재를 단순하게 연결하면 현재의 렌즈를 통해서만 과거를 관찰하고 해석하게 된다. 과거를 제대로 해석하고 이해하려면 과거 사람들의 가치관과 가치 기준을 이해해야 한다. 과거의 사건이나 제도를 과거의 맥락 속에서 살피는 한편, 현재의 가치를 기준으로 과거 사실에서 교훈을 끄집어내거나 비판할 수 있어야 한다.[29] 그런 의미에서 '역사를 배우는 이유'에 관한 다년간의 설문조사는 학생들에게 과거의 상황과 과거 인물에 적절하게 감정이입을 하면서 오늘날의 문제를 이해하고 실천하려는 의지가 있다는 사실을 깨닫게 해준다. 그런 점에서 역사의식조사를 크게 '학생의 역사 이해에 영향을 미치는 요인'과 '현재와 미래에 대한 생각'이란 양 갈래로 진행한 것이 적절했다고 여겨진다. 이제 역사교육의 새로운 방향을 모색한다는 취지 아래 현재와 미래에 대한 학생들의 생각을 조사한 결과물들에 대해 살필 차례다.

국가-민족주의 서사를 어떻게 수용해야 하는가?

'우리는 지혜를 발휘하여 온갖 역경을 극복하고 생존한 민족'이라는 말에 이의를 제기할 사람은 많지 않다. 학교 교육과 각종 매체가 그려온 거대 서사에 젖어 있기 때문이다. 그런데 이 서사를 구성하는 요소들, 즉 유구한 역사, 문화적 역량, 단결력과 끈기를 갖춘 민족성, 국가와 민족을 위해 희생할 줄 아는 자세 등은 민족주의를 구성하는 요소들이다. 우리 역사는, 그리고 역사교육은 '민족주의 서사'로 점철되었다고 해도 과언이 아니다. 이는 설문 결과에서도 그대로 드러난다. '단일민족주의 및 민족주의 상대화'로 범주화되는 몇 개의 문항을 검토해보자.

먼저 중일전쟁 당시 중국 상하이에 살면서 라디오를 통해 일본의 침략을 비판한 일본인 '하세가와 데루'를 소개하고 그녀의 행동에 대한 학생들의 생각을 물은 결과이다.

단위:%

	2014년	2015년	2016년
① 하세가와 데루는 일본인으로 일본의 입장을 따랐어야 한다.	3	3.2	2.2
② 하세가와 데루는 일본인이지만 결혼을 해서 중국 땅에 살고 있으므로 중국을 도와야 한다.	3.6	6	4.2
③ 하세가와 데루가 일본 국민인 것은 인정하나 침략전쟁은 잘못되었으므로 일본을 따르지 않아도 된다.	36	34.2	35.9
④ 하세가와 데루는 일본에 있는 가족의 안전을 생각했다면 반일 방송을 하지 말았어야 한다.	9.9	10.2	10.3
⑤ 전쟁은 무고한 사람에게 피해를 주는 일이므로 하세가와 데루가 전쟁에 반대하는 것은 올바른 선택이었다.	47.5	46.5	47.3

일본인 하세가와 데루의 중일전쟁기 행적에 대해 대다수 학생은 그녀의 선택을 지지했다. 특히 50%에 가까운 학생이 매해 ⑤번 선지를 선택한 점을 고려하면, 많은 학생이 전쟁을 '평화'라는 가치를 중심으로 바라보는 것처럼 보인다. 그러나 내가 속한 공동체와 연관된 문제에서는 학생들이 좀 다른 반응을 보였다. 다음은 신라가 당과의 연합을 통해 백제와 고구려를 무너뜨리고 대동강 이남 땅을 영토로 확보하는 과정을 보여준 뒤 신라의 삼국 통일에 대한 학생들의 평가를 물은 결과이다.

단위:%

	2013년	2014년	2015년	2016년
① 세 나라의 문화가 하나의 민족문화로 발전하는 계기가 되었다.	17.2	23.4	20.8	21.2
② 당나라에 맞서 자주성을 지키며 통일된 나라를 이룩했다.	9.4	9.3	10.5	9.8
③ 통일에는 성공했지만, 고구려의 영토 대부분을 잃어버려서 안타깝다.	52.3	45.9	47.4	44.7

④ 다른 나라를 끌어들여 고구려와 백제를 무너뜨린 것은 잘못된 것이다.	16.6	18.1	17.7	19.1
⑤ 삼국시대 내내 계속되던 전쟁이 줄어들어 보통 사람들의 부담이 줄어들었다.	4.5	3.3	3.5	5.3

하세가와 데루 관련 설문은 학생들이 전쟁이란 문제에서 '평화'와 '인권'이란 가치를 '민족' 혹은 '국가'라는 가치보다 앞세우는 듯한 결과를 보여주었던 반면, 위의 삼국 통일 관련 설문의 결과는 자신이 속한 공동체가 관련된 문제에서 학생들이 민족-국가 서사로 고정된 인식을 바꾸지 못한다는 사실을 확인해준다. 이는 중일전쟁과 삼국 간 전쟁을 대하는 태도가 확연히 다른 데서 드러난다. 삼국 간 전쟁을 대하는 태도에는 민족주의 서사의 영향이 뚜렷하다. 데루 관련 설문은 전쟁을 '평화'와 '인권'의 관점에서 해석하는 ③, ⑤번 선지를 택한 학생들이 압도적으로 많았던 반면, 삼국 통일 관련 설문은 신라가 전쟁의 승자가 됨으로써 고구려 땅을 잃어버리게 되었다는 민족주의적 영토 중심 사고가 배인 선지를 절반에 가까운 학생들이 선택했다. 더욱 놀라운 것은 전쟁을 인권의 관점에서 해석한 ⑤번 선지를 택한 학생이 가장 적었다는 점이다. 중일전쟁 관련 설문의 결과와는 정반대인 셈이다. 타 공동체 간 전쟁은 평화와 인권을 중심으로 바라보지만, 내가 속한 공동체가 전쟁이나 갈등의 한 축이 되었을 때는 '평화'와 '인권'이란 가치가 어느새 뒤쪽으로 밀려나버리는 것이다.

민족-국가 서사는 오랫동안 한국사의 중심 서사를 형성하고 민족과 국가에 대한 자긍심을 기르는 기제로 작용해왔다. 그 바탕에는 어릴 때부터 형성된 '우리는 단일민족'이라는 의식이 자리 잡고 있다. 다음의 설문 결과는 다문화 사회를 강조하는 지금도 이런 의식이 학생들 사이에서 강한 생명력을 유지하고 있음을 보여준다. 역사의식조사는 2010년 이후 꾸준히 학생들에게 '대한민국은 단일민족국가'라는 주장에 어느 정도 동의하냐고 물었다.

단위:%

	2010년	2013년	2014년	2015년	2016년
① 전적으로 동의한다.	16.6	7.4	9.2	10.7	8.3
② 조금 동의한다.	24.1	25.1	25	28	23.1
①+②	40.7	32.5	34.2	38.7	31.4
③ 보통이다.	32.8	41.4	43.6	41.8	45.9
④ 동의하기 어렵다.	19.9	22.2	18.1	15.9	17.6
⑤ 매우 동의하기 어렵다.	6.4	4	4.1	3.7	5
④+⑤	26.3	26.2	22.2	19.6	22.6

단일민족이라는 논리에 전적으로 동의하는 학생은 10% 이내로 줄어드는 추세이지만, 여전히 30%가 넘는 학생이 이 논리의 영향을 강하게 받고 있었다. 우리 역사교육학계에서 '민족' 혹은 '국가'라는 가치에 얽매이지 않고 다원적 관점과 인권, 민주주의 등 새로운 가치를 지향하려는 움직임이 시작된 게 사실이지만, 여전히 한국사의 주류를 형성하는 내용은 민족과 국가 중심의 서사를 유지하고 있다. 국가는 과거에 대한 특정 해석을 지지하고 학생들에게 이를 전달함으로써 민족 혹은 국가적 정체성을 인위적으로 만들어왔다.

민족-국가 서사를 구성하는 요소 중 으뜸은 '국난 극복'과 '문화적 역량'이다. 역사의식조사에서도 학생들은 식민 지배의 극복, 임진왜란의 승리, 훈민정음 창제 등을 가장 자랑스러운 역사로 꼽았다. 다시 한국에 태어나고 싶은 이유로 '역사가 자랑스럽기 때문'이라는 응답이 첫 번째로 꼽히기도 했다. 학생들은 중요한 역사적 사건을 고를 때도 고통과 시련, 저항과 극복, 국가의 발전을 기준으로 삼았다. 식민지 경험은 우리가 겪은 가장 큰 비극이자 고통, 시련의 역사이면서도 저항하여 극복한 역사이기 때문에 중요하다고 했다. 부당한 식민 권력 아래 고통을 받았지만 우리는 이를 극복했고 마침내 민주주의적 발전을 이룩했다는 서사는 한국인의 근대적 정체성을 확립하는 데 일조했다. 특히, 전쟁이나 식민 시기의 시련을 극복하고 발전을 이루어왔다는 서사는 집단기억이 되어 국민적 정체성을 형성했다.

학생들의 역사 이해 양상에 이런 모습이 그대로 드러난다. 시련-극복-발전의 서사에서 벗어난 역사적 사실이나 사건은 축소되거나 생략되어버렸고, 그러다 보니 학생들의 관심에서도 멀어지고 있다. 역사교육은 시련-극복-발전의 서사에 맞춰 내러티브를 만들어가며 일부 내용을 생략하기도 하고 과장하기도 했다. 학생들은 새로운 역사 사실이나 사건에 대한 새로운 해석을 대할 때 인지적 부조화 상태가 되어 잠시 혼란을 경험하지만, 민족-국가 중심의 거대한 역사 담론, 시련-극복-발전의 담론으로 이를 수용해버렸다.

이는 민족주의와 다른 가치가 충돌하는 장면에서 여실하다. 민주주의와 민족주의가 충돌을 일으킬 때 학생들은 민족주의에 손을 들었다. 경기 지역의 한 교사는 1년 동안 민주주의란 가치를 중심으로 역사수업을 재구성하여 토론수업을 진행했는데, 이 모습이 담긴 수업일기 속 학생들은 여전히 국가-민족 중심의 사고에 머물러 있었다. 민주주의에 대한 학생들의 이해는 정치제도나 사상에 한정되었고, 역사 내용과 민주주의를 쉽게 연결하지 못했다. 국가 중심, 지배층 중심, 혈통이나 영토 중심의 민족주의 서사 구조에 익숙해져버린 학생들이 민족주의가 다른 가치와 충돌할 때 이 부분을 비판적으로 인식하지 못하는 것이다.

예컨대, 영토 확장을 수많은 인민의 목숨과 삶의 터전이 희생되는 전쟁의 관점에서 해석하기보다는 지배층의 입장에서 좀 더 강한 국가나 중앙집권국가를 이루기 위한 전제 조건으로 인식했다. 고조선-고구려-발해를 포함한 한반도 전체를 우리 민족의 고유한 영토로 규정하고 거기에서 정통성을 찾는 민족주의적 영토교육이 꾸준히 이루어져온 때문이다. 즉, 고대국가 간 영토전쟁과 신라의 승리를 민족과 영토가 일치하는 계기로 규정하고, 이를 바탕으로 민족주의적 영토 인식과 단일민족국가로서 정체성을 강조해온 것이다. 학생들이 고대국가의 영토 확장을 국가 발전을 위한 불가피한 과정으로 받아들이는 것도 이 때문이다. 조선 후기 신분제 해체를 보는 관점에도 지배층 중심의 민족-국가 서사는 어김없이 등장한다. 학생들은 신분제 해체를 평등의 시선으로 바라보기보다는 지배층의 관점에서 사회에 동요, 불안감을 야기하는 부정적인 변화로 인식했다. 이러한 민족주의적 인식은 학생들의 통일에 대한 생각에도 영향을 미쳤다. 다음은 '한반도에서 전쟁이 일어날 가능성'에 대한 학생들의 생각을 정리한 것이다.

단위:%

	2010년		2013년	2014년	2015년	2016년
① 북한이 마음만 먹으면 언제라도 가능하다.	31.2	① 북한이 마음만 먹으면 언제라도 전쟁이 일어날 수 있다.	29.8	37.5	38.5	35.2
② 국제 정세에 따라 우리의 뜻과 상관없이 전쟁이 일어날 수 있다.	21.4	② 국제 정세에 따라 우리의 뜻과 상관없이 전쟁이 일어날 수 있다.	17.4	17.1	16.9	22.5
③ 남한과 북한이 서로 이해하고 협력하면 전쟁은 일어나지 않을 것이다.	36.1	③ 남한과 북한이 서로 이해하고 협력하면 전쟁은 일어나지 않을 것이다.	31.6	27.3	26.6	25.1
④ 어떤 경우에도 전쟁은 일어나지 않는다.	4.9	④ 6·25처럼 큰 전쟁은 일어나지 않지만 작은 전투는 일어날 수 있다.	15.4	13.7	12.9	12.0

중·고등학생들을 대상으로 한 조사임에도 불구하고, 결과는 요동치는 정세를 그대로 반영하고 있었다. 2008년 이명박 정부가 들어선 이후 핫라인이 단절되는 등 남북관계는 급속히 경색되어 갔다. 2009년에는 북한이 3년 가까이 중단했던 핵실험을 재개했고, 1차 조사가 이루어진 2010년에는 천안함 사건과 연평도 포격 사건이 터졌다. 선지 ④번의 수치가 2013년 조사 때 가장 높은 것은 이 영향일 것이다. 선지 ①번의 수치가 2014년 조사 때부터 유난히 높아진 것도 볼 수 있는데, 이는 2012년 말 북한이 인공위성 발사에 성공하고 2013년 초에 세 번째 핵실험을 했기 때문이다. 북한은 2017년까지 세 번 더 핵실험을 강행했다. 게다가 대한민국 정부가 경색 국면을 타개할 어떠한 노력도 하지 않는 상황이었던 만큼 '북한이 마음만 먹으면' 그리고 '국제 정세에 따라' 전쟁이 일어날 수 있다는 인식이 높아져 갔다. 안팎으로 전쟁에 대한 불안감이 높아질 수밖에 없는 상황이었던 것이다. 그러나 요동치는 정세에도 불구하고 통일에 대한 생각에는 큰 변화가 일어나지 않았다. 아래는 통일에 대한 학생들의 생각을 알아본 것이다.

단위:%

	2010년		2013년	2014년	2015년	2016년
① 먼저 국력을 기른 뒤 통일을 생각하는 것이 순서다.	10.4	① 서둘러 통일을 앞당기는 것을 국가의 주요 정책으로 삼아 실천하고, 통일 뒤의 어려움을 모두의 지혜를 모아 극복하는 것이 좋다.	14.1	13.3	13.3	12.3
② 교류를 먼저하고 서로 알아가면서 통일을 논의하는 것이 좋겠다.	35.0	② 먼저 우리의 국력을 충분히 기른 뒤, 남한을 중심으로 통일을 생각하는 것이 좋다.	16.1	12.8	13.3	13.2
③ 통일보다는 남북한이 평화롭게 교류하면서 독자적으로 발전하는 것이 좋다.	22.6	③ 남북한이 교류하면서 상호 이해를 확대한 다음, 통일을 함께 의논하는 것이 좋다.	40.7	45.2	46.0	44.2

④ 남북한이 모두 지금보다 는 통일을 위해 더 열심히 노력해야 한다.	16.2	④ 통일보다 남북한이 경제, 문화, 외교 등 여러 면에서 마치 한 나라처럼 긴밀하게 협력하는 것이 좋다.	16.1	17.5	15.3	17.9
⑤ 한반도 평화와 민족의 발전을 위해 통일은 하루빨리 이루어져야 한다.	15.5	⑤ 북한이 전쟁을 일으키지 못하도록 잘 막으면서 이대로 사는 것이 좋다.	12.9	11.2	12.2	12.4

경색 국면에도 불구하고 남북 통일은 상호 교류를 통한 이해가 우선되어야 한다는 의견이 늘고 있다. 조사 이전 10년간 유지된 햇볕정책과 이로 인한 국민의 인식 변화가 새로운 정부들이 남북관계에 손을 놓은 상황에서도 영향을 미치고 있는 것을 알 수 있다. 통일을 서두르자는 의견(2010년의 ⑤번, 2013년 이후의 ①번)이나 '선성장 후통일(2010년 조사 ①번)' 또는 '남한 주도 통일(2013년 이후 ②번)'에 대한 호응은 점차 약해지는 추세다. 통일보다 긴밀하게 협력하면서 사는 것이 좋다거나 현 상황의 유지를 바라는 의견도 적은 비중은 아니다. 북한을 '우리'가 아닌 타자로 인식하는 학생들이 적지 않은 것이다.

북한 주민을 타자로 인식하는 학생들이 적지 않음에도 불구하고 우리의 통일교육은 여전히 '민족 공동체의 회복'에 초점을 맞추고 있다. 민족을 강조하는 관념적이고 당위적인 통일교육은 오히려 학생들을 남북 문제와 통일 문제로부터 멀어지게 만든다. 한 연구에 의하면 국가가 통일교육에서 민족을 강조하면 할수록 학생들 사이에서 통일에 대한 부정적인 정서가 증가한다고 한다.[30] 최근에는 민족주의 관점에서 벗어난 통일교육을 모색하는 논의가 있으나 풍성하게 확장되지는 못하고 있다.

이상에서 살펴본 것처럼 역사 교과서에 담긴 민족주의 서사는 우리 역사 속에 다른 가치가 설 자리를 막고 있다. 최근 제기되고 있는 민주주의 역사교육은 이러한 문제의식에서 나왔다. 폐쇄적인 민족주의 서사에서 벗어나 민주사회의 시민들에게 요구되는 보편 가치를 어떠한 방향으로 교육과정과 교과서에 담아야 할지에 대한 논의들이 시작되었다.

'평등', 민주주의 역사교육의 출발점

2010년 첫 조사 때는 민족 정체성 함양 교육으로 기능하고 있는 현 역사교육을 비판적으로 성찰하려는 목적으로 학생들의 민족주의에 대한 인식을 파악하는 데 집중했었다. 그런데 2013년 2차 조사 때부터는 여기에서 한 걸음 더 나아가 '민족주의의 상대화'란 과제와 함께 '민주시민 양성을 위한 역사교육의 역할을 찾는 일'에 주목했다. '민주시민 양성'은 국가 수준의 교육과정에서도 강조하는 역사교육의 중요한 목표인데, 민주시민을 양성하는 역사교육이 되려면 '평화'·'민주주의'·'평등'·'인권' 같은, 현대사회의 보편적 가치를 지향하는 수업을 고민해야 한다. 역사의식조사는 학생들이 이런 가치들에 대해 어떻게 인식하고 있는지, 수업의 출발점이 될 명확한 지점들을 파악하고자 했다. 그래서 '산업화와 민주화에 대한 생각'으로 범주화되는 소 영역을 설정하고 '경제 성장과 민주주의', '성장과 분배', '민주화 운동'을 주제로 문항을 구성하여 '분배를 통한 경제적 평등'과 '민주주의'에 대한 학생들의 생각을 알아보았다.

다음은 박정희 정부가 민족주의를 '빛 좋은 개살구'에 비유하며 시민들의 민주화 요구를 묵살하고 경제 성장을 앞세운 데 대한 학생들의 평가를 정리한 것이다.

단위:%

	2013년	2014년	2015년	2016년
① 전적으로 올바른 선택이었다.	2.8	3.2	2.7	2.9
② 부작용은 있었지만 적절한 선택이었다.	26.6	23.6	22.4	19
①+②	29.4	26.8	25.1	21.9
③ 잘 모르겠다.	18.2	21.8	21.1	18.5
④ 민주주의 발전과 경제 성장을 함께 추진했어야 한다.	47.5	42.7	47.8	50.9
⑤ 민주주의 발전이 경제 성장보다 중시되었어야 했다.	4.9	8.8	6	8.7
④+⑤	52.4	51.5	53.8	59.6

위의 표에서 볼 수 있듯이, 경제 성장과 민주주의 발전을 동시에 추진했어야 한다는 의견이 가장 많았다. 그와 달리 부작용은 있었지만 경제를 우선시한 정책이 적절했다는 의견도 적지 않았다. 전체적으로 보면, 경제 성장과 민주주의의 관계에서 경제를 우선하는 정책에 동의하는 의견(①+②)은 점차 줄어든 반면, 민주주의와 경제의 동반 성장(④) 혹은 민주주의를 더 중시하는 의견(⑤)은 늘어났다. 마지막 2016년 조사 결과를 보면, 선지 ④번과 ⑤번을 합친 비율이 거의 60%에 달한다. 우리 학생들이 민주주의를 경제 못지않게, 혹은 민주주의를 경제 성장보다 더 중요한 가치로 여긴다는 사실을 알 수 있다.

다음은 성장과 분배의 관계에서 '선성장 후분배'를 옹호하는 글을 제시한 뒤 학생들에게 동의 여부를 물은 결과이다.

단위:%

	2013년	2014년	2015년	2016년
① 전적으로 동의한다.	4.2	4.1	3.7	4.2
② 조금 동의한다.	22.2	20	20.9	16.9
①+②	26.4	24.1	24.6	21.1
③ 잘 모르겠다.	36.6	40.4	36.4	36.5

④ 동의하지 않는다.	29.9	27.7	29.2	33.9
⑤ 매우 동의하기 어렵다.	7	7.8	9.8	8.4
④+⑤	36.9	35.5	39	42.3

여기서는 특이하게도 '잘 모르겠다'는 반응이 가장 많았다. 그러나 조사를 거듭할수록 '선성장 후분배'에 동의하지 않는 ④번과 ⑤번을 선택하는 학생이 많아졌다. 분배 문제의 중요성에 대한 인식이 점점 높아지고 있는 것으로 보인다.

다음은 민주화 운동이 우리 사회의 민주화에 크게 기여했음을 의미하는 글을 제시한 뒤, 학생들에게 우리 사회의 민주주의에 대해 물은 결과이다.

단위:%

	2013년		2014년	2015년	2016년
① 솔직히 민주화나 민주주의가 나에게 왜 중요한지 아직까지 잘 모르겠어.	4.3	① 솔직히 민주화나 민주주의가 나에게 왜 중요한지 아직까지 잘 모르겠어.	4.1	3.2	2.4
② 과거나 오늘날이나 민주화 운동이 사회를 혼란하게 해서 안보와 경제를 위협할 것 같아 걱정이야.	4.3	② 민주화 운동이 사회를 혼란하게 하고 안보와 경제를 위협한 것도 사실이야.	6.3	5.0	6
③ 민주화 운동을 직접 겪지는 않았지만, 우리 사회가 민주주의 사회로 발전한 것이 자랑스러워.	34.7	③ 민주화 운동을 직접 겪지는 않았지만, 우리 사회가 민주주의 사회로 발전한 것이 자랑스러워.	42.5	39.2	39.9
④ 자유로운 선거와 투표가 가능한 우리 사회의 민주주의는 완성되었다고 생각해.	8.0	④ 이제 우리 사회의 민주주의는 완성되었으니 경제 성장을 위해 노력하면 좋겠어.	10.1	12.2	10.9
⑤ 우리 사회의 민주주의는 앞으로도 노동과 인권 등 여러 부분에서 더 많이 발전해야 해.	48.6	⑤ 차별을 없애고 분배 문제를 해결하기 위해 민주주의는 더 발전해야 해.	37.0	40.4	40.7

민주화 운동을 겪으며 민주주의 사회로 발전해온 우리 사회를 자랑스러워하거나 차별을 없애고 분배 문제를 해결하기 위해 앞으로 민주주의가 더 발전해야 한다고 생각하는 학생이 가장 많았다. 특히 노동 문제와 분배 문제의 해결, 차별 철폐와 인권의 성장이란 면에서 민주주의의 계속적인 발전이 필요하다고 생각하는 학생들이 많아지고 있었다. 민주화 운동이나 이를 통한 민주주의의 발전에 많은 사람이 주목하고 있는 현실을 확인할 수 있다. 민주주의에 대한 이런 인식은 대한민국의 미래상에도 반영되었다. 아래는 학생들이 가장 바라는 미래의 대한민국은 어떤 모습인지, 대한민국의 미래상을 물은 결과이다.

단위:%

	2013년	2014년	2015년	2016년
① 자연환경이 잘 보전된 나라	11	10.3	19.1	8.9
② 예술과 문화가 풍요로운 나라	11	11.7	19.8	11.5
③ 경제가 발달하고 국력이 더 강해진 나라	21	19.7	29.6	19.6
④ 범죄로부터 안전하고 전쟁의 위협이 없는 나라	29	28.7	26.9	26.6
⑤ 복지제도가 자리잡고 민주주의가 생활화되는 나라	28	29.6	4.5	33.5

2015년 조사 결과를 제외하면 우리 학생들이 가장 바라는 미래의 대한민국은 '복지제도가 자리를 잡고 민주주의가 생활 속에 뿌리를 내린 나라'였다. 이는 학생들이 선지에 제시된 여러 다른 가치들보다 민주주의를 우선한다는 뜻이기도 하다. 그런데 학생들이 생각하는 민주주의는 무엇보다 '복지를 통한 분배'와 '차별 철폐'로 대표되는 사회적·경제적 '평등'이란 가치에 초점이 맞추어져 있었다. 앞서 우리 사회의 민주주의 관련 문항에서도 '차별'과 '분배' 문제의 해결을 위해 민주주의가 더욱 발전해야 한다는 의견이 가장 많았던 것에서 이를 알 수 있다. 노동운동에 대한 학생들의 인식에도 이런 생각이 묻어난다. 학생들은 노동운동을

노동자들이 힘을 모아 자신의 권리를 지키는 운동으로 인식했고, 이를 통해 분배 문제가 개선되어 경제와 민주주의의 발전에도 기여할 것이라고 생각했다[〈부록〉으로 제시된 중등 역사의식조사 설문지 19번 문항 참조]. 학년이 올라갈수록 여성과 소수자들에 대한 차별, 빈부격차 같은 사회적·경제적 불평등에 대한 비판의 목소리가 높았고, 대한민국이 복지제도와 민주주의가 정착된 나라로 성장하기를 바라는 학생이 많았다.

면담조사 과정에서도 평등이란 가치에 대한 학생들의 요구를 확인할 수 있었다. 고등학생들에게 경제개발 5개년 계획 같은 국가 주도의 경제성장책, 분배와 성장의 병행, 노동조합 건설과 경제 민주화 관련 각각의 지문을 보여주고 이 중에서 향후 한국 사회에 가장 필요하다고 생각하는 정책 방향을 선택한 뒤 그 이유를 제시하게 했다. 그 결과 '분배와 성장의 병행'을 선택한 학생이 가장 많았는데, 이들은 인권과 소수자 보호, 복지의 확대, 정의롭고 차별 없는 사회의 실현, 부정부패 정치인 척결, 빈곤층 배려 등이 가능하다는 점을 그 이유로 언급했다. 이렇게 분배와 복지를 통한 경제적 평등과 사회적 평등에 초점을 맞춘 민주주의는 많은 학생이 우리 사회를 진단하는 중요한 잣대였다. 학생들이 이 부분에 관심이 많다는 사실은 역사교육이 민주사회의 시민을 양성하는 교육으로 그 범위를 확장해가는 데 있어 긍정적인 신호라고 할 수 있다. 적어도 그 출발점은 명확해졌으니 말이다.

학생들은 폭력이나 압제로 고통받는 과거 사람의 이야기를 배우면서 분노를 느꼈다. 과거의 처참하거나 비극적인 상황을 배우면서 그러한 상황을 야기하는 권력을 비판하고 그런 일이 일어나지 않도록 노력하며 교훈을 얻으려고도 하였다. 그러나 역사적으로 정의롭지 못하다고 평가받는 일들이 현재 학생 자신 혹은 사회의 이해관계와 얽힐 경우 학생들은 정의나 공정이라는 잣대로 이들을 바라보지는 않았다. 이는 역사 교과서가 반복적으로 다루어온 해석의 영향을 받은 부분일 수도 있다.

공정함은 시민교육을 지향하는 역사교육에서, 그리고 공공선을 지향하는 시민교육에서 중요한 가치이다. 학생들이 역사적 사건을 공정과 정의라는 잣대로 바라보도록 교육과정이나 교과서 그리고 수업의 방향을 바꿔줄 필요가 있다. 예컨대, 수업시간에 역사 사건을 숙의를 통해 합리적으로 판단할 기회를 제공하는 것도 민주주의를 경험하게 하는 것이다. 단순히 사람들의 의견을 모으는 것이 아니라 동료 학생의 생각을 듣고 반론을 제기하거나 자신의 의견에 제기된 반론에 응수하는 과정을 통해 역사적으로 쟁점이 될 만한 사건들을 함께 심의해보는 것이다. 단, 숙의를 통한 합리적 판단은 역사 자료를 통한 탐구가 병행되는 과정에서 이루어져야 한다.

역사수업은 단순히 학생들에게 역사 지식을 전달하는 수업이 되어서는 안 된다. 토론이나 탐구 과정을 통해 사회의 흐름을 파악하거나 사건의 이면을 파악할 수 있는 사회적 통찰력과 비판적 사고를 기르는 수업이어야 한다. 미래 사회를 바라보는 눈은 정의로움 같은 공공선을 향한 가치 판단 능력이어야 하기 때문이다. 한 단계 더 나아가 역사 탐구를 통해 과거의 정의롭지 못한 행위가 오늘날까지 영향을 미치는 상황에 대해 알아보고 이 상황이 오늘날의 민주주의 가치와 어떤 지점에서 충돌하는지 생각해볼 기회를 제공한다면, 학생들이 가장 많이 언급한 역사교육의 목적인 과거를 통해 현재를 바라볼 수 있다.

제2부

역사의식은 어떻게 드러나는가

1

초등학생 생활세계의 교재화와 초등에서의 시민교육

문재경_부산 하남초등학교

초등학생 생활세계의 어떤 내용을 역사 교재로 활용할 수 있을까?

생활세계는 인간이 자연적이고 일상적인 생활을 하는 곳이다. 생활세계는 생활(삶)의 기반이자 인식(앎)의 토대이다.[1] 삶의 기반으로서 생활세계는 사람들이 살아가는 장소이며, 이미, 언제나 의미가 침전된 문화세계이다. 문화세계로서의 생활세계는 과거의 전통으로부터 미래를 향해 무한히 뻗어 있는 역사세계이기도 하다.[2]

아동은 생활세계를 감각기관을 통해 직접 경험하는 동시에 정신적·문화적 의미를 간직한 문화세계로 경험하고 이해한다.[3] 아동은 경험을 통해 사물을 인식하고 이해하며, 의미를 찾고 자기화한다. 아동은 과거의 경험을 현재의 경험과 지속적으로 결부하는 과정을 통해 의미를 만든다.

'의미'란 항상 개인과 관계된 것이고, 자기와 관계된 것이다.[4] 아동은 현실생활에서 역사의 자기화 과정을 거치며 역사의식을 만들어간다.[5] 개인이 역사의식을 형성해가는 기초 단계이며 중요한 과정이라 할 수 있다.

역사란 사람들이 기록한 삶의 경험이다. 따라서 어떤 경험에서든 시간, 사람, 공간, 사건과 변화를 발견하게 된다.[6] 현존재(現存在, 자기를 인간으로 이해하는 주체로서의 존재)로서 아동의 실존성(實存性)은 인간과 자연과 역사의 관계맺기 속에서 형성되는 것이므로, 그에 대한 이해는 현재의 다양한 세계에 퇴적된 인간 삶의 침전물인 사회문화적이고 역사적인 요소들에 대한 이해이다. 나아가 아동이 놓인 상황에 대한 이해는 사회문화적이고 역사적인 존재로서 인간들에 대한 이해이다. 그들이 놓여 있는 시공간적인 맥락은 일상생활을 가능하게 해주고, 과거의 시공간적 맥락 속에 존재한 사람들의 삶을 이해하게 해주는 전제이다.[7]

역사는 현실과 무관한 진공 상태에서 출발하지 않는다. 역사에 대한 관심도 단순히 옛것에 대한 호기심만은 아니다. 과거 사건에 대한 관심은 오히려 현재와의 관련성에서 비롯된다고 할 수 있다. 현재의 관심에 역사적 관점을 제공하는 것이 바로 역사를 공부하는 목적이다. 다시 말해 역사인식은 현재 상황에 대한 비판적인 안목으로 과거를 보는 데서 출발한다.[8]

그렇다면 초등학생 생활세계의 어떤 내용을 역사 교재로 활용할 수 있을까? 자기를 이해하고 발견할 수 있는 역사라고 하면 일상생활 속에서 아동이 경험한 역사, 아동과 관련 있는 역사, 아동이 경험을 통해 의미를 발견할 수 있는 역사일 것이다. 이런 역사는 아동의 생활 경험과 밀접한 관련이 있다.

먼저 학생들의 생활세계 속 사람들, 즉 가족이나 친척, 이웃의 경험을 교재로 활용할 수 있다. 학생들은 가족이나 친척, 이웃이 어린 시절 경험한 일들에 대해 흥미를 보인다. 이웃집 할머니가 겪은 일제강점기, 할아버지가 경험한 6·25 전쟁, 이모가 기억하는 5·18 민주화 운동, 부모님이 경험한 외환 위기 등은 좋은 교재가 될 것이다. 학생들은 또래 어린이가 등장하는 역사 이야기에도 많은 관심을 나타낸다. 6·25 전쟁의 참상을 한 소녀의 삶을 통해 조망한 아동소설《몽실 언니》, 4·19 혁명 당시 덕수궁 앞 시위에 참여한 서울수송초등학교 학생들의 이야기, 1980년 5월 광주-열흘간 친구의 이야기 등이 예가 될 수 있다. 실제 있었던 일을 소재로 한 이 이야기들을 학생들의 눈높이에 맞춰 내용을 구성해보자.

구체적인 '사람들의 삶(생활)의 이야기'도 교재로 활용할 수 있다. 학생들이 자신의 삶을 기반으로 인간의 과거를 탐구하면서 자기 삶을 이해하고 성찰하도록 돕는 것이 역사교육의 역할이라고 할 수 있다. 초등학생들이 소통해야 할 과거, 진지하게 탐구해야 할 역사의 중심 내용은 추상적인 국가 혹은 민족의 흥망성쇠나 제도의 변화, 문화유산의 우수성이기 전에 구체적인 '개인들의 삶'이어야 한다. 학생들은 현실 속에서 부대끼며 역사를 만난다. 과거의 복잡다단한 사건, 그 사건을 둘러싼 구체적인 개인들의 경험과 소통하며 자신의 현실세계를 과거에 투영시켜 윤리적 교훈을 찾고, 삶의 주체로서 어떻게 살 것인가를 탐구한다.[9]

학생들 주변의 '문화유산과 그것과 관련된 역사 이야기'를 교재로 활용할 수 있다. 국가보훈처 조사에 의하면, 우리 초등학생의 약 63%가 비교적 자주 유적지를 방문한다고 한다.[10] 문화유산은 관련 역사 이야기(인물과 사건, 배경)를 탐구하며 그 역사적 의미를 확인할 수 있고, 이를 통해 역사를 체험할 수 있어 살아있는 역사 자료라고 할 수 있다. 조금만 관심을 기울이며 주변을 둘러보면 역사적 사건이나 인물과 관련 있는 유적이나 유물을 어렵지 않게 만날 수 있다. 그야말로 학생들의 생활세계 속에서 만나는 살아있는 역사인 것이다. 구체적인 유적과 유물, 관련 인물을 매개로 하는 과거와의 만남은 학생들에게 '역사 이해를 체험'할 계기가 된다. 우리는 학생들이 흥미를 보이는 문화유산과 그와 관련 있는 역사 이야기를 가지고 학생들을 변화와 내력을 탐구하는 길로 안내할 수 있다. 학생들이 교과서에서 만나는 역사는 추상적이고 어려운 역사이다. 문헌 자료를 통해 만나는 역사는 단순한 기억 이상으로 마음속에 다가오기 어렵다. 이에 비해 생활세계 속 역사 체험은 나와 내 주변 사람들의 삶이 모여 지역의 역사가 되고 지역의 역사가 모여 나라의 역사가 된다는 사실을 깨닫게 한다. 역사 교과서는 평범한 사람들과는 무관한 뛰어난 위인들 중심으로 서술되어 있다. 그러나 자신의 생활세계에 존재하는 사람들의 경험이 바로 역사의 일부임을 알게 된다면 역사가 나와 동떨어진 것이 아니라 나와 내 주변의 일들이 모여 역사가 되고, 나 또한 역사에서 중요한 역할을 할 수 있다는 주인의식을 갖게 될 것이다.

어떻게 하면 학생들이 역사 시간에 '공감적 소통'을 배울 수 있을까?

공감은 타인이 보는 세계를 상상하는 능력, 타인에게 관심을 느끼는 능력, 타인의 감정을 공유하는 능력이라고 한다. 처음에 인간은 타인을 자신의 욕구 충족을 위한 수단으로 인지한다고 한다. 하지만, 점차 타인을 단순한 수단이 아니라 목적으로 보는 능력, 타인에게 따뜻한 연민의 감정을 느끼고 결국 그의 행복을 바라게 되는 '공감적 관심' 능력이 발달한다고 한다. 타인과 자신을 동일시할 수 있는 능력, 다른 사람의 입장이 되어 생각하는 능력, 즉 공감 능력을 기르는 일은 역사교육에서 기대하는 중요한 부분이다. 타자에 대한 온정과 공감은 역사적 사건이나 인물에 대한 이해를 용이하게 하고, 학생의 비판적 사유를 촉진하여 역사의식의 변화로까지 나아가게 한다.[11]

앞에서도 살펴보았지만, 초등 역사의식조사 결과 절반이 넘는 학생이 역사를 배우면 좋은 점(역사교육의 목적)을 '새로운 역사 지식을 많이 알 수 있다'로 꼽았다. 그다음으로 많은 학생이 선택한 답변은 '대한민국 사람이라는 자부심을 느낄 수 있다'였다. 지식 위주, 국가사·민족사 중심의 역사교육이 학생들에게 미치는 영향을 알 수 있는 대목이다. 이어서 '옛날과 오늘날의 생활을 비교하여 이해할 수 있다', '교훈을 얻을 수 있다', '다른 입장을 이해하며 공감하거나 비판할 수 있다'의 순이었다. 그런데 학년별로 추이를 비교해보면, 고학년으로 갈수록 '새로운 역사 지식을 많이 알 수 있다'와 '교훈을 얻을 수 있다'를 꼽는 학생은 줄어드는 반면에, '다른 입장을 이해하며 공감하거나 비판할 수 있다'를 꼽는 학생은 증가하고 있다.[12] 이는 학생들이 시공간적 맥락 속에서 사건과 인물을 이해하는 능력이 발달하는 것과 연관이 있다. 다른 사람의 경험을 자신의 경험처럼 느끼는 정서적 공감뿐만 아니라 다른 사람의 입장이 되어 생각하는 인지적 공감 능력이 더욱 발달하는 것과도 연관이 있다. 하지만 지금과 같은 국가사·민족사 중심의 한국사 학습과 지식 위주의 학교 역사교육으로는 '공감적 소통'을 배우는 데 한계가 있다.

어떻게 하면 학생들이 역사 시간에 '공감적 소통'을 배울 수 있을까? 먼저 공감적 소통은 추상적인 국가나 민족의 이야기가 아닌 구체적인 '개인들의 이야기'를 통해 배울 수 있다. 교과서 속 국가나 민족의 이야기는 학생들이 공감하고 소통하는 데 한계가 있다. '공감적 소통'의 대상은 살아 움직이는 개인들일 수밖에 없다. 따라서 국가나 민족을 앞세워 건조한 사실과 정보를 나열하는 설명 형식보다는, 구체적인 인물이 등장하고 인물과 인물이 갈등하고 이들의 갈등이 해결되는 과정이 담긴 이야기 형식이 공감적 소통을 배우는 데 적합하다. 예를 들어 교과서의 '신라의 통일 과정' 제재에서는 공감적 소통을 배우기 어렵다. "백제와 고구려가 멸망하자 당은 동맹을 깨고 한반도 전체를 차지하려고 했다. 당의 야심을 알게 된 신라는 당을 상대로 전쟁을 벌였고 승리를 거두었다"[2015 개정 《사회 5-2》, 18쪽]라는 서술이 보여주듯, '국가'라는 추상적인 개념을 내세워 사실의 선후관계를 보여주는 데 그친다. 반면, '서희의 외교 담판'이나 '김윤후의 대몽항쟁 이야기', '병자호란 때 남한산성 장면'은 구체적인 인물들이 행위의 주체로 등장하여 갈등관계를 형성하고 이 갈등을 해결하는 과정이 제공된다. 이를테면 "김윤후는 70일 동안 충주성에서 격렬한 싸움을 벌였으나 긴 전투로 백성들은 많이 지쳐 있었다. 김윤후는 노비 문서를 불태우며 공을 세우면 신분에 관계없이 상을 줄 것이라 약속하였다. 신분이 엄격했던 고려 사회에서 김윤후의 용기 있는 결정에 감동한 백성들은 죽기를 각오하고 싸웠다. 김윤후와 백성들의 기세를 이겨낼 수 없었던 몽골군은 크게 패하였다"[2007 개정 《사회 5-1》, 86쪽] 같은 장면에서는 김윤후나 백성들에게 학생들이 어렵지 않게 감정이입하여 역사 이해를 할 수 있다.

공감적 소통은 학생의 생활세계와 연관된 사람들, 즉 가족, 친척, 이웃의 경험이나 또래 아이들이 등장하는 이야기를 통해 배우기 쉽다. 앞에서 예로 들었던 주변 사람들의 식민지 경험이나 전쟁 이야기, 또래 어린이가 등장하는 전쟁이나 민주화 운동 이야기는 학생들이 역사와 함께 공감적 소통을 배우기 쉬운 매개다.

공감적 소통은 학생들이 역사의 행위자와 만날 때 가능하다. 국가나 민족의 관점에서 사건이나 사람들의 행위를 설명하는 게 아니라, 구체적인 개인들을 역사의 행위자로 내세워 이 개인들이 사건을 어떻게 경험하고 느꼈을지 상상하고 그들과 소통하는 관점에서 '사건'을 볼 수 있도록 해야 한다.[13] 일례로, '외적의 침입과 항쟁' 장면에서 지금처럼 그저 "나라와 민족을 위해 희생했다"라는 건조한 서술로 마무리할 게 아니라, 목숨을 걸고 싸울 수밖에 없었던 사람들의 절박한 마음에 공감할 수 있도록 내용을 구성하고 질문할 필요가 있다. 임진왜란 때 의병을 예로 들면 '당시 사람들에게 닥친 어려움은 무엇인가요?', '수많은 외적과 맞선 사람들(장군, 병사, 일반 백성)의 마음은 어떠했을까요?', '사람들이 희생될 줄 알면서도 숨거나 도망가지 않고 외적과 맞선 까닭은 무엇일까요?', '당시 사람들이 지키려고 한 것은 무엇이었을까요?', '소중한 것을 지키기 위해 사람들은 어떻게 했나요?', '전쟁은 사람들(병사들, 민간인들, 특히 아이들)의 생활에 어떤 영향을 주었나요?' 등이다. 자기 삶의 터전이 외적의 손에 파괴되는 상황, 생활의 기반인 가정과 마을이 파괴되고 소중한 사람들의 생명까지 위협받는 장면에서 그들이 지키려고 한 것은 무엇이었을지를 추체험할 수 있도록 안내해야 한다. 또한, 사람들이 느꼈을 불안과 공포, 두려움 등을 상상하게 하고 전쟁이 일어나면 안 되는 까닭을 깊이 생각할 수 있게 해야 한다.

지금과 같은 국가·민족 중심의 역사 서술은 학생의 생활세계와 연관된 역사 내용을 배제할 뿐만 아니라 공감적 소통을 방해한다. 학생들에게 자신들의 생활세계를 매개로 역사와 만나고, 역사의 행위자와 대면할 수 있는 기회를 제공해야 한다. 추상적인 국가나 민족이 아니라 행위의 주체인 자율적인 개인의 관점에서 역사를 바라볼 수 있게 해야 한다.

어떻게 하면 학생들이 역사 공부를 통해 시민으로 성장할 수 있을까?

그동안 학교 역사교육은 역사적 사고력을 기르는 데 효율적이지 못하다는 평가를 받아왔다. 교과서는 역사를 사건과 관련 인물이 나열된 단순하고 건조한 이야기로 다룸으로써 학생들에게 '역사는 암기의 대상'이라는 인식을 심어주었으며, 교사들도 대부분 강의식 수업에만 의존함으로써 역사를 지루하고 무미건조한 과목으로 여기도록 만들었다. 게다가, 여전히 많은 사람이 지식 전달 위주의 역사수업을 좋은 수업이라고 생각한다. 이는 지식 위주의 획일적 평가, 수능시험 같은 국가 수준의 평가제도에 의해 강화되어온 측면이 크다. 또한 국가사·민족사 중심의 초등학교 역사교육은 아직도 '민족 정체성 함양'을 강조한다. '민주시민의 자질 함양'을 목표로 하는 사회과 교육과는 결이 다르다. 이 때문에 우리 초등학교 역사교육은 여전히 민족·국가의 정체성 확립이나 민족적·국가적 긍지의 고취, 문화유산의 전승 같은 전통적인 가치를 역사적 사고력이나 역사적 판단력 혹은 개방적 태도 같은, 보다 포괄적인 가치보다 앞세우고 있다는 비판을 받는다.

오랜 세월 공고하게 유지되어온 국가·민족 중심의 역사교육을 비판적으로 성찰하면서, 최근 등장한 역사교육 담론에서는 교육 내용 선정과 조직, 학습 활동, 평가에 이르는 모든 과정에서 학습자가 '민주공화국, 민주사회의 시민'으로서 삶을 영위해나갈 주체이자 배움의 주체임을 강조한다. 또한 학생들이 민주사회의 공공선을 위해 타인과 더불어 깊이 생각하고 참여하는 시민으로 성장하는 데 역사교육이 중요한 역할을 할 수 있다고 주장한다. 따라서 역사교육에서 제기되는 쟁점이나 문제의 해결 방안을 찾을 때 배움과 삶의 주체인 학습자의 역사인식과 역사의식

에 유의하려고 한다.[14]

그렇다면 학생들이 민주사회의 시민으로 성장하는 데 도움을 줄 수 있는 역사교육이란 어떤 것일까? 역사교육이 민주적 시민을 양성하는 데 도움되는 역할을 하려면 무엇보다 과거에 대한 학생들의 공감 능력을 계발할 수 있어야 한다. 근래 들어 민주주의의 유지, 발전에서 공감 같은 정서적 요인의 역할을 중시하는 견해들이 힘을 얻고 있다. 공감은 타인의 복지에 관심을 갖게 하고, 조력 행동이나 이타 행동, 친사회적 행동과도 관련이 깊다고 한다. 역사교육에서 공감적 소통을 주목하는 이유도 타자에 대한 온정과 공감이 시민의 중요한 자질인 정의감과 책임감의 출발점이 되기 때문이다. 과거 인물에 대한 공감적 이해는 수업에서 일상적으로 시도되는 역사교육의 특징이기도 하다.[15]

또한, 인권과 평화, 공존과 배려, 인간 존엄성의 존중 등 민주적 시민이 지향해야 할 보편 가치의 관점으로 역사 전반을 조망할 기회를 충분히 주어야 한다.[16] 기존의 초등 역사교육은 국가·민족 중심의 교과서 역사 서술에서 알 수 있듯, 민족주의를 최우선하고 있다. 개방적 민족주의의 실천을 말하지만, 역사 인물, 문화재, 일본, 삼국 통일, 남북 문제와 통일 문제, 대한민국의 미래상 관련 역사의식조사 문항을 통해 드러난 초등학생들의 민족에 대한 인식은 여전히 닫혀 있다. 그럼에도 학년이 올라갈수록 혈통주의, 국가주의, 속지주의, 가족주의 등 배타적인 이데올로기보다는, 하세가와 데루 관련 문항에서 보듯 정의·평화·인권·생명 등 보편적 가치에 토대한 판단을 지지하는 학생이 늘고 있다. 이는 학교 바깥의 경험 속에서 형성된 역사의식의 영향으로 볼 수 있다.[17] 학교 역사교육에서 민주적 윤리와 가치가 좀 더 강조되어야 할 것이다.

학생은 '배려적 관심'을 통해 현재의 자신과 과거의 인물들 간 접점을 만들고 시민으로 성장한다. '배려적 관심'은 현재와의 관련성 속에서 단계를 밟으며 자라는데, 처음에는 그저 '○○에 대한 단순한 관심'이다. 역사적 사건을 공부하다가 그와 비슷한 오늘날의 사건으로 관심이 옮겨가는 단계이다. 그러다가 '사건의 결과에 대한 윤리적 관심'이 생기게 되는데, 정의감에 기초해 '마땅히 그랬어야 하는 일'에 대한 관심이다. 세 번째는 '도움을 주려는 관심'으로, 어떻게든 불의에 희생된 사람들을 지지하고 도움을 주려는 단계이다. 마지막은 '실천하려는 관심'으로 정의할 수 있다. 배운 바를 바탕으로 자신의 가치와 태도, 신념이나 행동에 변화를 가져오는 단계이다. 역사학습에서 이러한 '배려적 관심'은 학생들이 민주적 시민으로 성장하는 데 일조한다.[18]

학생들이 민주적 시민으로 성장하는 데 도움을 주는 역사교육이 되려면 옛사람들에 대한 공감 능력을 계발하고, 한편으로 민주적 시민사회의 보편 윤리와 가치의 관점에서 지나간 시대를 돌이켜보는 수업을 궁리해야 한다. 이는 '보편 윤리와 가치의 실현'이라는 관점에서 옛사람들의 삶을 들여다보는 것이자, 옛사람들이 삶의 문제를 해결하기 위해 어떤 생각을 하고 어떤 노력을 하였는지를 배우는 것이다. 사람이 살다보면 언제든 문제가 발생할 수 있고, 그 문제를 해결하기 위해 옛사람들은 스스로, 함께 어떻게 했는지를 배우는 것은 현재를 살아가는 학생들에게도 스스로, 또 어떻게 협력해야 현재의 문제를 해결할 수 있는지를 알게 해준다. 삶의 맥락 없이 정치적 사건이 불거지고 몇몇 위인이 사건을 해결하는 식의 서사는 학생들이 역사를 자신들의 삶과 별 관계없는 것, 살아가는 데 중요하지 않고 불필요한 것으로 간주하게 한다.

교사는 학생들의 민주주의 역사인식을 돕기 위해 어떻게 해야 할까?

공감에는 특별한 힘이 있다. 연민의 감정에서 출발해 결국 타인의 고통을 자신의 것으로 받아들임으로써 모든 이의 평등한 존엄을 인정하는 공동체적 연대를 가능, 유지케 한다. 공감은 좀 더 나은 사회를 만드는 데 대한 책임감, 공공의 문제 해결을 위해 연대하는 행동으로 연결될 수 있다. 사회 구성원들이 주체적·자율적으로 민주사회의 보편 가치를 공유하고 그에 따라 사회의 민주적 역량을 키우는 데에도 일정한 역할을 할 수 있다.[19] 교사는 학생들이 민주사회의 시민으로 자라날 수 있도록 역사학습을 통해 과거에 대한 공감 능력을 기르는 데 도움을 주어야 한다.

학생들이 배우는 역사 속에는 전쟁이 자주 등장한다. 역사 교과서는 물론 지역의 옛이야기나 문화유산 중에도 국난 극복이나 대외항쟁과 관련된 것들이 많다. 우리 역사 속에 전쟁이 드물지 않은 까닭도 있지만, 해방 이후 식민지 경험 극복을 위해 민족의 우수성을 강조하다 보니 전쟁이 필요 이상으로 부각된 면이 없지 않다. 그러나 이제는 전쟁을 통해 호국이나 영웅을 앞세우기보다는 그간 소외되어온 피해자들의 이야기나 보통 사람들의 이야기를 발굴하여 그들에게 공감하고 평화의 가치를 공유하는 교육이 되어야 한다. 또한, 식민지나 군사독재 같은 비민주적이고 반인권적인 상황에서도 궁지에 몰린 이웃을 도운 의로운 사람들의 이야기를 발굴해 민주주의와 인권에 대해 깊이 생각할 계기를 제공해야 한다. 그러기 위해서는 지역에서 이러한 자료를 발굴하기 위해 꾸준히 노력해야 한다.

2

어린이와 역사로 소통할 수 있을까?

정미란_서울초당초등학교

어린이에게 '부담스러운 과거'를 가르쳐야 할까?

학교 역사수업의 첫 단추를 끼우는 학생은 어린이다.* 어린이는 보통 '순진무구'하고 '미성숙'한 존재로 상정된다. 어른들은 어린이의 역사에 대한 지식이나 이해, 공감 수준이 어른들보다 훨씬 낮다고 생각한다. 또 어린이는 '시간' 개념이 부족하며, 어린이에게 추상적 관념에 대한 이해를 요구하는 역사적 사고를 가르치기는 어렵다고 말한다. 어린이는 역사를 제대로 이해할 수 없기 때문에 자랑스럽고 긍정적인 역사를 간단하고 쉽게, 재미있게 가르치면 된다고 주장한다.

* 어린이는 '어린아이'를 격식을 갖추어 이르는 말로, 대개 4, 5세부터 초등학생까지를 이른다. 이 글에서 어린이는 주로 초등학생을 의미한다.

세상을 맑고 밝게 살아가야 할 우리 아이들에게 가난과 폭력, 죽음이 뒤엉킨 어둡고 우울한 세상을 보여줘도 되는 걸까? 영국 작가인 찰스 키핑(Charles Keeping)은 그림책 《창 너머(Through the Window)》에서 그 질문에 대한 답을 예리하고 섬세하게 그려낸다. 주인공 제이콥의 눈에 비치는 거실 창 너머의 세상은 삶의 우스움, 단조로움과 고단함, 예기치 않은 죽음과 상실의 슬픔으로 가득 차 있다. 동전의 양면처럼 밝고 희망찬 일들과 붙어 있는 삶의 어두움과 우울함은 어린이라고 해서 피해가지 않는다. 어린이는 그 나름의 치열하고 복잡한 세계에서 살아간다. 어린이는 성장하는 과정에서 처지와 습성, 관점이 다른 여러 사람과 만나고 그들과 관계를 맺는다. 어린이가 처한 생활 조건은 어른들의 처지가 그러하듯 결코 여유롭거나 순탄하지 않다. 비슷한 상황에서 어린이들은 어른들보다 더 큰 불안과 좌절, 슬픔을 느낄 수 있다.

어린이는 어른들이 짐작하는 것 이상으로 역사에 익숙하고 생각보다 많은 것을 알고 있다. 초등학교 고학년뿐만 아니라 저학년 학생도 역사에 관한 나름의 배경 지식을 가지고 있다. 그리고 이를 기반으로 역사에 관한 복잡한 사고를 할 수 있다.[20] 어린이 대부분이 공식적인 학교 역사 교육을 접하기 전에 이미 역사 관련 만화책, 역사 영화, 각종 카드놀이나 온라인 게임, 박물관이나 유적지 방문을 통해 역사를 접하고 배운다.

어린이들은 이미 자랑스럽고 기쁜 역사만이 아니라 부담스럽고 슬픈 역사가 있다는 것을 알고 있다. 그래서 어른들이 부담스럽고 슬픈 역사를 감추려고만 하면, 어린이들은 오히려 불안해할 수 있다. '부담스러운 과거'란 국가를 위시한 권력 집단이 어떤 정치적 의도를 품고 왜곡하거나 부정하는 과거를 말하는데, 이를 가르치는 것은 어린이가 역사를 균형 있게 바라보고 성숙한 역사인식을 갖는 데 필요하다. '부담스러운 과거'를 사회 구성원의 집단기억이나 역사 속으로 끌어들이려면 과거를 부정하고 은폐하려는 일련의 시도에 대항해야 한다.[21] 그 시작은 '부담스러운 과거'를 역사적 사건으로 자리매김하고 이해하는 것이다.

오스트리아 출신의 역사학자로서 홀로코스트를 알리는 데 앞장서고 있는 베르너 드라이어(Werner Dreier)는 어린이의 지능과 정서를 고려할 때 '부담스러운 과거'인 홀로코스트도 빨리 교육하면 할수록 좋다고 단언한다. 인간의 근본적인 의식과 가치체계가 형성되는 유년기에 이런 교육을 하는 것이 가장 효과적이라는 것이다.[22] 독일에서는 어린이들에게 홀로코스트를 가르칠 때 유대계 네덜란드인 교육학자 이도 아브람(Ido Abram)이 제시한 '3대 원칙에 기초한 교육(3 Punkte Erziehung)'을 자주 활용한다. 이도 아브람은 어린이 대상 홀로코스트 교육의 필요성을 강조하며 어린이의 특성을 고려해 극단적인 잔혹함을 배제한 '아우슈비츠 없는 아우슈비츠 이후 교육(Education after Auschwitz without Auschwitz)'을 제안했다. 그가 '온정(warmth)·공감(empathy)·자율성(autonomy)'이라는 3대 원칙에 기초해 제시한 아우슈비츠 교육의 방향은 다음과 같다.[23]

> 첫째, 타인에게 공감하고 온정을 베푸는 소양을 기른다.
>
> 둘째, 자율성을 배양한다. 여기서 자율성이란 깊이 생각하고 스스로 결정하며 남의 의견에 무턱대고 동조하지 않는 능력이다.
>
> 셋째, 아우슈비츠로 상징되는 집단악의 희생자뿐만 아니라, 가해자와 방조자까지도 자신과 동일시하고 그들처럼 느낄 수 있는 공감 능력을 기른다.

'아우슈비츠 없는 아우슈비츠 이후 교육'은 아우슈비츠를 잊힌 과거로 만들지 않기 위해 어린 나이부터 잘못된 과거를 직시하고 성찰하게 하려는 독일 사회의 궁리가 담긴 실천이다. 그렇다면 한국 사회에서 어린이에게 '부담스러운 과거'를 가르치는 것은 가능할까?

어린이에게 일본군 '위안부'를 가르친다는 것

2015년에 불거진, 초등학생을 대상으로 한 일본군 '위안부' 교육 논란은 우리 사회의 현실을 잘 보여준다. 1991년 8월 김학순 할머니가 한국인 최초로 피해 사실을 공개 증언한 뒤로 우리 사회는 일본군 '위안부' 문제에 주목하기 시작했다. 1992년 1월에는 처음으로 일본대사관 앞에서 일본군 '위안부' 문제의 해결을 요구하는 수요집회가 열렸고, 몇몇 뜻있는 교사들은 일본군 '위안부' 문제를 수업에 녹여내기 시작했다.* 이후로 일본군 '위안부' 문제는 한·일 간 과거사 정리 및 역사 화해의 주요 쟁점이 되었다. 2015년에는 일본의 역사 왜곡과 도발에 맞서 교육부와 여성가족부에서 일본군 '위안부' 교육용 교재 및 동영상 등을 제작하여 일선 학교에 배포했다.** 하지만 이는 곧바로 정치권 일부와 몇몇 사회세력의 반발에 부딪혔다. 초등용 교재에 실린 사진들과 '성병 감염, 인공 유산, 불임 수술' 같은 용어들이 초등학생 수준에 맞지 않고 올바른 역사관을 고취한다고 보기 어렵다는 주장이었다.[24] 여러 가지 주장이

---

* 일례로 2000년 초등교사 최종순은 사회수업에서 '위안부' 문제의 역사와 과제를 가르치고, 학생들과 함께 수요시위에 참여하고 나눔의 집을 방문하는 등의 활동을 하였다. 최종순, 〈나는 아이들과 무엇을 했는가?〉, 《역사와 교육》 18, 2019, 284~293쪽.

** 교재는 학교 급별로 제작되었다. 초등학교 5, 6학년용 교재는 〈일본군 '위안부' 피해자 할머니 이야기〉, 중학교는 〈할머니와 우리가 꿈꾸는 세상〉, 고등학교는 〈일본군 '위안부' 문제에 대한 진실, 책임, 기억: 그리고 끝나지 않은 이야기〉이다. 이 자료들은 여성가족부 일본군 '위안부' 피해자 e-역사관(http://www.hermuseum.go.kr)에 나와 있다.

여기저기서 제기되었지만, 핵심은 모두 일본군 '위안부' 문제를 초등학생에게 가르쳐서는 안 된다는 것이었다. 사실 2014년 초등 사회 교과서 발행 당시에는 교육부가 먼저 초등학생용 학습 교재에 적합하지 않다며 '일본군 '위안부', 성노예'라는 표현과 관련 사진을 삭제한 채 교과서를 발행했었다.

2017년 대한민국 역사상 처음으로 현직 대통령이 파면되고 새로운 정부가 들어선 뒤로 일본군 '위안부' 문제에 대한 사회적 공감과 인식이 확산되면서 2018년 초등학교 사회 교과서의 내용도 수정되었다. 6학년 사회 교과서에는 "식민지 한국의 여성들뿐 아니라 일제가 점령한 지역의 여성들까지 강제로 일본군 '위안부'로 끌려가 모진 고통을 당하였다"라고 일본군 '위안부'라는 표현이 등장한 것은 물론, 관련 사진도 게재되었다.[25]

1990년대부터 지금까지 일본군 '위안부' 문제에 대한 초등학생들의 관심과 참여도 점점 늘었다. 그 예로, 서울도봉초등학교 학생들은 2007년부터 수요집회에 참석해 일본에 범죄 사실 시인과 공식 사과를 요구하는 피켓 시위를 하였고, 2016년 5월에는 교내 마라톤 행사에서 후원금을 모아 나눔의 집에 기부하기도 했다. 2019년 5월에는 청주 내덕초등학교 6학년 학생들이 전교생을 대상으로 일본군 '위안부' 피해 할머니 돕기 바자회를 열었고, 수학여행의 일환으로 수요집회에 참석하여 할머니들에게 직접 수익금을 전달했다.[26]

최근에는 일본군 '위안부' 수업의 서사도 달라지고 있다. 할머니들은 이제 힘없고 불쌍하기만 한 피해 여성이 아니라 자신의 피해 사실을 용기 있게 증언하고 한국을 넘어 피부색과 언어가 다른 사람들의 고통까지 어루만져주는 '용감한 이웃 할머니'이자 거리의 인권운동가로 소개되고 있다.[27] 일본군 '위안부' 피해자의 미국 의회 증언을 모티브로 한 영화 〈아이 캔 스피크〉의 실제 주인공 이용수 할머니처럼 말이다. 일본군 '위안부' 문제처럼 오랫동안 감춰왔던 집단기억 혹은 부담스러운 과거로 취급되었던 역사 사실도 어떻게 가르치냐에 따라 어린이들의 역사의식을 제고하는 데 오히려 유용한 재료가 될 수 있음을 증명하는 사례라고 할 수 있다.

어린이의 눈으로 역사를 바라볼 수 있을까?

갑신정변 이후에도 일부 양반과 지방 관리의 횡포는 여전히 심했다. 동학농민운동의 지도자 전봉준은 고부 군수의 횡포를 막기 위해 뜻을 같이하는 사람들을 모아 군사를 일으켰다. 전봉준과 동학 농민군은 고부에서 시작해 전라도 일대로 세력을 넓혔다. 조선은 동학 농민군을 진압하는 데 어려움을 겪자, 청에 도움을 요청했다. 청이 조선에 군대를 보내자 일본도 군대를 보냈다. 동학 농민군이 외국 군대의 개입을 막으려고 조선 정부와 협상해 개혁안을 약속받고 스스로 흩어졌다. 동학 농민군이 물러난 후에 일본과 청은 조선에서 세력을 넓히려고 전쟁을 벌였다. 이후 전쟁에서 유리해진 일본이 조선의 정치에 더욱 심하게 간섭하자 동학 농민군은 일본을 몰아내려고 다시 일어났다.[28]

2017년 초등학교 5학년 사회 교과서의 동학농민운동 관련 서술이다. 중·고등학생이나 어른이 읽어도 한 번에 이해하기 어려운 내용이다. 일반적으로 교사들은 학생들의 이해를 돕기 위해 어려운 한자어를 골라서 쉬운 말로 풀어주고, 동학농민운동의 배경, 전개 과정, 영향 등을 구조적으로 정리하여 설명한다. 하지만 교사가 최선을 다해도 학생들이 이해하기는 쉽지 않다. 교과서에는 그냥 여러 사건이 시간순으로 나열되어 있을 뿐 그 연관성과 의미는 잘 드러나지 않는다. 역사 인물이 처한 상황이나 그가 전개한 활동을 이해하고 공감하기도 어렵다. 더 큰 문제는 학생들이 사건을 자신과 상관없는 오래전 과거의 일이자 어른들의 역사로 치부하게 된다는 점이다.

> 주막에 가면 세상 돌아가는 소식을 들을 수 있었다. 여전히 어른들이 하는 이야기의 대부분은 동학 농민군에 관한 것이었고, 그 끝은 항상 임금과 중전, 그리고 흥선대원군의 이야기였다. 가을이 되면서 전라도에서 동학 농민군이 다시 봉기를 했고, 이제는 충청도, 강원도 할 것 없이 어디서건 봉기한다고 했다. …… 어떤 사람들은 동학 농민군이 옳은 일을 하는 거라며, 세상이 동학도들이 말하는 것처럼 바뀌어야 된다고 말했다. 또 다른 사람들은 괜히 난을 일으켜 아까운 목숨만 잃는 거라고 말했다. 그러나 누구도 임금과 관군이 옳다고 말하지는 않았다.[29]

열세 살 어린이의 눈으로 본 것처럼 당시 상황을 설명한 글이다. 주막에서 귀동냥한 이야기들을 전하고 있을 뿐인데, 읽는 사람은 마치 사건을 직접 들여다보고 있는 듯 상상하고 이해할 수 있다. 사건의 개요를 딱딱한 문체로 나열하듯 서술한 교과서와는 차원이 다르다. 역사교육이 역사 사실의 전달만을 그 목적으로 하지 않는다면 교과서 서술은 개선되어야 한다. 어린이가 읽고 이해하기 쉽게 서술의 주체를 드러내고 관점을 보여주어 상상하고 공감하고 논쟁할 수 있게 해야 한다.

흔하지는 않지만, 역사 현장에 실재한 어린이의 사례를 활용하는 것도 좋은 방법이다. 동학농민운동에도 어린이들이 있었다. 아버지와 함께 농민군으로 전투에 참여했다가 전주성 전투에서 다친 아버지를 업고 집으로 돌아온 열다섯 살 소년 김용경, 1894년 12월 장흥과 강진 일대에서 벌어진 여러 전투에 참가했고 관산·옥산 전투에서 패한 농민군을 완도 근해의 여러 섬으로 피신시킨 열여섯 살 뱃사공 윤성도가 그들이다. 그들의 이야기를 통해 학생들은 동학농민운동을 새롭게 이해할 수 있다. 이런 역사 이야기는 학생들에게 역사 탐구와 활동의 동기를 부여하는 데에도 유용하다. 오래된 사진 속 이름 모를 한 어린이를 매개로 어렵고 복잡한 역사적 사실에 다가가는 미국의 역사수업 사례는 이러한 접근의 유용성을 보여준다. 학생들은 1910년경 미국의 한 방직공장에서 일하는 어린이가 찍힌 사진을 보며 '나는 네가 그런 곳에서 일하기에는 너무 어리다고 생각해', '조금도 쉬지 못하고 온종일 일하는 것에 대해 어떻게 생각해?', '네가 위험한 일을 해서 슬퍼' 등 질문을 하거나 느낌을 말하는 과정에서 과거 속으로 한 걸음 더 들어가게 된다. 사진 속 어린이가 과거와 현재를 잇는 다리가 되는 것이다.[30] 이를 통해 학생들은 당시 미국의 아동 노동 현황과 열악한 노동 여건, 아동법 제정 등 여러 역사적 사실에 좀 더 쉽게 접근할 수 있다.

우리 역사 시간에도 이런 식의 접근은 얼마든지 가능하다. 대한제국 군대가 해산된 1907년의 의병들 모습이 담긴 사진 한 장을 예로 들어 보자. 현 교과서는 이 사진을 게재하며 당시 의병운동에 참여한 사람들의 나이나 직업의 다양성, "일본의 노예가 되어 사느니 자유민으로 죽는 것이 낫다"고 말할 만큼 강렬했던 그들의 애국심을 강조한다. 하지만 우리는 그 사진을 찍은 영국인 기자 매켄지가 14세가량으로 추정한 사진 속 소년 의병을 주목해보면 어떨까?[31] 학생들은 '총 들고 싸우는 거 무섭지 않아?', '어떻게 집을 떠나서 의병이 됐어?', '어른들과 같이 이런 일을 하다니, 너는 참 용감하고 대단한 것 같아' 등 다양한 질문을 하며 사진 속 소년과 자신을 연결하고, 100여 년 전 역사 속으로 성큼 들어갈 수 있다.

어린이의 눈으로 역사를 바라본다는 것은 서술의 주체와 대상을 어른에서 어린이로 전환하는 것을 말한다. 주체가 드러나지 않는 역사 서술이나 거대한 시공간 단위로 짜인 어른 중심의 역사 서술에서 벗어나자는 것이기도 하다. 서술의 주체를 드러내고, 어린이를 독자로 설정하며, 어른과 함께 어린이를 역사의 무대에 등장시키자는 것이다.

우선은 역사 동화를 활용하는 수업을 해볼 수 있다. 역사 동화의 주인공은 보통 어린이나 청소년인 경우가 많아 학생들이 주인공과 자신을 동일시하거나 주인공에게 감정이입하며 역사 속 상황에 몰입할 수 있다. 이야기가 구체적이고 등장인물도 여럿 있어 학생들이 당시 인물들이 했을 법한 대화, 행동을 상상하여 재현하고 사건을 여러 측면에서 들여다보고 논쟁하는 데 유용하다.

선사시대부터 최근까지 우리 역사 속에 실존한 어린이들의 삶을 이야기로 재구성한 한국사 책도 등장했다. 이 책 속 가야 소녀 송현이의 삶은 가야의 순장 풍습을 살필 수 있는 좋은 소재이고, 최치원의 소년 시절 이야기는 통일신라의 당나라 조기 유학 풍습을 들여다볼 수 있는 통로이다. 순강이네 가족 이야기는 고려 사람들의 생활 모습을 이해하는 데 유용하다. 이뿐만 아니라 청소년기를 고스란히 대한민국 임시정부와 함께한 김자동의 이야기는 광복 직후까지 임시정부의 활동과 독립운동가들의 면면을 속속들이 들여다볼 수 있는 훌륭한 재료다. 4·19 혁명 당시

하굣길에 경찰의 총을 맞고 숨진 전한승과 그의 죽음에 분노해 거리에 나선 서울수송초등학교 친구들의 이야기도 있다. 이런 이야기들로 꾸며내는 역사수업은 어린이들이 역사를 자신의 역사로 공감하게 하며 풍부하고 다채롭게 이해하게 한다.[32]

어린이에게 세계의 역사를 가르친다는 것

한국의 초등학교 사회과 교육과정은 환경확대법의 원리에 따라 내용이 구성된다. 환경확대법이란 교육 내용의 공간적 배경을 학습자의 주변, 즉 학습자가 생활하는 가장 작은 사회 단위에서부터 점차 지역 사회, 국가, 세계로 확대하는 방법이다. 하지만 어린이의 특성을 지나치게 단순화·도식화하고, 사회의 복잡한 특성을 무시하고 공간적 확대에 치중한다는 비판을 받는다. 실제로 21세기 지구화 시대에는 물리적 거리보다 심리적 거리나 경험적 거리가 중요하다. 게다가 어린이라고 해서 반드시 가까운 곳부터 먼 곳으로 흥미나 이해의 수준을 확장해나가지는 않는다. 지금은 나이와 상관없이 텔레비전과 인터넷을 통해 먼 나라 소식을 쉽게 접할 수 있는 시대인 만큼 어린이도 낯선 나라, 낯선 사람들, 낯선 문화에 큰 관심을 보일 수 있다.

환경확대법은 사회과 교육과정 구성 원리로 강조되지만 교육과정의 실제 내용을 보면 이미 어긋나 있다. 대체로 1학년과 2학년은 집과 학교, 마을, 3학년은 고장, 4학년은 지역, 5학년은 나라, 6학년은 세계를 그 범위로 상정하는데, 초등학교 2학년 통합교과서 《겨울》에 이미 다른 여러 나라의 인사말, 노래, 춤, 놀이, 옷차림, 음식문화 등이 소개되고 있다.

하지만 세계를 공간적 배경으로 상정하는 6학년 과정에서도 세계의 '역사'를 교육 내용으로 다루지는 않는다. 세계의 '지리'만 다루고 있을 뿐이다.

다른 나라에서는 언제부터 세계사를 본격적인 학교 교육 내용에 포함할까?[33] 2013년 영국에서는 역사과 교육과정 개정 초안을 둘러싸고 영국사가 너무 편협하게 정의되었고 영국 이외 지역의 역사를 다룬 내용이 부족할 뿐만 아니라 역사를 다양한 시각에서 볼 기회를 제공하지 못한다는 비판이 제기되었다. 그 결과, 최종본은 모두 3단계로 구성된 교육과정에서 단계마다 영국사를 기본으로 지방사와 세계사를 심층 탐구할 수 있게 했다. 특히 중등은 물론 초등 교육과정에도 세계사 내용을 대폭 추가했다.[34] 2016년에 새로 고시된 미국 캘리포니아주의 역사과 교육과정에는 6학년과 7학년, 10학년 과정에 세계사와 세계지리가 포함되었다. 2015년에 개정된 프랑스의 역사과 교육과정을 보면, 전체 12학년 중 1학년부터 6학년 과정 때까지 유럽사를 중심으로 선사시대부터 현대까지 세계사를 학습한다. 이웃한 중국의 2011년판 '품덕과 사회과정표준'에 따르면, 역사 관련 내용이 중국사 일곱, 세계사 다섯 부분으로 구성되는데, 초등 수준에서 이미 세계사까지 교육 내용으로 다룬다. 일본은 우리와 사정이 비슷하다. 세계사는 오랫동안 고등학교 과정에서 다루어왔고, 이는 2017년 개정 교육과정에서도 변하지 않았다.

이상과 같이 세계 여러 나라가 정규 교육과정에 세계사를 사실상 필수로 포함하고 있으며, 세계사를 자국사보다 중시하거나 적어도 자국사와 균형을 맞추려 애쓰고 있다. 특히 프랑스와 영국의 사례를 보면, 초등학교 저학년, 적어도 고학년 단계에서는 세계사 교육이 얼마든지 가능하다는 것을 알 수 있다. 그러나 한국의 경우 이미 언급한 바와 같이 초등학교 6학년 과정에서 세계지리를 다룰 뿐이다.

그동안 한국의 초등학교 교육과정에 세계사가 도입되지 않은 것은 역사가 독립된 '역사과'로 존재하지 못하고 사회과 체제의 한 영역으로 부침을 거듭해온 상황에 기인한다. 더구나 최근에는 한국사마저 위축되었다. 21세기는 다양한 문화와 다양한 가치가 공존하는 시대다. 국경은 더는 장벽이 되지 못한다. 이런 시대에는 자국사와 세계사를 균형 있게 가르치고 배워야 한다. 우리의 과거를 세계사적인 큰 틀에서 돌아보며 현재를 진단하고 미래를 향해 나아갈 필요가 있다. 한국사와 세계사는 한쪽이 득을 보면 다른 한쪽은 손해를 보는 제로섬 관계가 아니라 서로 보완하는 관계이다.

그러나 초등학교에서 세계사를 가르치게 된다고 해도 현재로서는 중·고등학교 세계사 내용의 발췌본이나 축약본이 될 가능성이 크다. 그러지 않으려면 초등교사들 스스로 세계사에 흥미와 관심을 갖고 어린이의 눈높이에 맞는 세계사 교육을 모색해야 한다. 2010년을 전후로 어린이용 세계사 책들이 봇물 터지듯 쏟아져나왔다. 《파피루스 이야기 세계사》(알라딘, 2012), 《초등학생을 위한 맨처음 세계사》(휴먼어린이, 2015), 《시대별 대륙별 역사를 한눈에! 세계사 사전》(어스본코리아, 2018), 《세계사가 출렁이는 여기는 항구》(책과함께어린이, 2018), 《설민석의 세계사 대모험》(단꿈아이, 2019) 등이 그것이다.

어린이의 사고는 자기 주변이나 자국사로 한정되지 않는다. 역사학습에 대한 흥미가 가장 많은 초등학생 시기에 접한 세계사 이야기는 학생들에게 한국사와는 또 다른 재미와 넓은 시야를 줄 수 있다. 특히 근현대 한국사는 동시기 세계사와 함께 다룰 때 학생들이 역사를 좀 더 폭넓고 균형 있게 이해할 수 있다. 단군 신화와 로마 건국신화를 함께 다루거나 일본 속 삼국의 문화를 다룰 때 동아시아사나 세계사의 관점이나 내용을 접목하는 시도도 의미 있다. 다만 중·고등학교 동아시아나 세계사 교육에서 여실히 드러난 폐해인 망라주의는 경계해야 한다.

어린이에게 어떤 역사를 가르칠 것인가를 궁리하는 것은 어린이의 역사 이해 수준을 고려하면서 역사교육의 목적에 맞는 내용과 방법을 찾아가는 과정이다. 여러 교과를 혼자서 가르쳐야 하는 초등교사는 교과서를 금과옥조로 여기고 서술 내용을 그대로 전달하는 데 급급한 경우가 많다. 가르칠 내용이 많거나 역사수업 경험이 적을수록 그러하다. 교사는 역사 교과서의 독자로서 교과서 서술을 과거 사건을 재현하는 거울로 이용할 것이 아니라, 교과서를 과거 모습을 특정한 의도와 관점에 따라 그려낸 하나의 작품으로 받아들여야 한다. 우리에게 역사 교과서는 답안이 아닌 질문이며, 역사 공부란 과거를 재현하는 과정이 아니라 과거를 탐험하는 과정이기 때문이다.[35]

3

교실에서 만난 역사부정, 어떻게 해결해갈까?

강화정_부산 신정고등학교

2013년, 역사 교실에서 일베 이용자를 만나다

그들의 존재를 알게 된 것은 2013년 늦은 봄이었다. 중간고사가 끝나고 더위가 막 시작되려는 즈음 동료 역사교사가 서술형 시험지를 채점하던 중 이상한 답안을 발견했다며 답지 한 장을 내밀었다. 답지에는 정답과 관계없이 '왜 5·18은 민주화 운동이 아닌가'를 논하는 글이 뒷장까지 빼곡히 쓰여 있었다. 5·18을 둘러싼 논란이 처음 있는 일도 아니고, 5·18과 전라도에 대한 부정적 반응이야 경상도 지역민들 사이에서 흔한 만큼 크게 새롭지 않았다. 다만, 고등학생이 쓴 글에서 5·18과 관련해 '폭동', '북한' 같은 표현들이 어지럽게 나오는 것을 보고 있자니 마음이 복잡했다.

그 후 답안의 주인공을 만났을 때다. 그는 당당하게 자신이 '일간베스트저장소' 이용자임을 밝혔고, 자신과 비슷한 생각을 하는 일베 회원이 학교에 한두 명이 아니라는 사실도 귀띔해주었다. 수소문해보니 실제로 일베를 이용하는 학생이 한 반에 2~3명 정도 존재했고, 우리 반 학생 중에도 있었다. 학생들 사이에서 이들의 존재는 낯설지 않았다. 일베 사이트에 접속하지는 않지만 일베 이용자들이 사용하는 용어를 즐겨 쓰거나 그들의 역사인식에 넌지시 동의하는 학생들도 있었다.

일베는 여성과 소수자, 특정 지역에 대한 혐오와 극단적 역사인식으로 유명한 극우 성향의 인터넷 커뮤니티 사이트다. 일베는 2013년부터 한동안 뜨거운 사회적 이슈를 만들어냈다. 그러나 최근 몇 년 사이에 일베로 대표되지 않는 새로운 우파 학생단체가 등장했다. 이들은 특정 웹사이트나 SNS 등 온라인으로 활동을 한정하지 않고, 오프라인에서도 자기 목소리를 낸다. 즉 학교 안팎에서 자신의 존재를 밝히고 목소리를 내면서 세력화하고 있다. 학교는 이들의 등장에 적절한 교육적 대안을 마련하지 못하고 상당히 취약한 모습을 보인다. 교사나 학교를 통해 얻는 지식만이 학생들이 세상을 보는 창이 아니란 것은 자명하다. 그러나 학생들이 기존의 역사 해석과 상당히 다른 형태의, 극단성과 공격성을 띤 주장을 학교나 교사에게 피부을 때, 이들의 인식에 교사들은 어떻게 대처해야 할지 길을 잃기 쉽다. 이 글은 그 길을 찾아가는 하나의 여정이다.

2013년에 세상을 떠들썩하게 했던 일베 이용자들의 역사인식은 최근 역사 교실에서 마주친 우파 학생들의 역사인식의 원형이라는 점에서 되짚어볼 필요가 있다. 당시 일베에는 노무현 전 대통령과 5·18 희생자를 비하하고 5·18 민주화 운동을 폭동으로 매도하는 글과 사진이 난무했다. 일베 이용자들은 역사 교실에서도 독특한 논리와 서사로 존재감을

뽐내고는 했다. 일베 이용자들의 특징을 5·18을 예로 들어 정리하면 다음과 같다.[36]

첫째, 일베 이용자들은 '민주화'라는 단어를 '저급화', '반대', '비추천' 등의 의미로, 반대로 '산업화'는 '선진화', '추천', '일베화'의 의미로 사용한다. 이는 대한민국 역사상 처음으로 여야 간 평화적 정권교체를 통해 권위주의 정권의 종식을 알린 김대중 정부와 뒤이은 노무현 정부, 민주화 운동 세력을 동일시하는 동시에 폄하하고, '산업화'를 '선진화'로 해석하여 권위주의 정권을 합리화하려는 의도에서 비롯되었다. 또한, 이들은 민주화를 민주화 운동과 연관시키며 부정적 이미지를 덧씌운 후 궁극에는 민주화 운동과 관련한 서사의 전복을 꾀한다. 5·18을 신군부의 폭력에 저항한 '민주화 운동'이 아닌 체제 전복을 꾀한 '폭동'으로 규정한 것이 대표적인 예이다.

둘째, 일베 이용자들은 '팩트(fact)'를 무기로 기존 서사의 전복을 꾀한다. 이때 팩트는 '일베가 강조하는 역사적 사실'을 의미하는데, 대개는 입증되지 않은 주장일 뿐이거나 자신들의 주장을 뒷받침할 만한 사실을 교묘하게 편집한 것이다. 가령, 5·18 당시 계엄군이 도청 앞에서 집단 발포를 하기 전에 이미 광주 시민들이 경찰서에서 무기를 탈취해 무장한 정황이 있다든가, 광주시 전체를 폭파할 의도로 전남도청 지하에 티엔티(TNT)를 설치했다는 등의 확인되지 않은 주장을 '팩트'라며 강조한다. 이는 그야말로 5·18을 폭동으로 규정하기 위해 동원된 '팩트'로서, 5·18을 민주화 운동으로 규정하는 서사를 뒤엎는 데 중요한 소재이다.

이에 못잖게 심각한 문제는 역사적 사실에 대한 이들의 태도가 이중적이라는 데 있다. 일베 이용자들은 자신들의 주장과 논리를 뒷받침할 만한 역사적 사실은 적극 수용하지만 다른 주장을 뒷받침하는 사실은 배제한다. 일례로 이들은 시민군이 몰던 버스에 치여 사망한 경찰관을 5·18 최초의 희생자라 주장한다. 2013년 필자가 만난 일베 이용자도 이 주장을 사실이라 믿고 있었다. 그러나 5·18 최초의 사망자는 계엄군의 유혈 진압 과정에서 희생된 민간인 김경철이다. 공식 기록을 근거로 사실을 확인해주었지만, 그 일베 이용자는 '그냥 새로운 사실을 알게 된 것일 뿐, 별 생각이 없다'라는 반응이었다. 최초 사망자를 두고 폭동의 서사를 만들어간 이들에게 김경철의 사연은 자신들의 주장에 도움되지 않는, 그래서 숙고할 가치가 없는 사실일 뿐이었다.

셋째, 일베 이용자들은 역사를 이분법적으로 인식한다. 일베 이용자들은 역사변동의 주체를 마치 선악을 나누듯 좌파와 우파로 가른다. 우파가 아니면 좌파, 우파를 지지하지 않으면 좌파라는 식의 극단적 이분법을 역사에 적용한다. 그래서 이들의 눈에는 역사상 모든 인물과 집단이 좌파 아니면 우파이다. 무엇보다 '좌파가 대한민국의 발전을 저해한다'라며, '빨갱이'라는 딱지를 붙인다. '빨갱이'는 한국전쟁을 계기로 남한 사회에 뿌리내리다시피 한 반공 이데올로기에 근거한 용어이다. 해방 전에는 단순히 사회주의자를 비하하는 용어였지만, 한국전쟁 이후에는 권위주의 정권이 자신들에게 반대하는 개인과 집단을 남한 사회의 적 '북한'을 돕는 세력으로 몰아 억압하는 데 이용했다.

일베 이용자들에게도 빨갱이는 '친북', '북한에 도움이 되는 자'를 의미한다. 김구도 이승만에게 반기를 들고 남북협상을 주도해 북한을 이롭게 했으니 빨갱이라 공격받아 마땅하다고 여긴다. '좌파'와 '빨갱이'를 합친 '좌빨'이라는 표현도 사용한다. 일베 회원들은 '빨갱이' 혹은 '좌빨'이라는 용어를 통해 반공 이데올로기에 근거한 사회적 편견을 재생산한다. 그리고 자신들과 다른 주장을 펼치거나 다른 주장을 지지하는 개인이나 집단에 '빨갱이' 혹은 '좌빨'이라는 프레임을 씌워 반공 이데올로기가 만들어낸 편견 속에서 이들을 악마화한다. 이것이 이른바 '색깔론'의 작동 방식이다. 그래서 '빨갱이' 또는 '좌빨'이라는 표현은 그 자체로 공격적이다.

일베의 파급력은 컸다. 일베 이용자들이 사용하는 용어들, 특히 노무현과 전라도에 대한 부정적 시선이 담긴 용어들이 온라인을 넘어 오프라인으로 전파되었고, 교실까지 파고들었다. '민주화'를 향한 일베의 공격과 조롱은 사실 민주화를 표방한 김대중 정부와 노무현 정부를 겨냥한 것이었지만, 문제는 민주화에 대한 조롱이 반공 이데올로기에 토대한 사회적 편견과 결합하면서 대단히 극단적인 양상을 띠었다는 점이다. 일베 이용자들은 김대중과 노무현이 북에 쌀을 퍼줌으로써 북의 핵무장을 도왔다며 이들에게 '종북' 프레임을 씌웠다. 그리고 김대중-노무현 정부를 지지하는 개인과 집단을 모두 좌파로 지칭했다. 일베 이용자들은 이들이 남의 선동에 쉽게 놀아나며, 보수 세력이 이끄는 정부의 활동에 끊임없이 꼬투리를 잡고, 자신들의 무능함을 제도와 체제의 탓으로 돌리는 특징을 가졌다고 생각한다. 일베 사용자가 민주화를 사회상과 연결하는 방식을 정리하면 아래와 같다.

민주화 = 김대중, 노무현 = 좌파 = 종북 = 이석기 내란 음모(국가 전복)

└── 전라도 ── 5·18 ── 좌파 역사 교과서/역사교사

일베류의 견해에도 공론장에서 발언권을 줘야 할까?

일베와 유사한, '일베류'의 역사인식을 가진 학생들을 만났을 때, 교사는 그들의 극단적 인식을 하나의 '견해'로 인정해야 하는가의 문제에 부딪힌다. 이는 앞서 만난 2013년 일베의 5·18 인식을 하나의 역사인식으로 이해할 것인지, 아니면 공공연한 역사부정으로 볼 것인지의 문제와도 일맥상통한다. 교사는 학교 현장에서 허용적이고 민주적인 태도를 견지해야 한다. 그러나 반민주적이고 반인권적 발언이 교실 안에서 폭증할 가능성은 차단해야 한다. 표현의 자유를 넘어서 혐오범죄가 될 법한 발언들, 예를 들어 이주민이나 성 소수자, 여성 등을 폄하하는 발언들이 오가는 수업은 단호히 멈춰야 한다. 학자들은 '보편적 인권을 보호하기 위한 단호한 당파성이 필요'하다고 말한다. 그러나 인권의 보편성을 부정하는 견해가 무엇인지 이를 가늠하는 기준은 모호하다. 이마저도 다시 토론과 논쟁이 필요하다.

원론에서 출발해보자. 교실 속 학습자들의 역사인식은 하나로 뭉뚱그릴 수 없다. 그들의 역사인식에는 차이가 존재하고, 역사수업은 이 당연한 명제에서 출발해야 한다. 이때, 학생들 속에 존재하는 역사인식의 차이는 '교재화'하는 것이 바람직하다. '교재화한다'라는 말은 학생들 저마다의 현재 인식, '역사적' 현재에 대한 인식을 바탕으로 역사수업을 구성하고 궁극적으로 학생들 스스로 역사를 해석하고 판단할 수 있게 한다는 의미이다. 학생들 간 인식 차이를 확인하면 이를 바탕으로 교사와 학생이 소통하고 민주적 역사 이해의 토대를 만들어갈 수 있다. '일베류'의 역사의식도 마찬가지이다. 학생 역사의식조사는 바로 이 지점에서 시사점을 던진다.

2010년 시작된 역사의식조사는 학생을 교사가 제공하는 지식을 빨아들이기만 하는 순백의 도화지 같은 존재가 아니라, 각자가 처한 사회문화적 환경 속에서 나름의 사회인식을 키워온 서로 다른 개인들로 인식한다. 그 속에 존재하는 인식의 '차이를 역사화'하는 것, 거기서부터 역사교육과 민주주의 교육이 출발할 수 있다고 여긴다. 이때, 역사의식은 '사회적·역사적 존재로서 인간이 시대의 변화와 공동체 속에서 자신의 위치를 파악해 주체적 삶을 살려는 실천적 자기 인식'으로 개념화할 수 있다. 이를 기반으로 역사의식조사는 '학생들이 자신의 삶을 역사 이해와 관련짓는 방식'이란 차원에서 학생들의 역사적 사실에 대한 지식과 이를 보는 관점, 역사 관련 주요 현안에 대한 인식, 나아가 사회 참여와 관련한 생각도 조사 영역에 포함했다.[37]

차이를 역사화, 교재화하는 일과 차이를 인정하고 그들 각자에게 발언권을 주는 일은 적용 맥락에서 다소간 차이가 있다. 가령 5·18을 '폭동'이라 주장하는 일베류의 역사인식을 소개하면서 이 같은 주장이 피해자를 향한 또 다른 가해행위임을 환기하는 것과 일베류의 인식을 지지하는 이들이 5·18에 대한 자신들의 주장을 마음껏 설파하게 놔두는 것은 전혀 다른 차원이다.

2019년 개봉한 영화 〈김군〉은 전자의 경우에 해당한다. 〈김군〉은 5·18 민주화 운동에 참여한 이들을 '광주에 투입된 북한 특수군', 일명 '광수'라 지칭하며 북한과 5·18의 연관성을 주장하는 군사평론가 지만원이 북한 특수군의 리더 '제1광수'로 지목한 사진 속 청년을 찾는 다큐멘터리 영화이다. 영화는 이렇게 민주화 운동으로서 5·18을 부정하려는 세력이 던진 질문에서 출발한다. 그러나 영화의 서사는 '그' 질문을 마주한 5·18 민주화 운동 참가자들의 참담함과 이들의 잊히지 않는 기억, 지워지지 않는 고통을 따라간다. 현실에 존재하는 인식의 차이를 애써 무시하거나 부정하지 않고 오히려 그런 차이로부터 출발해 보편적 인권의 문제에 다가간다.

그러나 후자의 경우, 즉 일베류의 인식을 공론장에 존재하는 견해의 하나로 인정하고 이들을 논쟁의 주체로 세우는 장면에서는 경계할 지점이 있다. 먼저, 그들이 공론장에서 정말 논쟁할 준비가 되어 있는지를 살펴야 한다. 다른 견해는 아랑곳없이 자기 말만 하는 떼쓰기는 아닌지 주의해서 살펴야 한다. 공론장을 서로 의견을 나누고 생각을 모으는 장이 아니라 자신들의 주장을 일방적으로 '홍보'하는 장이라 여기고 이를 수단화하는 사례가 없지 않기 때문이다.

한 예로 일본의 극우단체 '새로운 역사 교과서를 만드는 모임(새역모)'의 회장 후지오카 노부카쓰(藤岡信勝)의 활동을 들 수 있다. 그는 일찍이 학생들을 수업에 주체적으로 참여시킬 방안이라며 디베이트(debate) 학습을 강조했다. 그러면서 '러일전쟁은 필요했나, 불필요했나', '한국 합병은 불가피했나' 등을 논의의 주제로 제안했다. 이미 사회 통념으로 자리 잡은 역사인식에서 벗어나 통념의 권위에 도전하는 인간을 기른다는 명분을 내세웠지만, 이는 사실 극우의 견해를 상대화하고 결국 합리화하기 위한 또 하나의 수단일 뿐이었다.[38] 이와 같은 일본 우익의 사례는 일베류의 인식이 공론장에서 n분의 1을 넘어서는 대표성을 가지게 될 위험을 보여주며, 목소리 큰 사람이 실제로 공론장을 좌지우지할 수 있음을 시사한다.

역사인식의 극단화, 얼마나 횡행하고 있나

더욱 큰 문제는 일베류의 역사인식이 민주화 운동이나 특정 사건에 한정되지 않고 다른 역사 문제로 영역을 확장해가고 있으며, 동시에 이를 지지하는 청소년이 조직화되어 오프라인에 등장했다는 점이다. 최근 서울의 한 공립 고등학교에서 결성된 '○○고 학생○○연합'이라는 학생단체가 보여준 행태가 대표적이다. 이 단체 학생들은 2019년 징용 배상 판결을 둘러싸고 한·일 양국 간 갈등이 심화되던 중에 교내 마라톤 대회에서 반일 구호가 등장하자, 이를 두고 학생을 대상으로 학교가 '사상 주입'을 했다며 문제 삼았다. 이에 발맞추어 일부 보수 언론과 우익단체들은 해당 사건을 '편향적'인 '반일 파시즘 교육' 사례로 이슈화했다. 한국 사회는 민족주의와 반일 정서가 광범위하게 수용되고 정치 슬로건으로서도 위력을 발휘하는 사회란 점에서 '반일 사상'을 문제 삼은 학생단체의 인식은 매우 이례적이며 특이하다. 이 같은 현상은 2019년 한국 극우 세력이 보여준 새로운 양상과 연관된다.

2019년 《반일종족주의》란 책이 출간되자마자 베스트셀러가 되었다. 한동안 이 책 이야기로 여론이 들썩였는데, 무엇보다 일본군 '위안부'를 부정한다는 사실이 관심을 끌었다. 이 책의 저자 이영훈으로 대표되는 한국의 뉴라이트는 일본군 '위안부'를 고리로 한국의 반일민족주의를 미개한 샤머니즘적 종족주의라 비하하며 이를 '반일종족주의'로 명명했다. 그리고 반일종족주의가 이웃 일본을 원수로 여기고 객관적 논변을 허용하지 않는 적대 감정, 집단 심성을 바탕으로 한다며, 이를 해소하지 않으면 나라의 선진화를 이룰 수 없다고 주장했다.[39] 오랫동안 한국의 우파는 식민지 근대화론으로 일제강점기를 옹호했다. 이는 '뉴라이트'라 불리는 신우파도 마찬가지였다. 그런데 지금은 마치 일본의 극우단체들처럼 일본군 '위안부'의 존재 자체를 보란 듯이 부정하고 나선 것이다.

한국 사회에서 일본군 '위안부' 문제는 함부로 부정하거나 폄하해서는 안 되는, 감히 건드릴 수 없는 역린이나 마찬가지다. 2015년 박근혜 정부가 일본 아베 정부와 '한일 위안부 합의'를 체결했을 때 온 사회가 분노로 들끓었던 것도 이 때문이다. 분노는 이듬해 거국적 촛불시위로 폭발했고, 결국 박근혜 정부의 종식을 불러왔다. 이런 상황에서 일본군 '위안부' 문제를 건드렸다는 것은 뉴라이트의 역사인식이 한층 노골적이고 극단화되었음을 보여준다.

《반일종족주의》가 보여주듯 한층 노골화된 뉴라이트의 주장과 논리는 담장을 넘어 학교로 전해졌다. 그런데 이 논리를 수용한 극우 성향의 학생단체들은 자신들의 활동을 극우 유튜브 채널이나 SNS를 통해 학교 밖으로 전했다. 앞에서 언급한 공립학교 사태도 그 학생단체를 이끄는 한 학생이 마라톤 대회 동영상을 유튜브와 SNS 웹사이트에 올리면서 시작되었다. 학교 안에서 일어나는 많은 일들이 학교 담장을 넘어 외부 공간에서 활발하게 공유되는 시대가 된 것이다.

동시에 정치적 목적을 위해 교육을 수단화하는 '교육의 정치화' 현상이 심화되고 있다. 그 공립학교 사태와 관련해 보수단체들이 해당 학교에 대한 특별 감사를 요청하거나 학생단체가 언급한 교사를 고발하고 학교 앞에서 보수 유튜버들과 함께 '사상 편향 교육'을 반대하는 시위를 벌인 것이 대표적인 교육의 정치화 현상이다.[40] 학교 안과 밖이 상호작용하며 긴밀하게 연결된 오늘날과 같은 상황에서, 무엇보다 집단기억을 구성하는 역사인식의 문제에서 이런 현상은 더한층 두드러진다. 그래서 다시 주목할 것은 뉴라이트의 극단적인 역사인식을 기반으로 폭력과 가해의 역사를 부인하고 기존의 해석을 바꾸려는 역사 수정주의적 태도 혹은 역사부정이다.*

최근 학교 안팎에서 커가는 역사부정(부인) 문제를 바라보는 시선은 논자에 따라 차이가 있다. 역사학자 이동기는 역사부인이 전 세계 보편적인 현상임을 강조한다. 그에 따르면, 유토피아적 미래에 대한 기대가 사라진 현재, 과거에 대한 정치적 관심과 사회적 활용이 폭발적으로 증가하면서 정치폭력과 국가범죄, 집단 학살을 둘러싼 기억문화와 공공역사의 형식과 내용도 엄청나게 발전했다. 이에 극우세력이 나름 과거에 관심을 가지고 과거사 정리와 역사 정의에 기초한 집단적 기억문화를 거부하거나 그런 문화에 도전하려 하면서 역사부인이란 문제가 더욱 불거졌다. 이동기는 한국 사회의 역사부정 현상이 이전과 다른 새로운 성격을 띤다는 점에 주목해야 하며, 역사 해석을 둘러싼 정치적 갈등이나 '역사전쟁' 같은 인습적 방식으로 이 현상을 이해해서는 안 된다고 주장한다.[41]

사회학자 강성현은 '반일종족주의 현상'에 주목하며 역사부정 세력의 새로운 활동 양상을 포착해나간다. 우선, 한·일 양국의 우파 연대에 주목한다. 양국 극우세력의 역사인식이 닮아가는 과정을 추적하고, 동시에

---

* '수정주의', '부정주의', '부인'의 개념은 홀로코스트 부정(부인)을 예로 들어 다음과 같이 정리할 수 있다. '수정주의'는 주류 역사관을 부정하고 해석의 전환을 통해 기존의 역사인식을 바꾸려는 시도로, 홀로코스트 부정을 포함해 나치가 저지른 범죄를 미화, 찬양하거나 정당화하는 등 역사 해석의 변경과 왜곡까지 포함한 넓은 개념이다. 부정주의(négationnisme)는 프랑스의 역사가 앙리 루소(Henry Rousso)가 홀로코스트 부정을 수정주의와 구분되는 하나의 이데올로기 체계로 규정하고, 역사적 실체를 인정하지 않는다는 의미에서 명명한 것이다. 독일에서는 '부정주의'라는 용어를 사용하지 않는다. 홀로코스트 부인은 뉘른베르크 군사재판에서 나치 전범들이 책임을 회피하기 위해 사용한 방법이었다. 히틀러의 학살 명령서를 포함해 나치의 집단 학살을 증명할 문서가 없다는 이유로 홀로코스트를 전면 부인하거나 집단 학살을 정당화하는 행위, 집단 학살의 규모를 축소하거나 왜곡하는 행위도 모두 여기에 속한다. 부인의 유형은 2003년 유럽 평의회에서 채택한 '인종주의, 외국인 증오행위의 처벌에 관한 사이버 범죄 관련 추가 의정서'에 따른 것이다.

양쪽이 시너지 효과를 주고받으며 세력을 확장해나가는 과정을 살핀다. 또한, 유튜브라는 새로운 플랫폼이 가진 파급력에 주목하여 60, 70대 노년층부터 10대가 함께 공유하는 극우적 콘텐츠를 분석한다.[42] 역사부정의 확장된 개념으로 '탈진실(post-truth)'의 문제를 제기하며 반지성주의적 풍토에서 역사적 사실에 냉소적이고 무감각한 현재의 실태를 고발한다. 그리고 탈진실 시대의 역사부정은 글로벌한 차원에서 진행되고 있는 페미니즘에 대한 백래쉬(backlash)와 연동되어 있음을 지적한다.[43] 일본군 '위안부' 문제가 반일민족주의를 반일종족주의로 폄하하는 이들의 주요 공격 대상이 된 것도 같은 맥락으로 이해할 수 있다.

역사교사 김육훈은 역사부정 문제를 한국사 교과서 국정화 소동의 연장선에서 파악하려 한다. 그는 국정화 소동을 통해 당시 국가 권력에 의한 역사 오용이 심화하고 역사인식이 점차 극단화해갔음을 지적한다. 역사교육을 진영 논리로 파악하려는 인식이 국정화 소동 이후 확산되어 나갔고, 그 불씨가 여전히 남아 있다고 본다. 꺼지지 않은 불씨는 두 가지 측면에서 설명할 수 있다. 첫째, 민주화를 이루었지만 여전히 곤궁한 처지에서 벗어나지 못한 채 더 나은 미래를 상상할 수 없을 때, 역사를 정치적으로 동원하고 의도적으로 조작하려는 세력이 그 사이를 비집고 들어갈 가능성이 커진다. 둘째, 역사 교과서가 가치중립적이란 인식이 팽배했던 탓에 역사수업에서 다른 견해를 분석하고 추측하는 훈련, 학습자가 자기 생각을 논리적으로 표현하는 연습이 부족했다. 이런 풍토에서는 학교에서 극단적 역사인식이나 역사 왜곡에 대처할 능력이 길러질 리 만무하다. 따라서 지금부터라도 지식 중심 교육에서 벗어나 궁극적으로 비판적 사고를 기를 수 있는 역사교육으로 전환해야 한다고 한다.[44]

보수 정권에서 뉴라이트와 일베는 편가르기와 진영 논리를 기반으로 하는 '증오 정치'를 조장해 서로 다른 견해를 가진 개인이나 집단 간에 적의와 적대의 감정을 극대화했다. 이 같은 적의와 적대의 감정은 한국 사회의 역사적 경험과 모순을 그대로 반영하는 것이기도 한데, 일부에서는 마치 '내적 전쟁 상태'에 있는 것처럼 상대를 적으로 간주하고 폭력적 방법으로 갈등을 해결하려는 양상을 보이기도 했다. 갈등의 조정을 위한 공공의 원칙이나 기구를 마련하기보다 사적으로 자기 이익을 지켜나가는 데 급급했던 것이다. 더구나 보수 정권 아래서 뉴라이트와 일베가 표출한 '증오 정치'는 권력 집단으로부터 '표현의 자유'로 옹호되었다. 특히 사회적 약자, 소수자를 공격하는 일베류의 발언은 그 자체로 분명한 '혐오 발화'였다. 이후 혐오 발화 논의는 점차 확장되어 일베 수준을 넘어서 우리 사회 전반의 다양한 혐오 문제와 만나고 있다. 혐오의 밑바탕에 흐르는 구분과 적대의 감정은 역사부정을 둘러싼 역사인식의 '극단성'과도 일맥상통한다.

극단적 역사인식은 어디에서 비롯되었나

그렇다면 역사 교실에서마저 팽배해진 극단적 역사인식은 어디에서 비롯되었는지, 극단성의 발아 지점은 어디인지, 그 씨앗이 커나갈 수 있는 환경은 무엇인지에 대한 검토가 필요하다. 사회심리학자 김태형은 극단주의를 '광신에 가까운 믿음에 사로잡혀 세상을 배타적으로 대하고 자신의 믿음을 타인에게 강요하는 것'이라 정의하고, 극단주의가 생겨나는 매커니즘을 다음과 같이 설명한다.

신자유주의에 점령당하다시피 한 오늘날의 자본주의 사회에서는 빈부격차로 상징되는 경제적 불평등이 갈수록 심화될 수밖에 없다. 이런 사회에서는 개인이 자존감을 훼손당하고 정신적인 충격을 받는 일이 비일비재하다. 그래서 개인들은 반복적·만성적으로 무력감과 굴욕감을 경험하게 되고, 이를 통해 안전을 위협받고 있다고 느끼게 된다. 위협을 느끼면 시야가 좁아지는데, 자연스럽게 사고의 시야도 좁아져 주변을 흑백논리로 보게 될 가능성이 커진다. 극단주의는 이렇게 흑백 논리로 사고하게 된 개인이 자신의 안전을 위협하는 특정 대상에 대해 혐오감과 분노를 느끼다가 그 감정을 인간이란 존재 자체에 대한 감정으로까지 키워나갈 때 탄생한다. 거기에 극단주의를 부추기는 지배층의 논리가 더해지기도 한다. 더구나 한국 사회의 역사·문화적 맥락에 비추어 보면, 극단주의를 부추길 만한 요소는 더 많아진다. 우리 사회 주류 지배집단으로서 극우세력이 차별과 구분을 통해 사람들 간 갈등과 혐오를 끊임없이 조장하고 부추겨온 결과 극단주의 경향이 더 커지고 있다는 것이다.[45]

극단주의가 팽배한 사회적 여건은 학생들의 역사인식을 자꾸만 극단으로 흐르게 하는 요인이 되기도 한다. 일베 이용자와 마찬가지로 사이버 공간에서 공유하는 그들만의 '집단 사고'는 사용하는 용어와 유머 코드, 취향과 인식의 틀마저도 바꾸며, 그 집단만의 독특성을 형성하게 한다. 이 독특성이 때로는 학생들에게 재밌고 흥미로운 것으로 받아들여져 그들의 논리가 확산되는 요인이 되기도 하니 특별히 유의할 필요가 있다. 역사부정을 비롯한 극단적 역사인식은 '공적 가치'를 훼손하는 일로 '그래서는 안 되는' 일이며, '잘못된 사실'을 기반으로 전개된 논리임을 명확히 해야 한다.

집단적 사고를 하게 된 이들에게서는 새로운 자료나 다른 견해를 제시하더라도 자신의 기존 인식과 선입관을 뒷받침하는 근거만 수용하고 자신에게 유리한 정보만 선택하여 수집하는 '확증 편향'의 사고방식이 두드러지게 나타난다. 이들에게 자료의 객관성과 엄밀성은 큰 문제가 되지 않는다. 자료가 객관적이고 엄밀한가보다 자신의 생각을 뒷받침하는 자료인가가 더 중요한 수용의 기준이 되는 것이다. 그럼에도 이들은 '팩트'에 근거한다고 자신한다. 그리고 그 자신감을 바탕으로 극단적 역사 인식을 신념화한다. 더 큰 문제는 자신감과 신념에 가득찬 이들의 태도를 동경하는 학생들이 생긴다는 점이다.

최근에는 '유튜브'라는 새로운 플랫폼이 등장해 학생들의 역사인식에 큰 영향을 미치고 있다. 유튜브가 중요한 놀이도구를 넘어 검색 포털의 역할까지 대신하면서 그 영향력이 점점 더 커지고 있다. 사용자가 기존에 시청한 영상과 유사한 취향 혹은 성향의 영상을 추천하는 유튜브의 서비스는 사용자들의 확증 편향을 더욱 강화하는 도구가 된다. 최근에 청소년들의 유튜브 채널 접속 빈도와 활용 빈도가 폭발적으로 증가하면서 디지털 리터러시의 필요성이 강조되고 있다.

'리터러시(literacy)'가 문자 텍스트를 읽고 이해하고 쓸 줄 아는 능력을 뜻한다면 '디지털 리터러시(digital literacy)'는 콘텐츠를 전달하는 미디어의 변화에 따라 새롭게 요구되는 문해력이다. 이때 미디어는 텔레비전과 신문, 라디오, 잡지, 영화 같은 기존 미디어뿐 아니라 소셜미디어, 온라인 신문, 위키피디아 같은 뉴미디어를 모두 포함한다. 디지털 리터러시는 그중에서도 디지털 기술을 기반으로 하는 뉴미디어를 활용할 줄 아는 역량이다. 여기에는 컴퓨터나 디지털 기술을 이해하고 활용하는 능력, 검색된 정보를 선별하고 이해할 뿐 아니라 새롭게 창조하는 능력, 디지털 미디어가 가진 파급력과 사회적 역할을 인식하는 능력이 포함된다.[46] 즉, 디지털 리터러시는 디지털 기술이 만들어낸 다양한 미디어 속 폭발적으로 많은 정보에 주체적으로 접근, 이해, 활용, 창조할 수 있는 능력을 의미한다.

디지털 리터러시와 관련한 샘 와인버그(Sam Wineburg)의 연구에 따르면, 사람들은 컴퓨터가 제공하는 정보를 그대로 흡수하는 경우가 많았고, 잘 훈련된 연구자이자 노련한 인터넷 사용자인 역사가들조차 제공된 정보의 진위를 제대로 가려내지 못했다. 그는 디지털 리터러시의 대안적 형태로 전문적인 팩트체커(fact-checker)의 '수평적 읽기'를 제안하기도 한다.[47] 팩트체커는 주로 언론사에서 기사를 보도하기 전에 정보의 진위를 검증하는 제도 혹은 사람을 말하는데, 수평적 읽기는 진위를 가리는 방식 중 하나다. 기사 관련 정보가 담긴 디지털 화면 하나를 인쇄된 문서를 읽듯 단숨에 수직으로 읽어 내려가는 것이 아니라, 낯선 웹 사이트를 만날 때마다 곧바로 다른 창을 열어 기존 정보와 비교하면서 기사의 오류를 찾아가는 방식이다. 팩트체커들의 수평적 읽기는 사용자가 인터넷이 제공하는 엄청난 양의 정보에 휘둘리지 않고 사실과 오류를 판별할 수 있도록 돕는다. 이제는 디지털 리터러시의 필요성을 제기하는 수준에 그칠 게 아니라 디지털 리터러시를 기르는 데 필요한 구체적 훈련을 시작해야 할 때다. 디지털 리터러시는 특정 교과 교육과정을 넘어 범교과적 영역에서 학습자에게 제공되어야 할 새로운 학습 영역이다.

'학생들의 역사인식은 사회와 소통하는 과정에서 상당한 영향을 받는다'라는 게 이 글을 관통하는 중요한 인식 중 하나이다. 학생들의 역사인식이 이렇게 교실 안팎을 넘나들면서 형성되는 까닭에 극단적 역사인식의 해결책 역시 학교 안뿐 아니라 밖에서도 찾아야 한다. 학교의 역할은 극단적 역사인식을 가진 학생을 존중하되, 그 스스로 지켜야 할 일정한 경계가 있음을 깨닫도록 하는 데 있다. 학교 밖에서는 교육부와 교육청 단위에서 해야 할 일과 우리 사회 전체가 나서야 할 몫을 다르게 설정할 필요가 있다.

역사 교실에서 역사부정 문제에 대처하는 법

마지막으로 역사 교실에서 마주하게 되는 극단적 역사인식에 어떻게 대처할지 그 방안을 살펴보자.

첫째, 극단적 역사인식이 발아하는 맥락을 파악하고 이와 관련해 역사 수업의 목표를 분명히 해야 한다. 학생들의 극단적 역사인식은 교실 밖의 요인들에 영향을 받는 까닭에 교실 안에서 이를 해결하기 위한 구체적 목표를 설정하기란 어렵다. 분명한 것은 수업의 목표를 역사부정 같은 극단적 역사인식을 지닌 학생들을 개도하는 데 둘 것이 아니라, 그들의 인식이 교실 안에서 확산될 위험을 차단하는 데 두어야 한다는 점이다. 여기서 '차단'은 '억압'을 의미하는 것이 아니다. 교사는 학생들이 토론을 통해 스스로 판단하도록 유도해야 한다. 예방주사를 맞듯 일베류의 인식을 교재 삼은 역사수업을 시도하는 것도 하나의 방법일 수 있다.

둘째, 생각의 차이를 역사화하고 교재화하는 역사수업을 구성해야 한다. 학습자로서 학생들 속에 존재하는 역사인식의 차이를 확인하고 여기에서 출발하는 역사수업은 학생의 인식과 삶 자체를 교재화하는 수업이기도 하다. 학습자의 삶에 근거한 역사수업은 역사교육이 지향하는 오랜 목표이자 지향점이었다. 동시에 역사인식의 차이를 교재화하는 수업은 또 다른 논쟁적 역사수업의 가능성을 열어준다. 예를 들어 역사 교실에서 역사부정론자인 A와 역사부정에 반대하는 B의 견해차를 확인하고 그 같은 차이가 어디에서 기인하는지 탐색해보는 방법이 있다. 수업 과정에서 학생들은 A, B와 구별되는 자신의 인식이 무엇인지 메타 인지적으로 접근할 수도 있다. 그러나 역사부정론자인 A가 토론의 형식을 빌려 자신의 주장을 일방적으로 펼쳐나가는 상황을 용인해서는 곤란하다. 토론의 일대일 구도라면 부정론자 A가 과도한 자기 발언력을 가질 위험이 있다. 토론이 아닌 토의의 형태로, 즉 전체 인원 중 한 명(1/n)의 견해 정도로 발언권을 제한하여 의사 표현이 과잉되지 않도록 주의해야 한다. 이때는 논제 작성에도 유의해야 한다. '5·18은 폭동인가, 민주화 운동인가'와 같이 일베류의 인식을 전면에 내세우는 논제를 제시해서는 곤란하다. 이보다는 '5·18을 어떻게 기념할 것인가'처럼 과거와 현재, 미래의 5·18을 기념의 문제와 만나게 하는 방식이 적합하다. 더구나 역사부정론자들은 자료를 자의적으로 해석하고 편집하여 자기주장의 근거로 삼는다는 점을 상기하면, 자료를 학생 스스로 분석하고 확인하게 하는 과정도 유의미할 수 있다. 홀로코스트 교육에서는 역사부정론자들에 맞서 피해자와 가해자, 방관자 등 다양한 행위자의 관점에서 과거를 재연하고 학생들을 보편적 가치로서 인권에 집중하도록 안내한다는 사실에 유의할 필요가 있다.

셋째, 청소년기 학생들의 심리적 특징을 파악해 대처하되, 조직되고 동원된 학생 집단과 단순한 호기심으로 역사부정을 언급하는 학생 개인을 구별해야 한다. 먼저, 청소년기 특유의 심리적 특징을 잘 파악할 필요가 있다. 역사 교실에서 만나는 일베류의 학생들은 사회·정치적 논리에 영향을 받는 동시에 그 시기 특유의 감성과 심리에도 영향을 받는다. 튀고 싶은 심리 혹은 영웅 심리에 가득 차 일베류의 역사인식을 운운하거나, 분노에 쌓인 듯 키보드 전사가 되거나, 유독 권력 지향적이거나, 기성세대의 논리에는 무조건 반기를 들거나, 복잡한 사고보다는 단순 명쾌함을 선호하는 것도 청소년기의 심리적 특성과 무관하지 않다. 이 같은 청소년기의 심리적 특성과 호기심에 기인한 정도라면 충분히 교실 상황에서 대화와 논쟁을 통해 역사인식의 변화가 가능하다. 그러나, 이미 조직화되고, 더구나 외부의 집단과 연결되어 정치화된 집단이 학교 내 반인권적·혐오적 인식을 확산시키는 경우에는 단호하게 대처할 필요가 있다.

넷째, 교사는 역사부정 문제를 만났을 때 교육자로서 유연한 태도를 견지하되 교실 안에서 교사 자신이 민주적 주체로서 할 수 있는 역할을 고민해봐야 한다. 교사는 역사 교실에서 수많은 역사부정의 논리와 만난다. 가짜 뉴스를 비롯해 그 같은 논리를 만났을 때는 흥분하지 말고 여유 있게 대처해야 한다. 흥분하면 학생과 일대일로 논쟁을 하게 되고, 다른 학생들의 눈에는 이것이 진지한 논쟁이 아닌 말싸움으로 비치게 될 위험이 크다. 그렇다고 해서 역사교사가 자신의 정치적 견해를 드러내지 말아야 한다는 의미는 아니다. '교사는 정치적 중립을 지켜야 한다'라는 논리에 갇혀 기계적 중립을 지키기보다는 교사가 직접 자신의 견해를 형성해가는 과정을 보여주는 편이 학생들에게 더 유의미할 수 있다. 최근 사회 현안 수업과 관련한 많은 논의에서도 '교육의 정치화는 막아내되 정치의 교육화가 자리 잡을 수 있는 수업을 고민해야 한다'고 역설한다. 교사도 민주사회의 시민으로서 자기 견해를 가진 정치적 주체임을 학생들에게 보여줄 필요가 있다.

4

지역별로 다른 역사의식은 어떻게 다루어야 하는가?

이해영_대구가톨릭대학교 역사교육과

지역에는 지역색이 있다

몇 년 전, 전국 8도 10개 지역의 요리 전문가들이 자기 지방의 특산물을 가지고 요리 실력을 뽐내는 한식요리 경연 프로그램이 인기를 끈 적이 있다. 참가자들끼리 매번 같은 주제로 요리 경연을 벌였지만 팀별로 결과물은 확연히 달랐다. 지역마다 기후 등 자연환경이 조금씩 다르고 그에 따라 익숙한 식재료도 조금씩 다르기 때문에 나오는 음식들도 다를 수밖에 없다. 바닷가에 사는 이들은 생선이나 조개 등 해산물, 산지에 거주하는 이들은 버섯이나 고사리 같은 나물류를 주로 밥상에 올린다. 그런 만큼 지역마다 특산물이라고 할 만한 음식들이 있다. 평양은 날씨가 서늘하고 비가 많이 내리지 않아 메밀이 잘 자라다 보니 메밀 냉면이 발달했다. 산지가 많아 논농사보다는 밭농사에 유리하고 날씨가 서늘해 감자를 많이 심는 강원도는 감자옹심이로 유명하다. 경상북도 안동은 내륙에 있지만 고등어로 유명하다. 바다가 멀어 생선을 소금에 절여 운반하다 보니 간고등어가 지역 특산음식이 되었다. 충청남도 서산 등 서해안 지역에서는 굴이 잘 자라 어리굴젓을 많이 먹는다.

한국인이라면 누구나 먹는 김치에도 이런 지역적 특색이 반영된다. 김치는 소금에 절인 배추나 무를 고춧가루, 파, 마늘 등을 섞어 만든 양념에 버무린 뒤 숙성시키는 전통 발효식품이다. 하지만 지역에 따라 사용하는 젓갈이 다르고 양념이나 향신료의 종류와 첨가량도 다르다. 전라도와 경상도의 김치는 소금과 젓갈을 많이 넣고 양념에 들어가는 재료도 다양해 짜고 맛도 진하지만, 중부와 북부 지방의 김치는 양념을 많이 넣지 않아 싱겁고 맛도 담백하다. 그런데 지역마다 발달한 음식이 다르고 같은 음식도 지역에 따라 사용하는 재료와 조리법이 다르다고 해서 불만을 가지는 사람은 없다. 지역색을 잘 보여주는 음식의 가치를 인정하고 제대로 보존되기를 바랄 뿐이다.

역사도 마찬가지다. 지역마다 물의 흐름, 비와 바람 등 자연환경이 다르기에 거기에서 뻗어나온 인문환경이 다른 것은 자연스럽다. 그런 만큼 지역에 따라 옛사람들이 남긴 흔적도 다를 수밖에 없다. 그런데 지역마다 조금씩 다른 자연·인문 환경 속에서 다른 삶을 살아왔다면 사람들의 생각에도 어떤 지역적 차이가 존재하지 않을까? 역사의식조사는 지역별로 학생들의 역사의식에도 차이가 있을 것이라는 가정 아래 실제로 차이가 있는지, 있다면 어떤 부분에서 차이가 있는지를 살펴보려 했다. 그러나 2010년과 2013년에 진행한 객관식 설문조사에서는 지역별로 결과에 차이가 나는 문항을 찾기 어려웠다. 그래서 2014년 세 번째 조사 때에는 지역을 구분하는 기준을 달리하여 휴전선 접경지역, 읍·면 지역, 도시 지역으로 삼분하고 조사를 진행했다. 즉, 대도시인 특별시와 광역시, 각 도의 중소도시에 거주하는 중학교 3학년생 301명과 고등학교 2학년생 322명, 충청·전라·경상·강원의 읍·면 지역 중학교 3학년생 206명과 고등학교 2학년생 197명, 휴전선 접경지역인 경기 북부와 강원 북부, 서해 북부 지역 중학교 3학년생 145명, 고등학교 2학년생 155명에게 설문지를 배포하고 결과를 분석했다. 그러나 객관식 설문조사에서는 여전히 지역 간에 유의미한 차이가 발견되지 않았다.

이에 우리는 면접조사를 준비했다. 다 같이 김치로 불리지만 바닷가에서는 어패류를, 내륙에서는 육류를 첨가하여 미묘하게 맛의 차이를 드러내듯, 면접조사에서는 객관식 조사에서 포착할 수 없는 미묘한 차이가 드러나리라 기대했기 때문이다. 조사 방향은 두 갈래로 상정했다. 하나는 휴전선 접경지역에 거주하는 학생들의 북한이나 통일에 대한 인식이 다른 지역과 차이가 있는지, 있다면 어떤 부분에서 차이가 드러나는지를 알아보려 했다. 다른 하나는 공식 역사와 비공식 역사가 일치하는 지역과 일치하지 않은 지역에 사는 학생들의 역사의식에 차이가 있는지를 살펴보려 했다. 이를 위해 대구·광주·서울 지역 학생들에게 5·18 광주민주화 운동에 대해 물었다.

휴전선 접경지역 학생들의 북한과 통일에 대한 생각

텔레비전, 영화 등 대중매체와 인터넷 등의 발달로 비슷한 문화를 공유하는 세상인 만큼, 지역 간 학생들의 의식 차이가 크게 드러나지는 않을 것이라 예상했다. 그러나 인간의 생각이나 행동은 그를 둘러싼 사회적 맥락에 영향을 받을 수밖에 없다. 특히 사회적으로 의미가 있는 사건이나 경험과 관련된 장소는 역사적 장소가 되고 사회적 기억을 재생산한다. 역사적 장소는 기억이 안주할 수 있는 친근한 장소 만들기의 결과물이라고도 할 수 있어 집단기억을 형성하는 데 중요한 요소가 된다. 휴전선 접경지역은 북한이나 통일과 관련된 장소가 많고 통일 관련 체험학습이 자주 이루어지는 곳이다. 따라서 이곳 학생들의 북한과 통일에 대한 생각을 좀 더 깊이 살펴보는 것도 유의미한 일이라 여기고, 2014년 12월 겨울 경기도 파주와 연천 지역 초·중·고등학생 각 8명, 총 24명을 대상으로 면접조사를 진행했다. 주요 질문은 다음과 같았다.

첫째, 지금 거주하는 지역에 대해 소개를 해주세요.

둘째, 북한에 대한 이미지는 어떠한가요? 평소 북한에 대해 얼마나 알고 있다고 생각하나요?

셋째, 남북이 전쟁을 할 가능성이 높다고 생각하나요?

넷째, 통일을 해야 한다고 생각하나요? 해야 한다면/하지 말아야 한다면 그 이유는 무엇인가요?

다섯째, 북한이나 통일에 관한 정보는 어디서 주로 얻나요?

여섯째, 학교에서 통일에 대해 어떻게 배웠나요? 학교 밖에서 배운 내용과 어떤 차이가 있나요?

이 지역에 거주하는 학생들은 북한이나 통일과 관련해 학교에서 배우는 공식 역사보다는 지역에 퍼져 있는 비공식 역사의 영향을 크게 받은 것으로 보였다. 일단 이 지역은 휴전선 접경지역이라는 특성상 군사시설이 많다. 그래서 군대나 군인이 학생들에게 전혀 낯설지가 않았다. '친구의 아빠가 군인'이라거나 '탱크가 매일 아침 집 앞을 지나간다'라는 말처럼 이들에게 군인은 일상에서 언제든 만날 수 있는 존재였다. 게다가 이 지역 군인들은 공식적인 교육의 공간으로 들어와 있었다. 학교가 진행하는 음악, 미술, 체육 관련 방과 후 프로그램에서 군인들이 강사 역할을 하거나 학교 행사에서 공연을 하곤 했다. 학교가 온갖 재능꾼이 다 모이는 개병제의 장점과 지역적 특성을 잘 활용하고 있는 셈이었다. 그리고 이런 환경이나 활동이 학생들에게 '군인=친근한 형, 오빠'라는 인식을 심어준 것 같았다.

문제는 외부 환경이 학교의 담장을 넘어 학생들에게 미치는 영향이 긍정적이지만은 않다는 데 있었다. 특히 이 지역 학교들에서 이루어지는 통일교육은 재고해볼 여지가 있었다. 먼저, 학교에서 진행하는 공식적인 통일교육은 다른 지역과 마찬가지로 국가 교육과정에 따랐다. 주요 교과에 북한과 통일 관련 수업이 포함되고 6월 호국 보훈 주간이 돌아올 때마다 체험 활동 차원에서 통일 관련 글짓기나 포스터 그리기 대회를 하는 정도였다. 그런데 이 지역 학교들에서는 다른 지역과 달리 군인들이 직접 학교를 방문해 통일 관련 강의를 했다. 문제는 강의의 주제였다. 주로 '6·25 전쟁', '남북한 군사력 비교'같이 남북 대결을 강조하는 내용이었다. 1990년대부터 이미 국가 수준의 교육과정은 남북 대결을 강조하는 안보 위주에서 남북한 상호 불신감의 해소와 미래지향적인 평화통일로 통일교육의 방향을 선회한 바 있다. 그럼에도 이 지역들에서는 여전히 북한을 적으로 간주하고 남한의 체제 우위를 선전하는 안보 중심의 통일교육이 계속되고 있었다. 더구나 공식 교육에서 북한에 대한 정확한 정보를 제공하지 않는 상황에서 군인들이 하는 북한 이야기는 학생들에게 생생하고 구체적인, 그래서 매력적인 이야기로 느껴질 수 있다. 실제 학생들은 언론을 통해 접하는 북한에 관한 정보보다 탈북민 등 북한 출신이나 전방의 군인들같이 북한을 잘 알고 있는 것처럼 보이는 사람들의 입에서 나오는 내용을 더 신뢰한다는 반응을 보였다. 이렇게 보면, 이 지역 학교들의 통일교육은 이중적이고 모순적이다. 한편으로는 국가 수준 교육과정에 따라 평화를 핵심으로 하는 통일교육을 하고, 다른 한편으로는 군인들을 공식 교육의 현장으로 끌어들여 남북 간 대결 상황을 강조하는 안보 위주의 교육을 하고 있으니 말이다.

휴전선 접경지역으로서 이 지역이 다른 지역과 구별되는 또 하나는 북한과 관련된 장소가 산재한다는 점이다. 통일전망대, 태풍전망대, 땅굴, 평화놀이공원, 임진각 등이 대표적인데, 이런 장소는 전쟁의 참상이나 분단의 현실을 세대에 걸쳐 되새기게 할 수 있는, 살아있는 역사교육의 현장이나 다름없다. 그러나 면접 결과에 따르면, 이 지역 학생들에게 이런 장소들의 역사적 의미는 생각보다 크지 않았다. 오히려 비(非) 접경지역 학생들이 이곳을 방문할 때 분단, 전쟁의 참상 등을 떠올리며 역사적 의미를 진지하게 내면화했다. 예컨대, 수원에서 방문한 학생들은 임진각이나 태풍전망대의 역할을 잘 알지는 못했지만, 남북 분단이나 전쟁 등과 연관된 장소로 인식했다. 그러나 접경지역 학생들에게 이런 장소들은 현장체험 활동이나 가족 단위의 나들이를 위해 언제든 방문할 수 있는 익숙한 공간에 지나지 않았다.

접경지역 학생들의 예상과 다른 반응은 2010년 연평도 포격 사건처럼 남북의 긴장이 극에 달한 상황과 관련한 질문에서도 접할 수 있었다. 초등학생들은 그 상황이 무섭고 공포스러웠다고 했으나, 중·고등학생들은 대부분 어릴 때부터 경험해온 터라 포격 소리에 그다지 놀라지 않았고 주변 상황도 심각하지 않았다고 답변했다. 이들에 따르면, 이 지역 어른들은 남북관계가 경색될 때마다 "설사 총격전이 일어나도 절대로 전쟁으로 번지지 않을 테니 안심하라"는 이야기를 한다고 한다. 오히려 북한과 가까운 지역에 대한 편견인지 모를 외부의 시선이 더 부담스럽다는 이야기도 덧붙였다.

여러 기관이 실시한 남북관계나 통일 관련 설문의 결과를 보면, 우리 학생들은 통일에 대해 그다지 적극적이지 않다. 성인을 대상으로 한 전국 단위 조사의 결과도 이와 비슷하다. 우리나라 사람들은 통일을 서두르기보다는 남북이 교류하면서 서로에 대한 이해를 확장해나가는 과정에서 통일을 함께 논의하자거나, 앞으로도 지금처럼 별개의 국가를 유지하되 좀 더 긴밀하게 교류하면서 지내기를 원한다. 다만, 이 지역 주민들에게서는 다른 지역 주민들과 달리 통일을 체념하는 듯한 분위기도 엿보였다. 이 지역 학생들 중에도 통일에 관해 냉소적인 반응을 보이거나 체념한 듯한 발언을 내뱉은 학생이 많았다.

> 저와 상관없는 얘기 같아요. …… 통일해봤자 저한테 별로 영향 없을 거 같고 통일이 안 돼도 영향이 없을 거 같아요. 군수님은 좋아하시겠죠. 여기는 고속도로 뚫려서 땅값 오를 거라고 그랬는데.

2014년 휴전선 접경지역인 경기도 연천의 한 고등학생이 면접조사 당시 꺼낸 이야기다. 얼핏 보면, 이 지역 학생들도 북한이나 통일 문제에 대해 다른 지역 학생들과 마찬가지로 무관심한 듯 보인다. 그러나 이 지역 학생들의 이런 태도는 비접경지역 학생들에게서 보이는 무관심한 태도와 그 이유가 달랐다. 이 지역 학생들은 남북관계의 가파른 변화를 생활 속에서 반복적으로 경험해왔다. 금방이라도 통일이 될 것처럼 온 나라가 들썩이다가도 어느새인가 남북이 서로를 향해 날 선 비난을 퍼붓고 군인 아빠가 며칠씩 집에 들어오지 못하는 상황이 숱하게 재연되는 것을 봐왔다. 그래서 이들에게 남북관계는 평화무드라고 해서 마냥 좋아할 필요도, 날카로운 대치 상황이라고 해서 두려워만 할 필요도 없는 것이다. 그런 점에서 이 지역에서 이루어지고 있는 이중적인 통일교육은, 그것이 평화 지향적이든 대결 지향적이든 이 지역 학생들이 공감하기에는 너무 단순하고 비현실적이다.

근래 들어 민주주의, 평화, 인권 같은 보편 가치를 통일교육에 담아내자는 논의가 활발하게 진행되고 있다. 그렇지만 여기에 남북관계가 국내외 정치 상황에 따라 부침을 거듭해온 이유와 이에 대처할 적절한 방안에 대한 고민, 통일을 향한 현실적이고 구체적인 계획들이 담기지 못한다면, 그리고 그마저도 일회성 교육에 그친다면 이 지역 학생들에게 얼마나 공감을 얻을 수 있을지 미지수이다. 지역민의 공감을 얻는 동시에 보편적 가치를 추구하는 통일교육 프로그램이 필요하다.

5·18 민주화 운동에 대한 지역별 인식 차이

5·18 광주 민주화 운동은 앞서 밝힌 것처럼 공식 역사와 비공식 역사가 일치하는 지역과 일치하지 않는 지역을 대상으로 2015년 9월과 10월에 진행한 심층 면담의 주제였다. 대구·서울·광주 지역의 중·고등학생 23명이 이 면담조사에 참가했다. 면담은 5·18 관련 사진 6장을 보여주고 학생 스스로 서사를 만들어보게 한 뒤 학교와 학교 밖, 예를 들어 가족을

포함한 주변 어른들이나 대중매체, 친구들로부터 5·18에 대해 어떤 이야기를 듣는지, 이에 대해 어떻게 생각하는지 등을 물어보는 식으로 진행했다. 먼저 서사를 만드는 과정에서 세부적인 내용에서는 차이를 보였지만 모두 5·18을 민주화 운동으로 인식했다. "5·18에 대해 큰 관심이 없는 한 교과서대로 기억할 것"이라는 한 학생의 말처럼 공식 역사의 영향력이 커 보였다. 비공식 역사와 공식 역사가 일치하지 않은 지역에 거주하면서 비공식 역사의 영향을 많이 받는 학생들도 역사 교과서를 신뢰한다고 했다. 그러다 보니 5·18을 둘러싼 논란에 대해서도 공식 역사와 비공식 역사를 모두 인정하는 모순적인 태도를 보이거나 기성세대와 그 문제를 두고 갈등 중이라는 학생이 많았다. 이는 아프리카계 미국인 학생들을 대상으로 진행한 한 연구의 결과와 차이를 보인다. 아프리카계 미국인은 공식 역사와 그와는 다른 비공식 역사를 모두 보유한 대표적인 집단이다. 하지만 조사 결과에 따르면, 아프리카계 미국인 학생들은 공식 역사가 아프리카계 미국인의 역사를 있는 그대로 보여준다고 여기지 않는다. 그래서 교과서 같은 자료보다는 가족들의 구체적이고 생생한 이야기를 더 신뢰한다고 한다.[48] 이에 비해 5·18 관련 면담에 참여한 학생들은 공식 역사와 비공식 역사가 다른 대구 지역 학생들조차 비공식 역사보다 공식 역사, 즉 가족의 말보다 교과서 내용을 더 신뢰한다고 했다. 대한민국에서 교과서가 지닌 힘을 느낄 수 있는 대목이다.

교과서의 힘이 커 보이긴 하지만 비공식 역사가 학생들에게 미치는 영향력도 무시할 수 없었다. 예를 들어 사진을 보고 내러티브를 구성할 때 대구 지역 학생 일부는 5·18을 민주화 운동으로 생각한다면서도 무의식적으로 '폭동'이라는 단어를 사용했다. 반면, 광주 지역 학생들은 '저항'이라는 단어를 자주 사용하며 교과서와는 또 다른 내러티브를 만들곤 했다. 교과서 외 경로로 접하는 역사 지식이나 정보의 역할이 작지 않다는 것을 알 수 있다. 학생들이 여러 경로로 접하는 비공식 역사는 대부분 무의식중에 수용된다. 대구 지역에는 5·18에 대한 신군부의 부정적인 평가와 군부의 진압에 정당성을 부여하는 담론이 널리 퍼져 있었고,[49] 일베를 비롯한 비공식 경로들이 이런 담론을 강화하고 있었다.

면담에 응한 대구 지역 학생 중에도 일베에 자주 접속하는 학생들이 있었는데, 이들은 이 인터넷 커뮤니티에서 객관적인 증거라고 내세우는 자료들을 토대로 비교적 적극적으로 자신의 주장을 펼치려고 했다. 그런데 그 과정에서 이 '일베'라는 인터넷 커뮤니티가 가진 한계를 그대로 노출했다. 당시의 정치·사회적 맥락과는 관계없이 '어느 쪽이 먼저 발포했나?' 같은 단편적 쟁점으로 공식 역사의 내러티브를 깨뜨리려고 한 것이다. 앞서 이들이 공식 역사와 그와는 다른 비공식 역사를 동시에 수용하는 모순적인 태도를 보인다고 했는데, 그 때문인지 사진을 보고 본인이 구사한 내러티브와 5·18을 둘러싼 논란에 대한 반응이 모순되기도 했다.

눈에 띄는 것은 이 일베 이용자 중에 여학생이 없다는 점이다. 이를 성별에 따른 차이로 일반화할 수는 없지만, 남학생과 달리 '대구 지역 여학생 집단'으로 따로 묶어낼 수 있을 만큼 여학생들 간에는 의견의 편차가 없었다. 여학생들은 '인권'이란 측면에서 이 사건을 바라보았다. 다시 말해 희생당한 광주 시민의 입장에서 당시 정부를 비판했다. 여학생들은 부모세대와 다르게 공식 역사가 서술하는 5·18의 서사를 적극적으로 수용하는 것이다. 그래서 이들 중에는 부모와 언성을 높일 정도로 이 문제로 갈등한다는 학생들이 많았다. 그러나 여학생이든 남학생이든, 일베 이용자든 아니든 간에 이 지역 학생들의 5·18에 대한 관심이 다른 지역 학생들보다 월등히 높은 것만은 사실이다. 학생들이 구성한 내러티브가 다른 두 지역에 비해 상당히 상세한 데서 이를 알 수 있었다.

서울은 5·18에 대한 공식 역사와 비공식 역사가 일치하는 지역이다. 면접조사는 그래서 오히려 학생들이 무관심할 수 있다는 사실을 보여주었다. 서울 지역 학생들은 민주화 운동이 한국의 민주주의 발전에 이바지했고, 5·18은 민주화 운동의 한 부분으로 의의가 있다고 여겼다. 5·18을 교과서적으로 이해하는 것이다. 그리고 5·18에 대해 특별한 관심을 내비치지 않았다. 5·18을 인상 깊게 접했다는 학생들도 부모나 학교, 지역 사회 같은 외부 요인보다는 학생 자신의 개인적인 관심이 이 사건에 자세히 접근하게 된 요인이라고 답했다.

광주는 부모세대의 기억이 전승되어 5·18에 대한 비공식 역사와 공식 역사가 일치, 강화되어온 지역이다. 지역 사회의 비공식 역사로서 5·18의 모습이 학생들의 뇌리에 깊숙이 박혀 있었다. 부모세대로부터 저항, 투쟁의 경험을 듣고 자란 이 지역 학생들은 5·18 폭동설에 대해 다소 거친 감정을 표현하기도 하고 광주 시민으로서 자긍심을 내비치기도 했다. 특히 국가 통치기구가 마비되었을 당시 시민들 스스로 흐트러진 질서를 바로잡았다는 사실을 강조했다. 약탈사건 한번 일어나지 않았고 시민군의 식사도 개별 시민이 자발적으로 준비하여 지원했다는 점을 부각하고 싶어했다. 사실 교과서에는 이에 관한 별다른 언급이 없다. 광주 지역 학생들은 이렇게 정치·사회적 맥락에서 공식 역사와 비공식 역사가 일치하는 가운데 공식 역사와 다르게 비공식 역사가 유달리 강조하는 또 다른 내러티브를 내면화하고 있었다.

요컨대, 대구 지역에서는 공식 역사와 비공식 역사가 충돌하는 가운데 학생들이 내외적 혼란과 갈등을 겪으며 높은 관심을 나타냈다. 공식 역사와 비공식 역사가 일치하는 서울 지역에서는 반대로 무관심으로 흐르는 경향이 감지되었다. 마지막으로 사건을 직접 경험한 광주 지역은 비공식 역사와 공식 역사가 일치하는 중에도 비공식 역사가 사건의 당사자로서 지역민들의 일체감이나 공동체의식을 강조하는 또 다른 내러티브를 형성하며 집단기억으로 내면화되고 있었다.

지역별로 다른 역사의식, 역사교사는 어떻게 대처해야 할까?

휴전선 접경지역 학생들의 북한과 통일에 대한 인식은 타 지역과 다를 바 없이 피상적이고 추상적이다. 다른 것이 있다면 국가 수준의 교육과정과 모순되는, 실제 군인들이 주도하는 안보 위주의 통일교육을 받고 있다는 점뿐이다. 부모세대는 남북관계의 갈등 혹은 화해의 국면을 생활 속에서 몸소 경험해온 탓인지 통일에 대해 상당히 회의적인 시각을 지니고 있었다. 학생들도 통일의 필요성이나 가능성에 대해 그다지 긍정적이지 않았다. 이외 지역 학생들보다 북한이나 통일에 대한 관심은 높지만 긍정적이지는 않은 것이다. 오히려 통일을 체념하는 듯한 분위기가 강했다.

한편, 5·18 민주화 운동에 대해서는 지역과 관계없이 공식 역사 기록을 수긍하는 듯 보였다. 그러나 자세히 들여다보면 대구와 광주 지역은 비공식 역사의 영향이 뚜렷했다. 서울 학생들이 생각하는 5·18은 공식 역사에 나온 기록 그 이하도 이상도 아니었다. 반면, 대구와 광주 지역 학생들은 일단 5·18에 대한 관심이 유달리 높았다. 특히 공식 역사와 비공식 역사가 다른 대구 지역 학생들은 5·18에 대한 인식에서 스스로 모순점을 드러내 보이거나 부모세대와 인식 차이를 보여주기도 했다. 이런 상황에 대해 외적·내적 갈등을 겪는 학생도 적지 않았다.

학생들 속에 존재하는 역사의식의 차이를 확인하고 역사수업은 그 지점에서 출발해야 한다고 믿은 교사라면, 이런 상황에서 어떻게 가르쳐야 할지를 고민할 수밖에 없다. 필자는 5·18을 소재로 그 방안을 모색해보려 한다. 그러기 위해 먼저 해당 3개 도시에서 역사를 가르치는 교사들의 5·18 수업을 들여다볼 필요가 있다. 2015년 면접조사에서 학생들은 자기 지역 교사들이 5·18을 어떻게 가르치는지에 대해 이야기했다. 이에 의하면, 대구 지역 교사들은 5·18에 대해 전반적으로 침묵했다. 인터뷰에 임한 학생들이 상황을 구체적으로 묘사하지는 못했지만, 교사들이 주저하거나 머뭇거리며 미루는 모습을 종종 포착한 듯하다. 서울 지역 교사들은 교과서 내용을 그대로 답습하는 모습을 보였다. 반면, 광주 지역에서는 역사교사뿐 아니라 다른 과목 교사들도 5·18 기념일을 전후로 본인이나 누군가가 경험한 5·18 민주화 운동에 대해 이야기하곤 했다. 심지어 관심이 부족한 학생들을 야단치기까지 했다. 그런가 하면 지역과 무관하게 동영상이나 교과서 외 자료들을 준비해 학생들이 스스로 판단하도록 이끄는 교사도 있었다. 이는 교사가 5·18을 어떻게 인식하느냐에 따라 수업 운영방식에 차이가 있을 수 있음을 보여준다. 교사의 인식이 학생들의 관심과 역사인식에 영향을 미치는 것이다. 이 점은 교사의 역할을 되짚어볼 필요를 느끼게 한다.

교사는 사회적으로 논란이 일고 있는 사건을 어떻게 다루어야 할까? 면접조사에서 발견한 다음의 예들이 그 실마리를 제공할지도 모르겠다. 대구의 한 학생은 일베 사이트에 수시로 접속하다가 면접조사 얼마 전에 멈추었다는 이야기를 전했다. 그러면서 예전에는 그 사이트의 글을 보면 논리가 그럴싸해 빠져들었으나 언제인가 다른 인터넷 사이트에서 자료를 찾아보다가 뭔가 잘못되었다는 것을 깨달은 후로 일베 사이트에 접속하지 않게 되었다고 했다. 또 다른 한 학생은 1980년 5월 광주에서 폭동이 일어났다고 알고 있었는데, 집단 면담 과정에서 다른 학생들과 이야기를 나누다 보니 기존의 생각을 많이 바꾸게 되었다고 했다.

이를 실마리로 학생이 생각의 전환을 경험하는 과정을 좇아보자. 먼저 '왜 논란이 있을까?'란 의문을 품는 계기가 있었다. 일단 의문을 품은 후에는 스스로 관련 자료를 검색했다. 다음은 어떤 자료가 더 타당한지를 충분히 검토할 기회가 있었다. 그런 기회가 얼마나 중요한지는 두 번째 학생의 사례가 증명한다. 이 학생은 그날 면담 자리에서 5·18에 대한 인식이 가장 많이 변화한 학생이었다. 여러 친구의 이야기를 듣고 기존에 자신이 가지고 있던 생각을 친구들의 생각과 비교해보면서 생각을 바꾸게 되었다고 했다.

이쯤에서 다시 한번 미디어 리터러시를 언급하지 않을 수 없다. 교사는 요즘처럼 다양한 자료를 대량으로, 파편적·단편적으로 인터넷에서 접할 수 있는 시대에 학생들이 과거에 대한 인식을 어떻게 형성하는가를 알아채는 감수성을 키울 필요가 있다. 그리고 학생들이 미디어에 내재한 한계를 알고 미디어에 스며 있는 창조성이나 상상력뿐 아니라 미디어 자체를 비판적으로 이용하는 능력을 기르도록 힘써야 한다.[50] 학생들이 결코 역사에 문외한이 아니라는 사실도 명심해야 한다. 요즘 학생들은 아주 어릴 때부터 어떤 식으로든 역사를 접할 기회가 많다. 그래서 어렴풋하나마 역사에 대한 개념이 어느 정도 서 있고, 지식도 있다. 따라서 교사는 역사적 사실을 전달하는 데 초점을 맞추기보다 학생들이 기존에 지니고 있던 인식을 스스로 의심해보거나 새로운 생각을 수용할 계기를 만들어줄 필요가 있다. 학생들이 사회 속에서 만들어진 담론 속에서 역사적 사건들을 스스로 평가할 기회를 주자는 것이다. 학생들의 관점을 이해하는 교사가 학생들이 수업에서 역사 지식을 이해하는 데 도움을 줄 수 있다.[51] 교사는 일방적으로 공식 역사를 주입하거나 비공식 역사에 대해 침묵하기보다는 학생들이 논란이 되는 사건에 대해 충분히 사고할 기회를 주어야 한다. 그러면 학생들은 현명한 판단을 해나갈 수 있다. 다섯 번에 걸친 역사의식조사 결과에 의하면, 우리나라 학생들은 비교적 민주주의에 대한 신념이 강하고 다른 사람의 인권을 존중하는 일이 얼마나 중요한지를 잘 알고 있기 때문이다.

5

근현대사 교육의 시작과 끝, 학생 시민의 역사의식

방지원_경북대학교 역사교육과

기억은 힘이 세다

날마다 미디어를 뜨겁게 달구는 수많은 국내외 사건 사고들 대부분은 특별한 관심사가 아닌 한, 그냥 우리 곁을 스쳐 지나간다. 그런데 이런 정보의 홍수 속에서도 꿈틀하는 감정적 동요와 함께 귀에 들어와 박히는 단어들이 있다. 독도, 일본군 '위안부' 같은 단어들이다. 새벽에 속보로 뜨곤 하는 북한의 미사일 발사 소식도 귀를 쫑긋하게 만들기는 마찬가지다. 식민통치와 전쟁의 기억이 나이와 성별, 지역을 뛰어넘어 불러일으키는 몸과 마음의 반응이다. 일제의 식민통치나 한국전쟁을 온몸으로 겪은 세대이든, 윗세대의 경험담을 듣고 자란 세대이든, 역사책이나 교과서를 통해 비로소 그 시대의 비참함을 알게 된 세대이든 간에, 반응은 크게 다르지 않다.

무의식 속에 가라앉은 트라우마성 기억을 포함해 개인이 살아가면서 간직하게 되는 다채로운 기억은 매 순간 그의 판단과 행동에 큰 영향을 미치고, 그러한 판단과 행동은 그의 미래를 만들어간다. 한 집단의 구성원들이 공유하는 기억, 즉 '집단기억'도 그 집단과 구성원 각자의 현재와 미래에 비슷한 역할을 한다. 집단의 구성원들은 함께 겪은 일들에 대한 기억을 공유한다. 이는 세대를 넘어 전승되고 그 집단의 문화 속에 깊이 뿌리박힌다. 이런 기억들은 집단은 물론 구성원 각자가 오늘을 살아가는 모습과 미래를 위한 의사 결정에 영향을 미친다. 2018년 한국 대법원의 강제징용 배상 판결을 빌미로 2019년에 일본 정부가 무역 보복 조치를 취한 데 대해 한국의 시민들이 자발적으로 일본 상품 불매운동을 제안하고 실행한 일을 떠올리면 이해가 될 것이다.[52] 기억은 은근히 힘이 세다.

일제의 식민통치나 한국전쟁의 기억들이 오랜 시간이 흐른 지금도 생명력을 유지하고 있는 이유는 무엇일까? '문화의 힘' 때문이다. 고통과 비극을 직접 경험한 세대가 세상에서 모두 사라진 후에도, 그들의 기억은 문화를 통해 전승되고 시간을 견디며 살아남는다. 유관순과 함께 3·1운동을 경험한 이들은 오래전에 세상을 떠났지만 그들의 기억은 생생한 구술 기록으로, 역사가의 연구 성과로 남았다. 그리고 교과서와 역사책, 다큐멘터리, 텔레비전 드라마나 영화로 다시 태어나 젊은이들과 만나고 소비되면서 새로운 문화의 일부가 되었다. 물론 중요한 과거 사건에 대한 집단기억은 달라질 수 있다. 시대가 바뀌어 사람들의 관심사가 변하면 과거 사건으로부터 새로운 의미를 찾으려 하기 때문이다. 역사학자들도 새로운 질문을 던지고 새로운 자료를 찾고 기왕의 자료를 달리 해석하며 논쟁을 벌인다.

얼마 전까지만 해도 3·1 운동은 일제의 무단통치를 향한 전 민족적 항거로 기억되고 전승되었다. 하지만 근래에는 역사학자들 사이에서 보통 사람들이 독립의 주체로 당당히 서게 된 계기로서, 우리 역사에서 민주주의가 뿌리를 내리기 시작한 사건으로 기억해야 한다는 주장이 제기되고 있다.[53] 이 주장이 힘을 얻어가고 있는 만큼 시간이 더 흐르면 3·1 운동은 민족의 독립과 민주주의 발전의 토대를 놓은 사건으로 회자되고 기억될 것이다. 한국전쟁은 어떨까? 지금 우리 사회는 한국전쟁을 북한의 기습 남침으로 시작되어 삼천리 금수강산이 찢겨 나간 동족상잔의 비극으로 기억한다. 그러나 이와 동시에 민간인 학살과 국가 권력에 의해 '빨갱이'로 몰려 억울하게 희생된 사람들과 그 가족들의 한 맺힌 이야기로 한국전쟁을 기억하려는 움직임이 일고 있다. 이런 이야기가 대중역사서, 유튜브, 답사 프로그램을 통해 확산되어 우리의 기억을 뒤흔들면, 언젠가 교과서에서도 그 사람들에 관한 풍부한 이야기를 접하게 될 것이고, 한국전쟁은 우리 사회에서 '평화'와 '인권'이란 가치의 중요성을 떠올리게 할 기억으로 자리 잡게 될 것이다.

기억과 역사의식

"저렇게 역사의식이 부족한 사람이 국회의원이라니……!" 여럿이 뉴스를 보는 중에 누군가가 툭 던질 법한 말이다. 역사의식이 무엇이길래 그것으로 정치인의 자격을 따져 묻는 걸까? 이 짤막한 한 줄 논평에는 과거에 대한 이해가 부족하거나 잘못된 역사인식을 가진 정치인이 우리 사회의 현재와 미래를 책임질 정책을 만들고 추진할 수 있을지에 대한 강한 의구심이 깔려 있다.

'역사의식'은 우리가 학교에서 역사를 가르치고 배우는 중요한 목적에 속한다. 역사를 배우면 누구나 역사의식을 가지게 된다는, 또는 가져야 한다는 뜻이다. 예비 역사교사들이 보는 어떤 책에는 '역사적 존재로서 자기를 인식하는 것, 자기 삶이 역사 속에 있음을 깨닫는 것'이 역사의식이라고 쓰여 있다.[54] 철학자나 이론가들이 이를 두고 논쟁을 벌일 정도로 역사의식은 딱 잘라 정의하기 어렵지만, 곁가지를 생략하고 풀어 쓰면 다음과 같다.

> 일상생활 속에서 무엇을 어떻게 할지 선택하고 결정할 때 또는 주변에서 벌어지는 다양한 사건들을 이해하고 그 의미나 중요성을 판단할 때, 의식적으로 혹은 무의식적으로 과거(의 경험)와 현재(의 상황), 미래(의 가능성)를 서로 관련지어 생각하는 방식이나 태도[55]

그러니 역사의식은 정치인을 포함한 우리 모두의 세계관, 가치관 속에서 꿈틀거리는 어떤 것이라 하겠다. 이를 통해 현재와 과거, 미래가 만나 대화하고 서로 얽히고 교차하면서 누군가의 세계관, 삶을 결정지을 선택(들)에 영향을 준다. 그런데 과거와 현재가 대화하려면 '기억'이 꼭 필요하다.

모든 기억은 선택적이다. 우리는 과거에 있었던 무수한 일과 사실들 가운데 '선택한 혹은 선택된 어떤 것들'을 기억하게 된다. 이러한 기억은 우리가 살아가면서 겪는 일들, 현재진행형인 정치·사회적 사건들을 이해하고 그것들의 중요성을 판단할 때 영향을 끼친다. 기억을 통로 삼아

이루어지는 과거와 현재의 대화는 더 나은 삶을 위해 앞으로 어떤 변화가 필요한지, 그 변화를 위해 어떻게 행동하고 노력할지를 고민할 때 판단과 선택에 영향을 주면서 미래와의 대화로 이어진다. 이러한 대화를 이끌어가는 사유를 역사의식이라고 할 수 있다.

과거에 대한 기억과 현재의 삶, 그리고 미래에 대한 전망 사이를 오가는 대화라는 점에서 사람마다 역사의식이 다를 것임을 짐작하기는 어렵지 않다. 동시에 한 시대를 함께 살아가는 사회 구성원들의 역사의식에 공유된 부분이 많을 것이라는 점도 쉽게 이해할 수 있다. 그 사회의 문화가 과거에 대한 집단의 기억을 공유하고 전승하기 때문이다.

다양한 서사와 역사의식

'1950년 6월 25일 새벽 북한의 기습 남침으로 시작되어 1953년 7월 27일 정전협정으로 일단락된 남한과 북한의 대결'이라는 구도를 중심으로 한국전쟁을 이해해온 한 학생이 있다고 가정해보자. 그 학생이 기억하는 한국전쟁의 서사는 북한의 남침-낙동강 전투-인천상륙작전-서울 수복-1·4 후퇴-휴전회담으로 이어지는 전쟁 서사이다. 그런데 어느 날 그 학생은 거제 포로수용소를 다룬 유튜브 영상과 웹툰을 보고 생각지도 못했던 내용에 충격을 받으면서 강한 흥미를 느끼게 된다. 자신이 알고 있던 것과 달라 꺼림칙한 부분도 없지 않았지만, 틈나는 대로 새로 접한 내용에 관한 자료들을 찾아 비교하면서 차츰 한국전쟁에는 '여러 얼굴'이 있음을 깨닫게 된다. 국지전인 동시에 국제전이었고, 국군과 미군이 포대기에 싸인 어린아이까지 학살한 끔찍한 전쟁범죄의 현장이었으며,

국군과 인민군이 번갈아 가며 서로를 부역자나 악덕 지주로 고발하게 하면서 오랫동안 어울려 살던 한마을 사람들의 마음에도 삼팔선을 그은 전쟁이기도 했음을 이해하게 된다.

이처럼 과거 사실에 대한 누군가의 기억은 어떤 계기를 통해 달라지기도 하고 다양한 서사로 풍부해지기도 한다. 그래서 기억을 통로로 과거와 현재, 미래를 오가는 역사의식은 단번에 만들어지지도, 평생 그대로 유지되지도 않는다. 지식과 경험이 쌓이면서 가치관이 변하듯 개인의 역사의식도 변화한다. 개인의 역사의식이 달라지면 그가 속한 집단과 사회의 역사의식과 문화도 달라진다. 반대로 집단과 사회의 역사의식이 달라지면, 그 구성원인 개인의 역사의식도 영향을 받을 수 있다.

과거에 대한 누군가의 기억을 변화시키는 '역사적 서사'는 점점 다양해지고 있다. 박물관이나 기념관 등의 전시 기획, 체험 활동을 통해서도 과거에 대한 다양한 서사를 접할 수 있다. 가령, '전쟁기념관'과 '전쟁과 여성인권박물관'이 '전쟁'에 관한 기억을 다루는 방식에는 분명한 차이가 있다.[56] 전쟁기념관이 북한의 남침으로 시작된 3년간의 전쟁 서사로 한국전쟁을 냉전적 관점에서 '기념'한다면, 전쟁과 여성인권박물관은 전쟁 중의 성폭력 문제를 성찰하면서 여성의 인권이 존중되고 평화로운 지구 사회를 열어가기 위해 지금 우리가 무엇을 할 수 있을지 묻는다. 관람객들은 전시 공간에 진열된 각종 유물과 사진을 보며 전시를 기획한 사람들이 선택한 서사와 메시지를 접하고 느끼고 체험하고 공감한다. 최근 들어 박물관, 기념관, 체험관 등 과거를 기억하고 기념하는 공간들이 늘고 있다. 학교 교육의 연장으로 각종 체험 활동 기회가 많아지면서 그러한 공간이 학생들에게 전달하는 정보, 메시지, 역사의식을 눈여겨볼 필요성도 함께 커지고 있다.

학교 밖에서 만나는 다양한 유형의 역사에는 박물관이나 역사체험관처럼 진지한 모습을 띠는 것들도 많지만, 재미나 오락성을 가미하여 많은 사람의 관심과 이목을 끌고 이윤을 추구하려는 목적으로 생산되는 것들도 적지 않다. 대중 역사서는 역사학계의 논쟁을 촉발하기도 하고, 어떤 경우는 그 정치적 의도나 전략, 역사 해석을 둘러싸고 사회적 논쟁이 벌어지기도 한다. 기록과 사료를 엄밀하게 다루면서 연구하는 전문역사가, 그런 역사가들의 연구 성과를 교육적 목적에 활용하는 교과서 등의 교재, 그러한 교재를 사용한 학교의 역사수업 등을 통해 생산되고 유통되는 역사를 '제도권 역사'라고 한다면, 이렇게 박물관이나 기념관, 대중 역사서, 영화나 드라마, 웹 소설이나 웹툰, 유튜브 채널 등을 통해 유통되고 소비되는 역사를 '대중역사' 또는 '공공역사'라고 부른다. 제도권 역사와 마찬가지로 대중역사는 한 사회, 한 시대의 역사문화를 구성하며, 사회 구성원들의 역사의식에 직·간접으로 영향을 미친다. 그러나 '역사가'가 아닌 사람들이 자신의 관심사와 흥미에 따라 역사 정보나 지식을 생산하고 다양한 방식으로 공유하면서, 그것이 불러일으키는 긍정적인 효과만큼이나 부정적 영향에 대한 우려의 목소리가 높다. 잘못된 정보나 지식의 확산을 넘어, 자의적이고 편의적인 역사 해석이 횡행할 위험성을 경계하자는 것이다.

학생들의 역사의식과 근현대사

역사교육연구소와 전국역사교사모임이 2010년부터 2016년까지 다섯 번에 걸쳐 진행한 역사의식조사 결과에 따르면, 과거에 대한 학생들의 기억 형성에 학교 역사교육은 부동의 위치에 있다. 교과서 오류 파동이 있을 때조차 교과서가 제공하는 지식은 '믿을 만한 지식'이라는, 교과서에 대한 학생들의 신뢰가 흔들리지 않았다. 하지만 교과서로 대표되는 학교 역사교육의 위상이 언제까지고 지금과 같으리라고는 장담할 수 없다. 학생들이 인터넷 사이버 공간에서 과거에 대한 정보나 역사 지식을 접할 기회가 지금보다 훨씬 많아질 것이 분명한데, 특히 개인 영상 채널이나 팟 캐스트, 웹툰 같은 뉴미디어는 감성과 직관, 이성을 동시에 공략하는 덕에 점점 더 큰 영향력을 갖게 될 것이기 때문이다. 그럴수록 인터넷 공간에서 생산, 유통되는 역사와 기억을 비판적으로 보고 이해하는 능력이 학교 역사교육에서 대단히 중요해질 것이다.

역사의식조사에서 학생들의 역사의식을 엿볼 수 있는 부분을 꼽으라면 '역사를 배우는 목적'과 '역사적 사건의 중요성을 판단하는 기준'에 대한 답변을 들 수 있다. 객관식 설문과 심층 면접 결과를 종합해 보면, 학생들이 역사를 배우는 목적은 '현재적인 것들의 기원과 내력에 대한 이해', '오늘날의 과제를 해결하기 위한 교훈과 지혜의 획득'으로 요약할 수 있다. 학생들이 더 많이, 더 깊이 공부하고 싶은 시대는 현재와 가까운 시기(현대)와 일제강점기였다. 일제강점기와 해방 이후 현대사로부터 오늘날의 당면 과제나 해결해야 할 문제의 기원을 찾고 그것을 해결할 수 있는 지혜와 교훈까지 얻을 수 있으리라 기대하는 학생들이 많다는 의미일 것이다.

7년간의 역사의식조사를 관통하는 문제의식 중 하나는 근현대사에 대한 학생들의 이해와 현실 속 민주주의에 대한 생각, 자신들이 주인이 될 미래 대한민국 사회에 대한 전망 사이에 어떤 연관성이 있는지를 추적하자는 것이었다. 이를 위해 학생들에게 구체적으로 일제강점기 친일민족반역자 처리, 1960년대와 1970년대 선성장 후분배 정책, 한반도의 평화와 통일을 위한 남북한의 노력, 현재 우리 사회 민주주의에 대한 평가, 남북관계 개선과 통일, 대한민국의 미래에 관한 의견을 물었다. 학생들의 답변은 과거, 현재, 미래를 함께 사유하는 역량, 즉 역사의식을 기르는 장(場)으로서 학교의 근현대사 교육에 대한 반성이 필요함을 확인해 주었다. 학생들의 답변으로부터 끌어낼 수 있는 반성과 고민의 지점들은 다음과 같다.

첫째, 동아시아의 평화로운 미래를 전망하기 위한 근현대사 교육을 어떻게 해나갈 것인지 고민해봐야 한다. 동아시아의 평화는 국가 간 협력과 국경을 뛰어넘는 시민의 연대를 통해 구축되고 유지되어야 할 것이다. 하지만 조사 결과에 따르면 이웃한 일본에 대한 학생들의 인식은 '식민통치의 기억'과 '독도 문제'에 가장 큰 영향을 받고 있었다. 미래를 전망하기에 앞서 해결되지 못한 과거사 문제가 두 나라의 발목을 잡고 있기 때문일 것이다. 과거사 문제는 일본 사회의 우경화 경향과 얽히면서 2020년 현재 양국 간 경제 갈등으로 표면화된 상태다. 두 나라 시민들 간 감정의 골을 더욱 깊게 만드는 이런 상황이 오래 계속된다면 동아시아 역내의 평화 구축을 위한 협력과 연대의 전망은 계속 어두워질 것이다.[57]

둘째, 학생들 스스로 남북관계 개선과 통일을 위한 전망을 세우는 데 도움을 줄 남북관계사나 북한사를 고민해야 한다. 단, 현실에 대한 명확한 판단과 미래에 대한 전망을 뒷받침하는 것은 과거에 대한 풍부하고 폭넓은 기억이라는 점에 유의해 냉전과 분단, 북한의 변화를 세계사적 맥락에서 이해하도록 구성해야 한다. 또한, 남북관계를 정부 간 소통에 국한하지 않고 민간으로 확장해 민간의 다양한 교류 양상까지 살필 수 있는 구성이어야 한다. 특히 긍정적 교류의 경험을 더 많이 접할 수 있는

기회를 제공해야 한다.[58]

셋째, 해방 이후의 정치적 변화와 민주화 운동사에 치중했던 민주주의 발전의 역사를 시민 주체의 성장과 사회 전반의 변화를 포괄하는 역사로 전환해야 한다.[59] 역사의식조사에서 확인한 것처럼, 우리 학생들은 분배의 정의나 사회적 평등, 노동권(인권)에 대한 감수성이 상당히 높은 편이다. 아울러 대한민국의 미래상에 대한 학생들의 생각은 풍요, 복지, 안전(안보), 환경 등의 키워드로 집약된다. 학교 역사교육에 학생들의 필요와 요구를 충분히 반영하고자 한다면, 교육과정이나 교과서에서 분배와 평등, 복지와 노동, 시민 주체의 성장과 시민 사회의 확장이 민주주의 발전의 역사를 구성할 때 핵심 아이디어나 주요 주제로 다뤄져야 한다.

근현대사, 무엇을 어떻게?

지금까지 우리 역사 교과서, 특히 한국사 교과서는 까마득한 과거로부터 현재에 이르는 '내력'을 국가·민족 중심의 단일한 이야기로 풀어왔다. 그 기저에는 '이렇게 유구한 역사, 온갖 시련을 극복한 역사를 가진 만큼 국가와 민족을 유지, 발전시키는 것이 우리의 사명'이라는 의식이 깔려 있다.

앞서 확인한 것처럼, 근현대사에 대해 학생들이 요구하는 과거와의 대화는 풍요와 분배, 자유와 평등, 노동, 환경, 복지, 안전이란 가치가 반영된 서사를 채용할 때 가능하다. 역사의식을 네 가지 유형으로 분류한 외르 뤼젠(Jörn Rüsen)의 방식에 따른다면,[60] 대항적 역사 해석을 가능케 하는 다원적 관점의 비판적 서사일 것이다. 그런 식의 서사를 통해 과거를 만나고 조망할 수 있을 때 비로소 현재와 미래에 대한 비판적 의미 부여와 전망이 가능해질 것이다. 지금처럼 발전사론에 기대어 역사를 해석하는 것은 늘 발전의 정점에 서 있는 현재를 권력화하고 절대화할 위험이 있기 때문에 경계해야 한다. 그러나 '변화'는 학교 역사교육에서 반드시 필요한 개념이다. 발전이 '결과'에 주목한다면, 변화는 '과정'에 주목한다. 발전사론이 현재를 절대화한다면, '변화'에 주목하는 관점은 '어떤 변화인가'를 포함해 현재를 비판적으로 상대화하면서 좀 더 나은 삶을 위한 미래의 조건을 탐색하고 상상하도록 이끌 수 있다. 뤼젠이 말한 발생적 유형의 역사의식은 이를 염두에 둔 것이 아닐까 한다. 발생적 유형의 역사의식은 과거의 지속성을 인정하는 가운데 변화에 주목한다. 근현대사가 교육을 통해 발생적 유형의 역사의식을 촉발하려면, 가장 먼저 학생들이 '삶을 변화시키며 미래를 향하는 힘을 가진 주체'가 되어야 한다. 근현대사 속에서 민주주의의 기원을 추적하고 교훈을 추구하고 여러 관점에서 대안적(대항적)으로 해석하면서 역동적 변화에 주목하고자 한다면, 민주주의의 주체인 '민(民)'의 자각과 세력화, 시대 과제에 대한 인식과 행동을 살필 수 있어야 한다. 이때 '민'은 '한 덩어리로 뭉뚱그려진 인간 집단'이 아니라, 시대와 상황에 따라 형성되는 다양한 집단, 세력 혹은 연대한 개인들일 수 있다. 우리가 '시민'이라 부르는 주체의 역사적 과정을 '민'의 활동 속에서 파악할 수 있는 서사가 필요하다. 그런 서사가 가능해지면 '우리가 추구할 것은 어떤 변화인가'에 대해서도 답할 수 있을 것이다.

건국-호국-부국의 논리가 서사의 중심이 되는 뉴라이트의 사관이 위험한 것은 바로 자본주의 국가로서 대한민국의 현재를 신화화하면서 뤼젠 식의 비판적 서사나 발생적 서사, 비판적 역사의식이나 변화에 주목하는 역사의식으로의 이행을 방해하기 때문이다. 뉴라이트의 서사는 개항기에 제대로 자본주의화하지 못해 망국을 맞았고, 1948년 '자본주의화'라는 문명화의 사명을 짊어질 주체로서 대한민국이 건국되었으며, 현재 대한민국은 자본주의화에 성공한 부국으로서 정점에 와 있다는 것이다. 그래서 대한민국이 건국-호국-부국의 과정에서 범한 과오는 빛나는 성취에 비추어 반성하기만 하면 된다. 뉴라이트가 그리는 대한민국 현대사는 경제 성장, 부국의 성취로 모든 잘못을 탕감 받는 성공의 신화이다. 이러한 빛나는 성공에 대한 자부심이 바로 그들이 주장하는 애국심이자 정체성이다. '신화'는 혼란한 세상을 통제하기 위한 이데올로기이지 성찰의 대상인 역사가 아니다. 뉴라이트의 근현대사 인식은 경제 성장의 신화로 현재를 미화할 뿐, 과거로부터 싹터 현재에 이른 각종 모순과 문제점에 눈을 감는다. 따라서 미래에 대한 전망까지 밀고 가는 역사의식을 기르지 못한다. 그래서 더없이 위험하다.

오늘날 대한민국 사회의 구성원들을 위해 이 문제만큼은 어렵고 힘들더라도 기필코 해결책을 찾아야 한다는 데 대체로 동의하는 문제가 있다면 학교 역사교육의 근현대사 구성 방향을 찾는 데 도움이 될 것이다. 이는 역사학습 내용 선정의 국가·사회적 원리와도 어느 정도 겹치는 사안이다. 우리 사회 구성원들이 대체로 동의할 만한 사회적 과제로 세 가지 정도를 들 수 있을 것이다. 첫째, 해방 이후 70년 넘도록 갈라져 있는 남과 북이 어떻게 하면 서로를 적대하지 않으며 동아시아 역내의 평화와 공존의 미래를 향해 나아갈 수 있을까? 둘째, '수저 계급론'으로 표현되는, 나날이 심각해지고 있는 사회·경제적 불평등을 해소하려면 우리 사회의 무엇을 어떻게 바꿔야 할까? 셋째, 인류가 자연과 화해하면서 지구상의 모든 생명체와 공생할 수 있는 '지속 가능한 발전'은 과연 어떻게 가능할까?

이 질문들에는 과거와 현재, 미래가 함께 들어 있다. 이 질문들에 답하려면 과거 중에서도 현재와 맞닿아 있는 근현대와 더 많이 대화해야 한다. 인내심을 가지고 함께 해결해야 할 과제의 출발점이나 주요 원인이 근현대에 있거나, 더 오래전에 시작된 문제 상황이라 해도 그것을 악화시킨 사건들이나 변화가 비교적 가까운 과거에 발생했기 때문이다. 위의 과제 가운데 오로지 대한민국의 힘만으로 해결할 수 있는 것은 단 하나도 없다. 모든 문제는 '전 지구적'인 것이며, 그 문제들을 이해하고 대화하는 데 필요한 기억은 우리를 포함한 세계의 과거로부터 찾아야 한다. 많은 사람이 강조하여 말해온바, 우리의 근현대 경험을 세계사적 맥락에서 이해한다는 것의 의미는 여기에 있다.

학교 역사교육은 한 사회의 구성원인 학생들의 과거와 현재, 미래를 오가는 대화와 여행을 촉진하는 역할을 해야 한다. 오늘을 살아가는 학생들이 진지하게 역사적 질문을 만들고 근거를 살피며 답을 찾아가는 가운데 과거에 대한 기억과 그 의미를 새롭게 하고 이를 다른 사람들과 공유하도록, 탐구와 사유를 위한 '땔감'을 제공하는 곳이 역사 교실이어야 한다.

근현대사는 '데미안' 같은 친구가 될 수 있을까?

'기억'이라는 통로를 통해 과거와 현재를 오가며 미래를 전망하고 의미를 부여하는 '내 방식과 관점', '역사의식'을 만들고 바꾸어내는 과정은 만만치 않다. 역사적 사실이나 사건을 참을성과 끈기를 가지고 이해해야 하고, 그럴듯한 질문을 던지고 답을 찾기 위해 지적인 씨름도 해야 한다. 질문이 잘못되어 아예 처음부터 다시 시작해야 할 때도 있다. 때로는 친구들의 이야기에도 귀를 기울여야 한다. 그러다 보면, 편안하고 친숙하고 안락한 내 세계가 위협을 받는 것 같아 불안해지기도 한다. 평소 주변에서 익숙하게 들어왔던 역사 이야기가 아닌, 나의 평소 신념과 잘 맞지 않는 낯선 역사 이야기나 낯선 해석, 충격적인 사실 정보에는 거부감이 들게 마련이다. 그러나 힘든 고비를 넘어서면 이전보다 큰 세상을 만나고 나의 정신이 성큼 성장한 것 같은 뿌듯함을 맛볼 수 있다. 타인의 '다름'에 대해 좀 더 너그러워지고, 나를 주장하는 일에도 신중하고 조심스러워진다. 세상에는 흑과 백, 좌와 우로 선명히 나눌 수 없는 '회색 지대'가 생각보다 많고, 그 안에도 진실이 있으며, 그 모호함을 견디는 것이 얼마나 중요한지를 어렴풋이 깨닫게 된다.

줄탁동시(啐啄同時)! 역사의식의 형성과 변화란 그 역사의식의 주체가 세상을 새롭게 보는 계기이자, 병아리가 알을 깨고 나오는 고되고 힘든 과정이다. 그 과정의 핵심은 내가 '알 속에 들어 있다'라는 사실을 깨닫고, 껍질을 쪼아 알을 깨고 세상에 나가기로 마음먹는 데 있다. 요즘 학생들에게 가장 영향을 많이 주는 존재는 친구이다. 역사가 역동적이고 변화무쌍한 21세기를 살아가는 학생들의 친구가 될 수 있을까? 역사의식조사 결과를 그대로 믿는다면 역사에 흥미를 가진 학생이 100명 중 70명 정도는 되니, 불가능할 것 같지만은 않다. '역사'라는 학문은 까다롭고 어렵지만, 과거와 현재, 미래를 동시에 고민하며 살아가는 인간 존재가 과거와 과거 속 사람들에게 마음이 끌리는 것은 어쩔 수 없다.

다만 역사라는 친구는 그저 재미있고 온순하기만 한 친구는 아닐 것이다. 싱클레어의 성장을 도와주는 친구 '데미안'은 싱클레어에게 편안한 친구가 아니었다. 싱클레어와는 다른 세계에 살면서 미지의 세계를 언뜻언뜻 보여주는, 거부할 수 없는 매력을 지녔지만 가까이 갈수록 싱클레어의 안락한 현재를 불편하게 만드는 친구였다. 데미안은 싱클레어의 잠든 세계를 흔들어 깨우고, 그의 인식에 균열을 일으켜 번민과 일탈로 내모는 힘이기도 했다. 현재를 비판적으로 바라보게 만드는 역사, 거대한 변화 속에 나를 위치하게 만드는 역사, 근현대사는 데미안 같은 친구일 가능성이 높다. 그래도 내 정신과 영혼의 근육을 길러주는 친구, 데미안 같은 근현대사 친구 하나쯤은 곁에 두는 것도 좋을 것 같다. 이건 비단 학생들에게만 해당하는 것은 아니다. 나이를 먹으면서도 계속 시대와 호흡하고자 하는 사람들 모두에게 해당하는 말이다.

제3부

역사교육의 방향을 전망하다

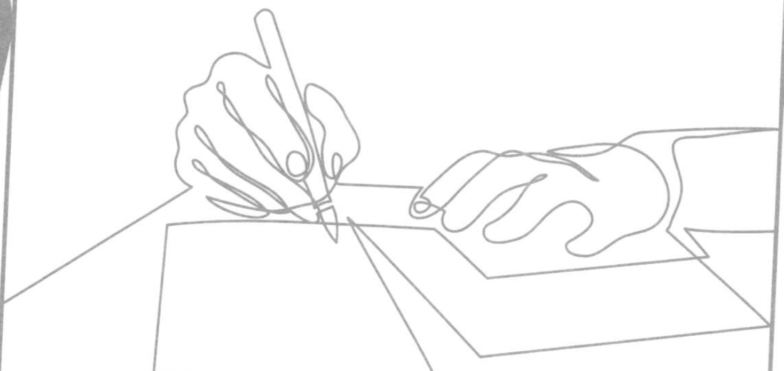

1

'역사를 잘 가르치는 것'은 '어떤 배움'으로 이어져야 할까?

구경남_단국대학교 교육대학원 교육학과

역사를 잘 가르치기 위해 교사가 깊이 생각해야 할 것은 무엇일까?

"구슬이 서 말이라도 꿰어야 보배"란 말이 있다. 그런데 구슬 하나하나를 잘 꿰는 일은 생각보다 간단치 않다. 줄만 있으면 될 것 같지만 끊어지기라도 하면 처음부터 다시 꿰는 수고를 해야 한다. 줄이 튼튼해야 한다는 말이다. 구슬 크기도 같지만은 않을 테니 유난스레 작은 구멍까지 잘 꿰려면 줄 끝이 정밀해야 한다. 그리고 끝을 맺을 때 줄이 풀리지 않도록 매듭을 잘 지어야 한다. 이렇게 서 말의 구슬은 튼튼한 줄과 정밀한 맞춤과 단단한 끝매듭으로 보배가 된다.

교실 속 학생들도 한명 한명이 보배가 될 구슬 같은 존재다. 교사는 이들을 위해 튼튼하고 정밀한 줄을 준비해서 하나하나 잘 꿴 뒤 세상에 내보내야 한다. 역사교사가 잘 가르치기 위해 준비하는 튼튼한 줄은 이른바 교사 전문성으로 상징되는 교과 지식과 교수내용지식(Pedagogical Content Knowledge, PCK)을 비롯한 교육과정에 대한 이해이고, 줄 끝의 정밀함은 교사가 역사수업에서 고려해야 하는 다양한 학생에 대한 이해를 의미한다. 학생에 대한 이해를 바탕으로 설계된 역사수업은 교사와 학생이 함께 세상의 이치를 꿰는 밑자리가 될 수 있다. 마지막으로 역사수업의 좋은 끝매듭은 역사수업에서 지향해야 할 가치와 관련이 깊다. 역사교사는 수업에서 평화와 인권, 민주주의 같은 보편적 가치를 지향함으로써 학생이 민주사회의 성숙한 시민으로 성장하는 데 도움을 줄 수 있어야 한다. 실제로 교사가 학생의 올바른 성장에 미치는 영향이 결코 작지 않다는 게 경험적인 연구로 확인되고 있다.[1]

그러나 그동안 교사들은 튼튼한 줄을 준비하는 데 정신을 쏟느라 구슬이 얼마나 다양한지 제대로 살피지 못했다. 그 바람에 어디에서 매듭을 지어야 할지 갈피를 못 잡을 때도 많았다. 역사교사가 준비한 줄이 과연 학생 한 사람 한 사람에게 꼭 맞는 줄이었을까를 확신하기는 쉽지 않다. 역사 지식의 재구성까지 포함해 역사를 쉽게 이해하는 데 도움이 되는 자료를 제공하려는 교사의 열정이 학생들의 역사 이해로 직결되는 것은 아니기 때문이다.[2] 그동안의 개인적 경험이 다른 만큼 역사수업에서 서로 다르게 이해하거나 교사의 의도에 공감하지 않을 수도 있다.[3] 그럼에도 불구하고 학생 대상 역사의식조사 결과에 따르면, 학생의 역사 이해에 가장 큰 영향을 미치는 것은 학교의 역사수업이고, 수업에 가장 큰 영향을 미치는 것은 교사의 역사인식이다.[4] 역사교사는 학생들이 과거를 통해 현재의 삶을 성찰함으로써 미래를 전망하는 데 도움을 줄 수 있다.[5] 역사를 가르친다는 것은 내용 전달과 동시에 사회와 삶을 성찰하

게 만드는 것이기 때문이다.[6]

일찍이 이러한 점에 주목한 역사교육연구소는 2010년 역사교육 연구와 교실 수업 실천을 위한 기초 조사를 시작했다. 이 글은 필자가 한국교육과정평가원의 박주현, 수원 칠보고등학교의 정태윤과 함께 역사교육의 제 영역에 대한 교사들의 생각을 '교사의 역사교육 이해'란 제목으로 조사한 결과를 담고 있다.[7] 이 글을 통해 학생의 역사 이해에 영향을 미치는 요인들이 무엇인지 그 실마리를 찾고, 역사교육이 지향할 새로운 방향을 모색하는 데 이바지하고자 한다.

'2010 교사의 역사교육 이해 조사(이하 '2010 조사')'는 우선 역사교육에서 교사의 역할을 조명하는 연구라는 맥락에서 교사의 개인사적 배경을 통해 역사교육관 형성의 경로를 탐색하고, 그 결과를 토대로 교사 개인이 중점을 두는 영역을 추론했다. 예컨대 '역사교육' 또는 '역사' 혹은 '교육'처럼 교사들은 각각 방점을 찍는 영역이 달랐다. 다음으로 교사의 역사교육 이해에 접근하기 위해 설문 영역을 '역사의 가치 및 역사교육의 역할에 대한 교사의 생각', '역사 교육과정 편제 및 교사 전문성에 대한 생각' 등 세 영역으로 구분하여 이를 세분화한 문항을 작성하고 그 결과를 분석했다. 다음은 개인정보 항목을 포함한 전체 설문 영역을 표로 정리한 것이다.

구분		문항 번호	문항의 핵심 내용
배경정보	개인정보	1~4	교직 경력, 나이, 성별, 근무 지역
		5	현재 담당 학년과 과목
		6	가입 단체
		7	교원 자격증 취득 경로
	개인사적 배경	8	교직 선택의 계기
		9	역사 교수 지식의 형성 경로

교사의 역사교육 이해에 접근하는 세 가지 축	역사의 가치, 역사교육의 역할에 대한 생각	10	역사교육의 목적
		11	역사수업의 초점
		13	역사학습에서 민족주의에 대한 접근
	역사 교육과정 편제 및 교사 전문성에 대한 생각	12	역사 교육과정 편제
		20	최근 교육과정 개정에 대한 이해
		18	세계사 교재 구성 원칙
		19	교육관
		21	교과서관
		22	교사 전문성에 관한 입장
	근현대사 쟁점 사안에 관한 입장 및 동아시아 역사 갈등에 대한 생각	14	한국 근현대사에서 역사적 의의를 부여하는 사건 및 방식
		15	통일 문제
		16	과거사 문제
		17	역사 교과서와 역사 갈등 문제

본 조사의 목적은 역사를 잘 가르치기 위해 교사들이 심사숙고하는 과정에서 드러나는 역사교육의 제 영역(목적론, 교육과정 및 교과서, 역사관 및 교사의 전문성)을 실증적 자료를 통해 정리해보려는 것이었다. 이상과 같은 조사의 결과를 토대로 필자는 '역사를 잘 가르치는 것'이 '어떤 배움'으로 이어져야 할 것인지에 대한 전망을 담고자 한다. 참고로, 어떤 교사들이 설문에 참여했는지 교직 관련 정보를 제공하고자 한다. 설문 참가자는 초등교사 18명 포함 총 69명이며, 교직 관련 개인정보는 아래와 같다.

구분		비율(%)
교직 경력	5년 미만	31.8
	5년 이상~20년 미만	47.7
	20년 이상	18.8

나이	20대	28.9
	30~40대	47.8
	50대	13
성별	남	56.5
	여	42
근무 지역	특별시/광역시	46.3
	시 지역	42
	군 지역	10.1
학교 급	초등학교	26
	중학교	18.8
	고등학교	52.1
가입한 교원 단체	한국교원단체총연합회	9.6
	전국교직원노동조합	55
	기타	1.4
	없음	33.3
전국역사교사모임 가입 여부	가입	40.5
	가입하지 않음	57.9

역사교사가 생각하는 역사의 가치와 역사교육의 역할은 무엇일까?

'2010 조사'는 교사들이 생각하는 '역사의 가치와 역사교육의 역할'이란 무엇인지를 알아보기 위해 첫 번째로 '역사교육의 목적'을 물었다. 단, 〈예시〉를 참고해 면담자에게 설명하듯이 자유롭게 써달라고 했다.[8] 〈예시〉와 교사들의 답변을 정리한 결과는 다음과 같다.

- 교사 M: 역사를 통해 내가 한국의 한 국민임을 알고 한 일원으로서 자신의 맡은 바를 성실히, 책임감 있게 수행하고 나라의 발전을 위해 기여하고자 하는 마음을 품으며 나라의 소중함을 깨닫게 되리라 생각한다.

- 교사 L: 우리 전통과 문화의 특성, 민족사를 알아봄으로써 지나온 우리 조상들의 삶을 되돌아보고 배울 점은 본받고 잘못된 일은 반성해봄으로써 앞으로 보다 나은 삶을 살아갈 수 있는 능력을 기르는 것에 [역사교육의] 목적이 있다. …… 흥선대원군의 개화정책에서도 쇄국정책을 택한 그의 선택을 찬반으로 나누어 토론해보고 오늘날 우리나라의 FTA와 관련시켜 수업을 진행하는 것도 아이들의 역사적 사고력을 기를 수 있는 수업이 아닌가 싶다.
- 교사 G: 우리나라가 민주화된 국가로 자리 잡을 수 있었던 것은 국민들의 민주화 열망과 피로 가능했는데, 그러한 사실을 모른 채 역사를 왜곡되게 배웠다. 대학에서 제대로 알았을 때 굉장히 충격을 받았고, 오히려 반국가적인 생각을 갖게 되었다. 우리 아이들이 어른이 되어 이러한 충격을 받게 하고 싶지 않다. 무조건 반국가적인 생각을 주입하려는 것이 아니라, 아이들의 의견을 물어보고 올바른 역사를 알려주려고 한다.

단위: 명

	초등	중등	합계
① 교훈으로서의 역사	2	1	3
② 정체성 함양으로서의 역사	4	7	11
③ 현재 사회의 이해로서의 역사	4	15	19
④ 합리적 사고 절차/다원적 사고로서의 역사	4	4	8
⑤ 시간, 변화, 인간에 대한 통찰로서의 역사의식 함양	2	8	10
⑥ 실천으로서의 역사	2	11	13

이상과 같은 결과를 보면 역사교사들이 생각하는 역사교육의 목적은 매우 다양하다. 어느 것이 더 중요하다고 꼽을 수 없을 만큼 응답자 수가 고르게 분포되어 있다. 하지만 '정체성 함양'이나 '비판적 시각 기르기', '자기 성찰', '현재 사회에 대한 이해'가 역사교육의 목적으로 주목받은 것은 종래의 연구 결과와 크게 다르지 않다.

역사교사들은 오늘날 우리가 마주하고 있는 문제의 원인을 다양한 각도에서 파악하고 비판적으로 검토하는 데 역사교육이 유용하다고 여긴다. 학생들이 역사 속 인간의 모습을 탐구함으로써 인간과 사회에 대한 통찰력을 기를 수 있을 것으로 여기기 때문이다. 역사가 현상을 이해하는 데만이 아니라 미래 사회에서 실현되어야 할 지향점을 공유하고 실천하는 데 도움을 줄 수 있다고 생각하기 때문이기도 하다. 역사교사들은 역사교육이 실현 가능한 미래를 상상하는 데 도움을 줄 수 있으며, 학생들이 자기 삶의 지향을 설정하고 이를 향해 나아가는 데 일조할 수 있다는 점을 강조한다. 역사교육을 통해 학습자 자신이 바로 서고 세상을 움직이는 주체가 될 수 있으며, 더불어 사는 민주사회의 시민이자 올바른 인간으로 거듭날 수 있다고 생각한다.

현재 자신이 속한 집단과 사회의 뿌리를 찾고 소속의 의미를 강조하는 '정체성 함양'을 역사교육의 중요한 목적이라고 여기는 교사들도 적지 않다. 우리 역사의 소중함을 깨닫고 조상들의 지혜를 배우며 후손들에게 물려줄 훌륭한 문화를 만드는 데 역사교육이 기여한다는 것이다. 그러나 이들은 배타적 정체성 함양에는 우려를 표한다. 자국·자민족에 대한 관심을 격려하되 다른 나라, 다른 민족을 배척하거나 자국과 자민족의 우월성을 강조하는 교육이 되지 않도록 유의해야 한다고 주장한다. 또 역사교사들은 역사학의 특징, 즉 관점의 다원성과 해석의 가변성을 견지하면서 지식에 접근해야 한다고 생각한다. 역사수업은 역사적 사실을 다양한 관점에서 해석하는 능력을 기르는 훈련장이라고 여긴다. 마지막으로 역사교사들은 현재를 비추는 거울로서 역사가 교훈을 줄 수 있다고 강조한다. 과거 사건과 사실이 제공하는 교훈이 현재 우리의 삶을 좀 더 나은 방향으로 이끌어줄 수 있다고 한다.

여기서 주목할 것은, 역사교육의 목적이 '현재 사회를 이해'하고 역사의 주체로서 현재와 미래를 위해 '실천'하는 데 있다고 여기는 교사가 절반에 가깝다(총 69명 중 32명)는 점에서 역사수업의 방향성을 예견할 수 있다는 점이다. 대부분의 역사교사가 역사수업에서 종래대로 역사적 사실을 강조하거나 역사학의 학문적 특성에 주목하기보다는 학생들이 역사의 행위자임을 자각하고 현재와 미래를 위해 실천하는 존재로 자라는 데 초점을 맞추어야 한다고 생각했다.

이러한 교사들의 생각을 좀 더 구체적으로 확인하기 위해 '2010 조사'는 교사로서 역사수업에서 무엇을 가장 중요하게 여기는지, 즉 역사수업에서 어떤 부분에 초점을 맞추는지 아래와 같은 세 가지 유형 가운데 하나를 선택하고 그 이유를 서술하게 했다.[9]

- 유형 1: 현재 교과서 내용을 가르치는 것을 통해 우리 역사의 기원과 발전상을 보여주고, 이 사회가 요구하는 삶의 방향을 학생들에게 제시한다.
- 유형 2: 역사가가 역사를 연구할 때와 비슷한 과정을 학생들이 체험하도록 함으로써 증거를 바탕으로 생각하고 여러 관점을 합리적으로 다룰 수 있도록 생각하는 기회를 제공한다.
- 유형 3: 역사 서술은 현재적 관점을 반영하며, 상식이나 교과서적 지식과 다른 역사가 존재하는 것은 물론, 사람들이 처한 위치에 따라 역사를 다르게 볼 수 있다는 점을 알게 하고, 역사 공부를 통해 다양한 미래를 꿈꿀 수 있도록 한다.

역사수업의 초점, 즉 역사수업의 방향성과 관련한 이 문항에서 무려 84%의 교사가 세 번째 유형을 선택했다. 다양한 견해를 아우른 내용이 교사들에게 매력적으로 느껴진 까닭도 있겠지만, 압도적으로 많은 수가 선택한 만큼 그 이유도 다양하다.

교사들이 내세운 이유는 크게 네 가지로 범주화할 수 있다. '권위의 해체와 탈신화화', '역사 해석의 특성에 대한 이해', '다원적 사고·다원적 가치의 함양', '역사의 현재적 의미 이해 및 문제 해결의 자세' 등이 그것이다. 우선 교사들은 역사를 보는 관점과 역사 사건에 대한 평가가 시대에 따라 달라질 수 있다는 유연한 사고를 갖는 것이 중요하며, 주체적·비판적 역사의식의 함양, 주류 역사에 대한 대안적 시각을 강조했다. 또 개인 간 역사인식의 차이를 전제하면서 같은 사건도 다양한 인물의 관점에서 해석한다면 편협하지 않게, 개방적으로 역사를 이해할 수 있게 된다고 여겼다. 여기에 역사교육이 다원적 사고와 다원적 가치를 지향함으로써 학생들이 과거 사건과 사실에 다양한 의미를 부여해보고, 의미 부여자로서 소통의 중요성을 자각할 기회를 제공할 수 있다고 보았다. 역사수업이 학생들에게 합리적으로 사고하고 판단할 기회를 제공한다는 것이다. 마지막으로 역사교사들은 수업을 통해 과거에서 현재에 이르는 유구한 시간의 흐름 속에 개인과 개인, 개인과 집단, 집단과 집단이 어떤 관계를 맺어왔는지를 살펴보면서 역사가 소수의 개인이 아닌 이름 모를 수많은 행위자에 의해 변화·발전해왔음을 알게 하고 이를 통해 학생들이 현재의 문제를 고민하고 해결하려는 자세, 즉 역사의 주체로서 실천하려는 자세를 갖게 된다고 여겼다. 역사의 현재성 인식을 바탕으로 근현대사의 비중이 더 높아져야 한다고 생각하는 역사교사가 많은 것도 같은 맥락이다. 다만 역사교사가 자신이 생각하는 역사교육의 목적을 수업에서 구현하려면 자신의 의도에 걸맞은 방법을 모색할 기회와 시간이 필요하다. 그런 점에서 역사교사 양성 과정이나 재교육 과정에 이런 훈련 프로그램을 도입할 필요가 있다.

'2010 조사'는 '역사의 가치와 역사교육의 역할'과 관련해서 역사수업에서 교사들이 민족주의에 대해 어떻게 접근하고 있는지를 알아보기로 했다. 주지하다시피, 우리 역사 교과서는 국가·민족 중심의 서사로 점철되어 있다. 역사교육이 과거를 통해 현재를 이해하고 역사의 주체로서 학생들의 실천을 모색하는 교육이 되려면 수많은 역사 행위자들을 '국가' 혹은 '민족'이라는 추상적인 개념으로 뭉뚱그리고 소수의 개인을 국가 혹은 민족의 영웅으로 추앙하는 식의 역사 서술은 지양해야 마땅하다. 따라서 '2010 조사'는 민족주의 사학에 대한 포스트모더니즘 진영의 비판과 한국사-세계사 연계의 문제, 혹은 한국사의 객관화·상대화를 둘러싼 논쟁에 대한 두 가지 상반된 주장을 제시하고 교사들이 어떤 주장에 공감하는지를 물었다. 두 가지 상반된 주장이란 다음과 같다.

- 주장 1[10]: 민족국가가 존속하는 한 역사교육에서 민족에 대한 관심을 배제하기는 어렵다. 그럼에도 역사 교과서 협의를 통해 적대관계를 청산하고 국제화해에 성공한 독일의 사례는 역사를 둘러싼 국가 간 갈등을 해결하기 위해서 탈민족주의 역사의식이 전제되어야 함을 분명하게 보여준다. 독일과 폴란드의 사례에서 살펴보았듯이 역사 교과서 국제협의의 궁극적인 목적도 논란과 갈등을 초래하는 역사 서술의 특정 부분을 개선하는 것이 아니라 다원주의적 관점을 통해 자민족 중심의 역사인식 패러다임을 극복하자는 것이다.
- 주장 2[11]: 민족 중심의 역사 이해가 한국사를 왜곡으로 이끌었다는 지적은 부당하다. 민족 중심의 사관과 역사 서술은 우리가 완성하고 이루어내야 할 과제다. 그것은 민족의 성장과 발전 과정을 세계사의 보편적 발전 원리 위에서 체계적으로 이해함으로써 민족의 독자성과 자존심을 지키는 동시에, 각 민족의 특수성과 다양성을 인정하며 공존·공영을 추구하는 사관이기 때문이다. 그동안은 이것(민족 중심의 역사 서술)이 제대로 서지 않았기 때문에 의사민족주의가 세를 얻고 역사교육이 정치적으로 악용될 수 있었던 것이다.

그 결과 응답자 총 69명 중 70%가 넘는 49명이 〈주장 1〉을 선택했다. 〈주장 1〉을 선택한 교사들은 국가주의·국수주의·배외주의적 민족주의는 지양해야 한다는 입장이다. 다음은 교사들이 각각의 주장을 선택한 이유를 정리한 표이다.*

주장 1(49명)		주장 2(19명)	
선택한 이유	비율(%)	선택한 이유	비율(%)
민족 중심 역사교육의 문제점을 고려	20.2	민족을 역사교육의 가치 기준으로 둠	8.6
다원주의적 관점으로 자국사를 객관화	20.2	자기 인식의 수단으로 민족주의 필요	8.6
민족 이외의 다양한 시각을 통해 역사를 교육	7.2	역사교육은 자기 민족에 대한 자부심을 갖게 하는 것	5.7
보편적 가치 실현에 중점	5.7		

〈주장 1〉을 선택한 교사들은 민족주의의 당위성에 의문을 표하고 그 문제점을 지적했으나, 포스트모던 입장에서 제기된 민족폐기론에는 동의하지 않았다. 이들은 역사를 왜곡할 수 있는 폐쇄적 민족주의를 버리고, 다원적 관점에서 자국사를 상대화하는 서술을 기대했다. 그리고 '민족'이란 추상적인 개념으로 역사 행위자들을 뭉뚱그리는 서술이 아니라, 지역·계층·성별 등 다양한 층위에서 역사 행위자들의 삶을 그리는 역사 서술을 주장했다. 역사교사들이 2015년 박근혜 정부의 역사 교과서 국정화 시도를 저지하는 일에 적극 나선 데는 이러한 교사들의 생각이 원동력으로 작용했을 것이다. 역사를 이해하는 다양한 관점을 수업의 원리로 삼는 논쟁 중심의 역사수업에 교사들이 주목하는 까닭 역시 다르지 않다.

* 13명이 각각의 주장을 선택한 이유를 서술하지 않아 범주에 넣지 않았다. 1명은 어느 쪽도 동의하지 않는다고 해서 총합이 68명이 되었다.

민족 중심의 역사 이해를 긍정적으로 바라보는 〈주장 2〉를 선택한 교사들은 학생들에게 국가와 민족의 정체성과 민족사적 특수성을 가르치기 위해 '민족'을 역사교육의 중요한 가치 기준으로 삼는 경향이 보였다. 또 자기 인식 수단으로 '민족' 혹은 '민족주의'가 필요하다고 여겼고, 민족사에 대한 자부심 고취를 역사교육의 역할로 간주했다. 하지만 민족주의로 점철된 그동안의 우리 역사교육에 전적으로 동의하는 것은 아니었다. 그들 역시 배타적이고 국수적인 폐쇄적 민족주의에 갇힌 역사 서술은 지양해야 한다는 입장이었다. 교사의 수업 활동이 학생들의 역사 이해에 결정적인 역할을 할 수 있다는 점에서 교사가 생각하는 역사의 가치와 역사교육의 역할은 교수-학습 활동에서 역사교사의 전문성으로 구현될 것이다.

잘 가르치는 역사교사는 무엇이 어떻게 다를까?

우리나라는 국가 수준 교육과정이 학교 교육을 좌우한다고 해도 과언이 아니다. 국가 수준 교육과정은 교과서뿐만 아니라 교사의 수업을 규제하는 장치로 작동함으로써 교사의 수업 구성에도 크게 영향을 미친다. 따라서 교육과정 편제와 관련해 학교 급별로 어떤 유형을 선호하는지, 수업에서 교과서에 어느 정도의 비중을 두는지가 교사로서 전문성을 가늠하는 중요한 기준이 될 수 있다.

'2010 조사'에서는 우선 해방 이후 국가 수준 역사과 교육과정의 학교 급별 편제를 〈보기〉로 제시하여 교사들이 어떤 식의 편제를 지향하는지 알아보았다. 역사교사들에게 어떤 식의 편제 방안을 이상적인 역사학습이 이루어질 수 있는 편제 방안이라고 여기는지 국가 수준의 교육과정 편제 방안을 학교 급별로 선택하게 한 뒤, 선택한 이유를 적게 했다. 다음은 그중 학교 급별 선호하는 교육과정 편제 방안을 물은 결과이다.

구분		비율(%)
초등학교 교육과정 유형	① 6학년 1년 동안 한국사 통사	24.6
	② 4, 5학년에서 역사학습의 기초 확인, 6학년 1학기 통사	55
	③ 5학년 1, 2학기 전체 한국사	10.1
중학교 교육과정 유형	① 1학년 이웃 나라 역사, 2학년 먼 나라 역사, 3학년 우리나라 역사	10.1
	② 1학년 한국사, 2, 3학년 세계사	18.8
	③ 2, 3학년에 역사 과목을 두고, 책 한 권에 한국사와 세계사를 통합	49.2
	④ 2, 3학년에서 한국사, 세계사는 사회 속에 통합	4.3
고등학교 교육과정 유형	① 세계문화사–한국문화사	7.2
	② 한국사, 세계사	11.5
	③ 한국사(공통), 세계사와 한국 근현대사 중에 선택	10.1
	④ 역사(공통), 한국문화사, 동아시아사, 세계사	50.7
	⑤ 한국사, 동아시아사, 세계사	7.2

먼저 초등학교 교육과정에 대해 절반이 넘는(55%) 교사가 역사 영역을 5학년 이전에 도입하는 방안을 선택했다. 이 방안에 따르면, 4, 5학년 때는 학생들 주변에서 쉽게 접할 수 있는 소재를 바탕으로 역사학의 탐구 방법을 습득할 수 있는 기초적인 내용을 학습하고, 최종 학년에 통사를 학습하게 된다. 초등 역사 영역에서 통사학습 이전에 학생들이 역사의 학문적 성격을 이해하는 과정이 선행되어야 하며, 이에 걸맞은 교육과정 구성과 학습 자료 개발을 강조하는 입장이다. 또 교사들은 초등학교 교육과정에 세계사 교육을 도입하는 문제에 대해 전체적으로 긍정적인 의사를 내비쳤다. 다만 독립된 단원으로 세계사를 편성하기보다는 한국사 서술에 관련 세계사 주제를 추가하거나 지리, 일반사회 교과의 관

련 단원에서 세계사를 언급하는 수준으로 학습 내용과 분량을 제한해야 한다고 생각했다. 본격적인 세계사 학습은 초등학생의 인지 발달 단계 면에서 어려움이 따른다고 보았기 때문이다. 그러나 본격적인 세계사 학습이 초등학생의 학습 역량을 넘어서는 것인지는 실증적으로 증명된 바 없다. 관련 연구가 선행된 후 논의를 보다 구체화할 필요가 있다. 지금은 중학교 수준에서 본격적인 세계사 교육이 시작된다.

따라서 중학교 역사과 교육과정 편성은 주로 한국사와 세계사의 편성 및 통합 문제와 관련된다. 조사에 참여한 교사들은 2, 3학년 과정에 역사 과목을 편성하되, 책 한 권에 한국사와 세계사를 함께 서술하자는 의견에 가장 많은 동의를 표했다(49.2%). 세계사적 맥락에서 한국사를 파악하거나 한국사와 세계사를 통합하여 서술하는 식으로 세계사와 한국사의 유기적인 학습이 가능한 교육과정을 요구하고 있는 것이다. 그러나 한국사 교육이 선행되어야 한다는 의견도 적지 않았다(18.8%). 그렇게 되면 한국사와 세계사의 유기적 통합은 시도할 수 없게 된다. 그런데 교사들이 이 의견에 동의한 이유가 주목할 만하다. 세계사의 비중을 높일 방안이라는 것이다. 이들이 한국사 교육의 선행, 즉 한국사와 세계사 교육의 이원화를 선택한 것은 이상과 현실 사이에서 차선책을 택한 것이나 다름없다. 최근 중학교 《역사》에서 한국사와 세계사가 분리된 것 역시 현장교사들의 세계사 교육 살리기 목소리가 반영된 결과로 보인다.

고등학교 교육과정은 역사를 공통과목으로, 한국문화사와 동아시아사, 세계사를 선택과목으로 편성하는 안이 50%가 넘는 지지를 얻었다. 이는 교사들이 학교 급별 계열성과 한국사와 세계사의 유기적 연계성을 중시하기 때문이다. 분야별 영역과 세계사와 한국사의 연계와 통합을 중시한 것이기도 하다. 요컨대, 교사들은 초등학교 단계에서는 역사학의 기초를 습득하고 중학교 단계에서는 한국사와 세계사를 유기적으로 연계하여 학습한 뒤, 고등학교 단계에서 영역을 구분한 심화학습으로 교육과정을 구성해야 한다고 생각하는 것이다.

다음은 세계사 내용 구성에 관한 교사들의 의견이다. 교사들과 연구자들의 세계사 교육에 대한 요구가 앞서 살펴본 것처럼 작지 않음에도 불구하고, 현실적으로 국가 교육과정에서 세계사의 위상은 점차 약화되어 왔으며, 세계사 교육에 대한 위기감 역시 여전하다. 이러한 점에 주목하여 세계사 내용 구성과 관련해 교사들의 생각을 물었다.

단위: %

	매우 그렇다	그렇다	보통이다	아니다	전혀 아니다
① 우리와 가까운 나라의 역사를 중심으로 내용을 구성해야 한다.	5.7	42	36.2	10.1	2.8
② 근대 서양이 걸어온 길을 잘 이해함으로써 우리 사회가 나아갈 길에 대한 참고로 삼는다.	7.2	26	30.4	26	5.7
③ 문화권을 중심으로 다양한 지역의 역사와 문화를 익힘으로써 우리 역사와 문화를 비교하고 성찰할 수 있도록 한다.	31.8	47.8	13	4.3	0
④ 지역과 지역 사이에 이루어진 교류와 협력의 역사를 중심으로 내용을 구성하여 국제 협력의 필요성을 인식하도록 한다.	39.1	39.1	15.9	1.4	0
⑤ 여러 나라의 전 시대 역사를 공부하기보다 관심 있는 분야를 집중적으로 다루어 역사적 사고력을 기르는 데 주안점을 둔다.	11.5	52.1	18.8	13	1.4

정리한 표에서 보듯 교사들 대부분이 문화권이나 지역 간 교류와 협력을 중심으로 내용을 구성하는 방안을 선호했다. 통사적 구성보다는 주제 중심으로 내용을 구성하는 방안에 대해서도 긍정적인 반응이 많았다. 그밖에 주변 나라의 역사를 중심으로 내용을 구성하는 방안과 서양의

근대화 과정을 중심으로 내용을 구성하는 방안에 대해서는 반응이 긍정 혹은 부정으로 뚜렷하게 포착되지 않았다. 이러한 설문 결과를 볼 때, 교사들은 한국사와 세계사의 유기적인 연계를 중시하며, 세계사 교육 내용이 문화권을 중심으로 다양한 지역의 역사와 문화를 소개하거나 지역 간 교류와 협력의 역사를 강조하여 학생들이 국제 협력의 필요성을 인식하는 방향으로 구성되기를 바란다고 할 수 있다. 또한, 통사보다는 관심 있는 주제를 집중적으로 다루어 학생들의 역사적 사고력을 높이는 교육이 되기를 바란다고 할 수 있다.

교사들은 국가 수준의 학교 급별 역사과 교육과정 편성을 의식하면서 수업에서 역사 지식을 교육적으로 재구성한다.[12] 이때 학교 역사 지식의 근간이라 할 수 있는 교과서에 대한 비판적 검토는 불가피하다. 우리 역사 교과서는 관점의 다양성과 차이가 반영되기 힘든 구조이기 때문이다. 그래서 교사들의 수업에서 교과서가 차지하는 비중은 교사 자신의 전문성을 드러내는 시금석이 될 수 있다. '2010 조사'는 이러한 점에 주목하여 현장교사들의 수업에서 교과서가 어느 정도의 비중을 차지하는지 조사했다. 이를 통해 우리 역사교사들이 생각하는 교과서란 어떤 존재인지 추론해볼 수 있었고, 교육 전문가로서 자신만의 교육과정을 얼마만큼 구현하고 있는지 알 수 있었다.

	응답자 수(명)
① 교과서에 전적으로 의존한다.	3
② 교과서 내용을 요약한 학습지를 사용한다.	6
③ 교과서를 주교재로 하고 요약한 학습지를 사용한다.	28
④ 교과서를 적극적으로 재구성하고 필요한 학습지를 만들어 사용한다.	23
⑤ 교과서에 구애받지 않고 대안적 해석을 담은 교재를 개발하여 사용한다.	5
기타(혼합형)	4

조사에 참여한 69명의 교사 중 약 40%가 교과서를 주교재로 삼되 약간의 보충교재를 사용하며, 약 33%가 교과서를 적극적으로 재구성하고 필요한 학습지를 직접 만들어 사용한다는 답변을 했다. 이러한 설문 결과는 생각보다 많은 역사교사가 교과서로 대표되는 국가 수준의 교육과정 내용을 그대로 학생들에게 전달하는 단순한 지식 전달자가 아니라, 교사 수준에서 교육과정을 재구성하고 교육 내용을 개발하여 자신만의 역사수업을 만들어가는 역사교육 전문가임을 보여준다. 특히, 조사에 참여한 69명의 교사 가운데 전국역사교사모임 회원들을 분류해서 분석한 결과는 더욱 놀랍다. 무려 47%가 교과서를 적극적으로 재구성한다는 답변을 했고, 더 나아가 교과서에 별로 구애받지 않고 대안적 해석을 담은 교재를 직접 개발한다는 교사도 13%나 되었다. 또한, 교과모임 활동을 하는 교사들은 대체로 역사수업에서 교과서를 교재의 하나로 활용하고 있으며, 역사교사로서 전문성에 대해 자각하고 있는 것으로 파악되었다.

교과서에 대한 교사들의 생각은 역사교육에서 교사 자신이 차지하는 지위와 역할에 관한 견해와도 관련있다. '2010 조사'는 역사교사의 지위와 역할에 관한 두 가지 견해를 제시한 뒤, 어떤 입장(A와 B)에 공감하는지를 물었다.

- A: 역사교사는 현장에서 대안을 만들어가는 역사교육 전문가이고, 자신만의 역사수업에서 수업 수준의 교육과정을 개발하는 자이다. 즉 역사교사는 교과서의 모든 내용을 똑같은 비중으로 다루기보다 교사 스스로 전문성을 살려 주안점을 두고자 하는 내용을 보완, 강조하여 가르쳐야 한다.
- B: 역사교사는 역사학의 연구 성과가 반영된 역사 교과서를 학교 교육 현장에서 전달하는 안내자이다. 또한 역사교사는 입시제도의 영향을 크게 받고

수업시간도 부족하기 때문에 현실적으로 자신만의 교육과정을 개발하는 것도 불가능하다.

결과는 다음과 같다. 응답자의 60%가 넘는 43명이 A 견해에 전적으로 공감하거나 A 견해가 B 견해보다 타당하다는 의견에 동의했다.

	응답자 수(명)
① 전적으로 A 견해에 공감한다.	20
② A 견해가 B 견해보다 타당하다.	23
③ A와 B 견해 모두 공감한다.	20
④ B 견해가 A 견해보다 타당하다.	3
⑤ 전적으로 B 견해에 공감한다.	2
기타(혼합형)	1

다만, 69명 중 20명이라는 적지 않은 수가 두 견해 모두에 공감을 표시하고 있는데, 현실적 여건이 영향을 미친 것이 아닌가 생각된다. 교사가 자신이 생각하는 역사교육의 목적을 구현하려고 시도하는 일이 비일상적이고 제한적일 수 있다는 것이다. 학교 역사교육에서 교과서가 차지하는 '정전(cannon)'으로서의 위치가 여전히 공고하다는 지적 역시 간과해서는 안 된다.[13] 그럼에도 불구하고 근래 혁신학교를 중심으로 시작된 수업 혁신은 교사의 자율성과 전문성을 통해 학생들을 다원성을 인정하는 민주시민으로 양성하자는 민주주의 역사교육의 원동력이 되고 있다.[14] 설문조사를 진행한 2010년과 달리, 최근에는 교육 현장에서 교과서와 교육과정 재구성이 매우 적극적으로 실천되고 있다. 더욱이 2015년부터 3년 가까이 이어진 역사 교과서 국정화 소동은 교사들이 '역사수업에

서 교과서가 과연 필요한가?'라고 자문하게 만들었다.[15]

이 지점에서 역사교육자로서 전문성을 가늠하는 지표라 할 수 있는 교사의 교과 내용 지식 및 교수내용지식의 형성 경로를 파악함으로써 우리 교사들의 수업 전문성을 구체적으로 확인할 필요가 있다. 역사교사는 역사 연구자와 달리 가르치는 방법을 궁리하는 과정에서 내용을 이해하고 이를 바탕으로 교과서나 교육과정을 재구성하기 때문이다. '2010 조사'는 교사들에게 자신의 교수내용지식을 구성하는 경로를 세 가지로 복수 응답하게 했다.

단위: 명

교수내용지식 형성의 경로	초등	중등 회원	중등 비회원	합계
① 초·중등학교 역사 시간에 배운 교과 지식	10	5	6	21
② 대학 학부 때 강의에서 습득한 역사학 지식	4	6	13	23
③ 교과서 외 역사 관련 서적, 인터넷 등 각종 매체를 통해 접하는 지식	15	18	25	58
④ 초·중등 교수-학습의 제 접근에 대한 교육학 지식	4	1	3	8
⑤ 국가 교육과정의 교수 요목이나 평가, 성취기준과 같은 교육	6	4	3	13
⑥ 동료 교사와의 상호작용(예: 교사모임, 연수 등)	4	17	12	33
⑦ 주변 인물들(친구, 선후배 등)과의 대화 혹은 이들의 조언	1	1	4	6
⑧ 가르치는 학생의 사고력, 태도, 흥미에 대한 지식	4	9	14	27
⑨ 가르치는 학생이 처한 교육환경(예: 학교가 속한 지역 사회의 특성, 가정환경 등)에 대한 이해	5	6	5	16
⑩ 기타	0	2	0	2

교사들은 '교과서 외 역사 관련 서적, 인터넷 등 각종 매체를 통해 접하는 역사 지식'을 자신들의 교수내용지식을 형성하는 가장 중요한 경로로 뽑았다. '동료 교사와의 상호작용', 그리고 '가르치는 학생의 사고력, 태도, 흥미에 대한 지식'이 그 뒤를 이었다. 설문 응답자의 약 67%가 교직 경력 5년 이상의 교사임을 고려하면, 교사들이 다양한 설명 방식

을 활용하기 위해 이론과 함께 동료 교사와의 협업을 중시한다는 기존의 연구 결과와 다르지 않다.[16] 중등 역사교사들이 교수내용지식을 주로 학교에 임용된 이후 현장에서 터득한다는 연구 결과와도 어긋나지 않는다.[17] 초등도 경력이 많은 교사일수록 의미 있는 내용 변환과 교수내용지식의 사례가 많다.[18] 그런데 초등교사들은 초·중등학교 재학 시절에 습득한 교과 지식에 중등교사들보다 많이 의존한다. 교육학 지식이나 교육과정에 관한 지식의 영향력도 상대적으로 높게 평가하는 경향이 있다. 아마도 다양한 교과를 담당하는 데서 비롯한 결과일 것이다. 최근 연구에 따르면, 절반이 넘는 초등교사가 개인 연수를 통해 적극적으로 교수내용지식을 획득하고 있다고 한다.[19]

교수내용지식은 교사들을 대상으로 하는 교과 내용교육이 가르치는 궁리 속에서 재구조화되어야 함을 강조하는 말이다.[20] 교사가 가르치는 데 필요한 지식, 즉 교수내용지식은 순수 내용 지식과는 다르다.[21] 중요한 것과 가르쳐야 할 것이 항상 일치하는 것도 아니다.[22] 학생들도 교사의 교수내용지식을 역사수업의 중요한 요소로 여기는 것으로 조사됐다.[23] 역사교사의 수업 전문성이 교수내용지식을 통해 구현된다는 귀납적 결론이 학생 대상 역사의식조사를 통해서도 확인된 것이다. 다만, 좋은 역사교사는 가르칠 궁리 속에서 학생 개인의 역사인식을 수업의 중요한 출발점으로 삼는다.

역사수업의 매듭, 학생의 삶을 성찰하고 미래를 전망하는 배움으로

역사수업의 매듭은 끝매듭인 동시에 새로운 수업의 실마리를 제공하는 첫 매듭이어야 한다. 또 역사수업에서 교사와 학생은 세상의 이치를 꿰기 위해 힘써 돕는 관계여야 한다. 이 모든 구상은 역사교사의 가르침으로 구현되고 학생들의 배움으로 이어질 것이기 때문이다. 앞서 확인했듯, '2010 조사' 결과에 따르면 역사교사가 가장 중요하게 생각하는 역사의 가치는 '실천으로서의 역사'이다. 그래서 교사들은 역사교육이 학생의 삶에 도움을 줄 수 있어야 한다고 여기며 수업에서 현재와의 관련성에 주목한다. 많은 역사교사가 학생 자신이 서 있는 현재가 중요한 역사 인식의 출발점임을 인정하는 셈이다. '2010 조사'에서 교사들이 한국 근현대사에서 쟁점이 된 사안 가운데 '민족', '민주화', '통일', '식민지 유산' 문제를 중요하게 생각하는 것도 같은 맥락이다. 교사들은 학생들이 현재 우리 사회가 마주한 문제의 기원을 역사 속에서 찾고, 이를 통해 학생 스스로 자신의 삶과 자신이 속한 사회를 성찰할 수 있기를 기대한다.

역사교사들의 이러한 생각은 학생들에게 어떤 배움으로 이어지는 것일까? '2010 학생 대상 역사의식조사' 결과에 따르면, 학생들은 남북관계나 통일 문제에 대해 교사들과 다른 선택을 했다. 특히 통일에 대해 적극적이지 않았다. 교사들이 압도적으로 통일에 찬성한 것과는 다르게 학생들은 통일보다는 남북이 별개 국가로서 독자적으로 발전해야 한다는 견해를 2순위로 선택했다. 이러한 결과는 학교 역사교육이 학생들에게 자신의 삶을 성찰하고 이를 토대로 새로운 미래를 전망하는 데 도움을 주지 못하는 교육이 아닌지 조심스럽게 자문하게 한다.

게다가 한국 사회는 과거와의 전쟁 중이다. 이른바 '역사전쟁'이라는 이름의 내전과 국제전이 한반도와 동아시아의 평화를 향한 여정을 가로막고 있다. 이러한 역사 갈등의 원인이 무엇인지 다양한 진단이 가능하겠지만, 적어도 우리가 치르고 있는 내전의 뿌리는 학교 역사교육에 있음을 부인하기 어렵다. 한국전쟁 이후 오랫동안 우리 역사교육은 냉전체제에서 자라난 반공 이데올로기에 갇혀 있었다. 역사 교과서는 남과 북의 대결을 부추기고 북한에 대한 적대감을 극대화하는 방향으로 서술되었고, 그 속에서 자라난 기성세대는 여전히 내전의 한 축을 형성하고 있다. 2019년에 시작된, 한국에 대한 일본의 경제 보복 역시 강제징용 피해에 대한 대한민국 대법원의 판결을 부정하는 데서 비롯됐다. 이 또한 일본 제국주의의 한반도 식민 지배에 관한 한국과 일본 두 나라 역사인식의 간극이 초래한 역사전쟁임이 틀림없다. 한국의 역사교육도 이러한 역사전쟁에서 자유롭지 못하다. 한국 근현대사 교과서를 둘러싼 파동이 5년여에 걸친 교과서 재판으로 계속되었지만, 결국 재판 결과와는 무관하게 한국 근현대사 교과목이 교육과정에서 삭제되었다.

역사교사는 학생들이 역사를 배움으로써 자기 삶을 풀어나갈 실마리를 찾을 수 있도록 역사수업의 매듭을 잘 지어야 한다. 역사교육은 학생이 자신의 삶을 성찰하고 미래를 전망할 수 있는 배움으로 이어져야 한다. 이런 점에서 근래에 점점 목소리가 커지고 있는 민주주의 역사교육에 관한 논의는 주목해볼 만하다. 역사교사가 새롭고 견고한 줄을 만들어 정밀한 맞춤수업을 구상하고 학생이 역사의 행위자임을 자각하는 역사수업을 구상하는 데 민주주의란 가치를 지향하는 역사교육은 새로운 길잡이가 될 수 있다.[24] 역사교사들이 수업에서 논쟁의 교육적 가치를 재발견하고 있는 것 역시 주목할 만한 변화이다.[25]

지금은 대중적 지지를 받는 자민족 영웅 중심의 역사교육에서 벗어나 서로를 주체로 인정하며 공존해온 세계시민들을 주목하는 역사교육으로 거듭나야 할 때이다.[26] 1980년대 민주화 운동의 흐름 속에서 학교 교육 역시 이와 무관하지 않았으며, 그 결과 1997년 제7차 교육과정에서 민주시민의 개념이 정의되고, 세계시민으로서 자질 함양이 고등학교 교육의 목표로 명시되었다. 교육기본법 및 교육과정 문서 속 '민주시민'은 민주적 가치와 태도를 담은 지식을 탐구함으로써 국가의 경계를 넘어 세계와 소통하는 '세계시민'이기도 하다. 모든 인간이 다원적 정체성을 가진 존재라면 역사교육 역시 민주시민으로서 다원적 정체성 함양을 위해 그간 한국의 역사교육을 점령해온 국가·민족 중심의 역사 서술을 지양하고 다원적 세계관을 키울 수 있는 교육을 적극적으로 실천해야 한다.[27] '2010 조사'에 참여한 교사들 역시 동아시아 역사 교과서 및 역사 갈등과 관련해서 한·중·일 3국 모두 자국사 중심의 역사교육에서 탈피해야 하며, 교과서 관련 민간 차원의 교류를 통해 서로에 대한 이해를 증진할 필요가 있음을 강조했다.

이상과 같이 '2010 조사'는 현실 역사교육에 대한 중요한 통찰을 제공했다. 역사학계의 이론 논쟁이나 교육학 이론을 넘어 역사학의 특성 및 역사 교육과정 편제, 수업 전문성, 역사적 쟁점 사안에 대한 교사의 생각을 처음으로 들여다볼 수 있었기 때문이다. 다만, 학생들의 역사의식이 다양한 요소의 상호작용을 통해 형성되며, 역사교사가 주목해야 할 지점이 바로 이 상호작용의 역동성이라는 점에서 학생의 역사의식이 형성되는 경로를 추적할 수 있는 후속 연구가 필요하다.

2

역사교사가 수업 전문가로 성장하기 위해 필요한 것들

윤종배_서울 명일중학교

역사교사는 오늘도 안녕한가?

막상 현장에 나오니 행정 업무에 떠밀리고 학급 일에 치여서 수업 내용과 활동을 잘 구성하지 못하고 있어요. 별 고민 없이 강의식 수업으로 일관하는 저 자신이 초라하게 느껴집니다.

수업시간에 때때로 자괴감을 느낍니다. 학생들을 통제하기가 어려워요. 학생들의 예상치 못한 행동에 당황하고, 어떻게 해야 할지 몰라 갈팡질팡한 적도 있습니다.[28]

푸른 꿈을 안고 교직에 입문한 어느 초임교사가 현장에 나온 지 겨우 한 달 만에 하는 넋두리다. 안타깝기도 하고 걱정도 되지만, 처음부터 학생들 눈높이에 맞게 수업을 꾸리고 학생들과 능숙하게 소통하는 교사는 드물다는 말을 해줄 수밖에 없다. 초임교사는 이제 갓 운전면허를 딴 사람이나 마찬가지다. 운전대를 잡고 허둥거리기는 면허를 따기 전이나 딴 후나 똑같다. 실제 도로 상황에서 다양한 문제를 겪어봐야 비로소 능숙한 운전자가 된다. 교사도 자격증을 땄다고 해서 그 순간부터 곧바로 전문가가 되는 것이 아니다. 끊임없이 전문성 신장을 위해 노력해야 한다. 이를 두고 '교사는 교사가 되고서야 교사가 된다'라고 표현한 이도 있다.[29]

그런데 학생들을 대하는 문제와 관련해서는 경력이 오랜 교사들도 초임교사나 경력이 짧은 교사들 못지않게 버거워한다. 빠르게 변하는 요즘 같은 세상에서 세상 변하는 속도보다 더 빠르게 변하는 게 학생들의 인식과 감성과 행동이기 때문이다. 그들의 변화는 양상도 다양하다. 그럼에도 예전의 굳건했던(?) 교권을 떠올리며 현실 탓만 하거나 문제 상황에서 예전처럼 엄격한 잣대로 학생들을 규제하려는 교사들이 적지 않다. 대다수 교사가 학창 시절부터 규범적으로 살아왔기 때문이다. 한편으로 학생들의 반항적 행동을 감당하기 어렵다며 생활교육에서 손을 떼거나, 아예 명예퇴직을 신청하는 경력교사도 해마다 늘고 있다.

왜 이렇게 교사들은 학생 대하기를 힘들어하는 걸까? 근본적인 문제는 (사범)대학의 교육과정에 있다. 대개의 대학은 교사가 되어 가르칠 내용에만 관심을 가질 뿐 그것을 왜 가르쳐야 하는지, 어떻게 가르쳐야 하는지에 대해서는 충분히 가르치지 않는다. 더욱이 생활교육은 교사로 부임한 후 개인적으로 풀어야 할 숙제처럼 취급한다. 수업을 원활하게 이끄는 방법이나 학생들의 수업 방해행위에 대처하는 방법에 관해서도 고민할 기회를 주지 않는다. 전적으로 교사 개인의 능력과 노력으로 풀어나가야 할 문제라고 여긴다.

그래서 초임교사는 누구보다 가르칠 지식의 양은 많지만 가르칠 만한 수업 분위기를 만들지 못해 힘들어한다. 그런 식으로 자꾸 난관에 부딪히다 보면 최소한의 내용 전달을 위해 강의를 반복하게 된다. 경력이 쌓여도 강의 외에 다른 수업 방식을 시도할 용기를 내기가 어렵다. 새로운 수업 실천을 꾀했다가도 학생들의 반응이 신통치 않으면, 가장 익숙하고 자신 있는 강의식 수업으로 회귀하곤 한다.

역사교사는 단순히 역사를 가르치는 사람이 아니다. 역사를 통해 학생이 민주시민으로 성장할 수 있도록 도움을 주는 사람이다. 생활교육도 학생에게 생활'지도'를 하는 게 아니라 학생을 '설득'하고 학생이 건전한 인격체로 자라날 수 있도록 돕는 것이다. 수업도 생활교육도 교사와 학생의 라포르(rapport) 형성이 뒷받침되어야 실질적인 교육 효과가 생긴다. 그래서 교사는 최소한의 의사소통 능력을 갖추는 것은 물론 사춘기 학생의 심리를 진지하게 공부하고 이를 바탕으로 실습도 해야 한다.

아울러 역사를 가르치는 목적과 배우는 목적도 스스로 분명히 해야 한다. 교사 스스로 왜 역사를 가르치는지 부단히 질문하고, 학생들에게 왜 역사를 배워야 하는지 학생의 언어로 설명해줄 수 있어야 한다.[30] 과거에 일어난 일들은 학생들의 현재 삶과 깊은 관련이 있고, 과거의 일들을 아는 것이 미래의 삶에도 도움이 된다는 사실을 학생들이 분명히 인지할 수 있어야 제대로 된 수업과 소통이 가능해진다. 가르치는 목적과 배우는 목적이 바로 서야 가르치는 내용도 방법도 의미가 살아난다. 이것 역시 대학 시절부터 시간을 두고 찬찬히 고민하면서 다져나가야 할 교사의 소양이자 능력이다.

역사를 역사답게 가르치고 있는가?

역사교사들은 강의식 수업과 관련해 모순된 욕구에 시달린다. 한편으로 텔레비전에 나오는 유명 강사처럼 카리스마를 내뿜으며 학생들을 쥐락펴락할 수 있기를 바라는가 하면, 다른 한편으로는 강의식 수업에서 탈피해 알콩달콩 재미있는 활동을 하면서 학생들을 흥미로운 역사의 세계로 안내하는 수업을 꿈꾼다. 이는 역사교사의 수업에 대한 자신감과 두려움이 동시에 작용하기 때문이라 할 수 있다. 교사의 친절한 설명과 깔끔한 파워포인트 혹은 흥미로운 동영상이 어우러진 강의식 수업은 무척 성의 있어 보이지만, 본질상 학생을 수동적으로 만든다. 많은 역사교사가 여기에서 벗어나서 학생들이 역동적인 모둠 활동을 펼치는 수업을 시도하고 싶어하지만, 그러기에는 경험도 자신감도 부족하다. 자기 내러티브도 불완전하고, 학생들의 다양성과 거기에서 비롯되는 돌발 변수를 제어할 자신도 없다. 그러면서도 마음 한켠에는 항상 배움 중심 수업을 해야 한다는 강박이 존재한다.

역사수업을 둘러싼 교육 여건과 외적인 환경도 마뜩잖다. 교육과정이 아무리 바뀌어도 수업시수에 비해 가르쳐야 할 내용이 많다는 문제는 좀처럼 해결될 기미가 없다. 교사 차원에서 교육과정을 재구성해 상황을 개선해보려 해도, 한 시대를 통째로 생략하거나 국가 수준 교육과정이 요구하는 학습 주제를 다 무시할 수는 없기에 한계가 있다. 게다가 교사들은 어떻게든 끝까지 진도를 나가려는 경향이 있어 늘 쫓기는 심정이기는 마찬가지다. 사료와 지도, 연표 등 수업 자료 대부분이 문자 텍스트라는 역사수업의 특성도 하나의 장벽이다. 요즘 학생들은 어휘력도 문해력도 예전보다 많이 부족하고 조금이라도 긴 글은 집중해서 읽기를 싫

어한다. 독서량이 많이 부족한 데다 문자 텍스트보다는 영상에 훨씬 익숙한 세대이기 때문이다. 학생들은 국어나 영어, 수학 과목에 갖는 관심의 10분의 1도 역사에 할애하지 않는다. 역사가 암기과목이라는 근거 없는 고정관념도 흥미를 떨구는 데 한몫한다.

이런 여건에서 역사를 역사답게 가르치는 것, 좋은 역사수업을 한다는 게 가능할까? 가능하다. 기본으로 돌아가면 된다(Back to the basic). 사료에 기초한 역사수업은 그 방안 중 하나다. 역사 연구는 사료에서 출발한다. 사료를 바탕으로 역사적 상황을 추리하고 해석하며, 논쟁을 통해 시대상을 밝힌다. 역사수업도 역사학의 이런 특성을 살리고 활용하는 방안을 고민해야 한다. 학생들이 사료를 갖고 씨름하면서 역사 공부의 매력을 알아나가도록 이끌어줘야 한다. 역사 교실에서 역사학자들의 논쟁을 재연하자는 것이 아니라 학생들이 자기 수준에서 사료를 해석하고 시대를 상상하며 저마다 생각을 키워나가는 작업을 하자는 뜻이다.

사료 기반 수업은 오래전부터 존재해온 '재미있는 수업인가, 의미 있는 수업인가'란 논의를 푸는 실마리가 될 수도 있다. 재미를 추구하면 학생들의 집중을 끌어낼 수 있지만 집중이 수업 초반에만 가능하거나 역사적 사고력으로 연결되지 않는 경우가 많고, 의미만 좇다 보면 처음부터 학생들의 시선을 끌지 못하니 교사의 노력이 물거품이 될 확률이 높다. 요즘은 흥미로운 수업이 주목받는 분위기다. 여기서 '흥미'는 다른 게 아니라 내용으로부터 관심을 끌어내는 것이다. 내용은 역사의 한 장면, 몇 초짜리 동영상, 핵심적인 문구나 발문, 인물의 일화 등 여러 가지 형태로 외화할 수 있다. 이는 수업의 핵심과 직결되는 요소이며, 탐구의 출발점이기도 하다. 수업의 핵심을 담은 사료와 접근법을 고민하여 학생들이 호기심을 갖고 내용을 찾게 만드는 것, 학생 자신의 문제로 느낄 만한 질문을 던지는 것 등이 그 예가 되겠다.

이를 위해 역사교사는 수업 내용을 뒷받침하거나 상세화하거나 깊이 들여다볼 수 있는 좋은 사료를 찾는 일부터 시작해야 한다. 수업하기 좋은 사료란 수업의 핵심이 잘 담겨 있거나 시대상을 반영하는 사료이다. 거기에 학생들의 공감을 이끌어낼 만한 요소가 있거나 생활 속에서 적용 가능하거나 학생이 자신을 성찰하게 할 만한 사료, 나아가 다른 차시에도 전이될 수 있는 것이면 더욱 좋다.

문제는 그다음이다. 교사는 길고 고풍스러운 문체의 사료를 학생들의 눈높이에 맞는, 가독성 있는 자료로 가공하는 작업을 해야 한다. 핵심적인 개념이나 자주 등장하는 역사용어는 각주를 달아서 설명을 덧붙이고, 복문은 되도록 단문으로 재구성하고, 때로는 오늘날의 용어나 표현으로 과감하게 바꾸어야 한다. 필요하면 사료의 형식을 가상 대화나 논쟁 상황, 상소문, 연설문, 인터뷰 형식으로 바꿀 수도 있다. 문자 텍스트를 그림 형태로 도해한 자료나 역사 관련 만화나 삽화를 교사가 가공한 문자 사료에 곁들이면 더욱 좋다.[31]

문자 사료 외에 사진이나 그림 자료를 활용하는 수업도 할 수 있다. 예를 들면, 학생들에게 사진에 등장하는 인물과 같은 자세를 취하게 한 다음 사진 속 인물이 되어 사진 속 장면의 의미나 상황을 추리하게 할 수 있고, 학생들에게 사진의 일부만 보여주고 나머지 부분을 상상하게 하거나 반대로 전체를 보여주고 핵심 인물이나 요소에 집중하게 만드는 다양한 질문을 던지며 의미를 따져보게 할 수도 있다.

교사 차원의 교육과정 재구성은 이럴 때 필요하다. 사료를 활용한 수업은 강의식 수업보다 많은 시수를 요구한다. 그래서 교육과정을 재구성하지 않으면 필요한 시수를 확보할 수 없다. 기본적으로 한 단원에 한두 번 정도 깊이 있게 탐구하는 시간을 갖는다고 생각하고 단순한 사료부터 제법 긴 호흡의 사료까지 단계적으로 시도할 수 있도록 사료 수업을 시수에 맞게 안배해야 한다. 사료 기반 수업은 학생 스스로 사료에 나름의 해석을 더하는 경험을 함으로써 역사는 고정된 사실이 아니라 다양한 해석이며, 따라서 결론이 아니라 과정이라는 점을 깨달을 기회를 주는 수업이다. 한편으로 학생들도 역사 해석에 참여할 수 있고 나아가 역사를 만들어갈 수 있다는 의식을 심어주는 수업이기도 하다.

위와 같은 수업이 가능해지려면 역사교사 자신이 사료 탐구 경험을 충분히 쌓아야 한다. 교사가 먼저 '사료의 발굴 → 가공 → 질문/탐구 → 활동 구상'으로 이어지는 절차를 충분히 경험해봐야 역사 탐구의 '과정'을 계기적·맥락적으로 설명할 수 있다. 대개의 역사교사는 대학 시절 사료 강독 과목을 수강한 경험이 있을 것이다. 그런데 대학 교육과정에서 사료 강독은 학생들이 유난히 지루해하고 힘들어하는 과목 중 하나다. 특히 사범대학은 역사학자를 기르는 곳이 아니라 역사교사를 양성하는 곳인만큼 역사학의 본령이라 할 수 있는 사료에 깊이 천착하는 경험은 갖되 이를 수업에서 어떻게 구현할 것인지를 함께 고민할 기회를 주어야 하는데 이 부분이 결핍된 상황이다. 그래서 대개의 역사교사는 이미 해석된 사료를 부분적으로 인용하는 수준에 머문다. 그러다 보니 역사 사건을 마치 정해진 공식인듯 '원인-전개-결과-의의' 식으로 설명하거나 교사의 설명에 학생 활동을 부분적으로 연계하는 수업이 대부분이다.

다시 사료 기반 수업으로 돌아가 보자. 적절한 자료를 찾아 가공까지 끝냈다면 이제 사료에 질문을 던질 차례다. 사료 기반 수업은 발문이 이끄는 수업이다. 사료 학습의 의미가 살아나려면 반드시 사료에 적절한 발문을 덧붙여야 한다. 사료에 관한 한, 아는 만큼 보이는 게 아니라 묻는 만큼 보이게 되어 있다. 겉으로 보이는 현상이나 사실관계를 확인하는 단순한 질문부터 점차 고차적인 질문으로 단계를 밟아가면서 사료를 깊이 있게 탐구하도록 유도해야 한다.

발문 구성은 생각보다 어렵지 않다. 간단하게 육하원칙을 활용해보자. 먼저 '언제, 어디서, 누가'를 물어 시공간적 배경과 인물을 확인하게 한 뒤 '무엇을, 어떻게'를 물으면 학생들이 사료 관련 기본적인 상황을 파악하게 된다. 그런 다음 '왜'를 물어 학생들이 직접 사료 속에 숨은 의미를 따져보게 하면, 그에 따른 판단이 가능한 최종 단계까지 자연스럽게 이어진다. 복수의 사료를 제시한 뒤 1단계 '사실 확인하기' → 2단계 '사료의 상황을 선후, 인과, 비교, 대조 등으로 분석하기' → 3단계 '해석하고 의미 부여하기'의 흐름으로 발문을 구성할 수도 있다.[32] 학생들은 이를 통해 역사적 사고력의 주요 요소인 인과관계 파악, 자료 탐구, 감정이입과 상상, 역사적 판단 등의 과정을 두루 경험하게 된다.

요즘은 활용하기 좋게 국역된 사료를 다양한 경로로 손쉽게 구할 수 있다. 국역된 자료만으로 부족하다면, 해당 사료 관련 주제를 정리한 논문이나 연구서를 참고하면 도움이 된다. 평소에 사료집과 연관 논문 등을 참고하는 습관을 들이면 어떤 사료를 고르고 어떻게 해석해야 하는지 혹은 해석하고 있는지를 파악하기가 훨씬 쉬워진다. 사료를 능숙하게 다룰 줄 알고 사료 연구를 업으로 삼고 있는 연구자들의 시선을 따라가다 보면 새로운 해석의 여지가 보이고 역사교사가 학생들을 의식하면서 던질 만한 질문도 떠오를 것이다. 먼저 한두 차시 분량만이라도 안내한 대로 준비한 다음, 수업에 적용해보자.

역사를 역사답게 가르치기 위해 사료 기반 학습과 함께 제안하고 싶은 것이 하나 있다. 바로 '모둠 활동'이다. 모둠 활동은 활동 과정에서는 물론 모둠을 구성하는 단계에서부터 이미 불만이 생길 수 있고, 평가가 연계되면 더욱 일이 복잡해지는 경향이 있어 교사들이 선뜻 나서지 못하는 영역이다. 그럼에도 역사수업에서 모둠 활동은 역사적 사실을 충분히, 정확히 알고 토론과 글쓰기를 통해 사고의 깊이를 더하는 일만큼이나 중요한 의미가 있다. 역사교육의 궁극적 목표라 할 수 있는 '민주시민 양성'과 관계된 일이기 때문이다. 민주시민이란 여러 가지 정의가 있겠지만, 진지한 역사의식과 참여 정신, 공존과 협력, 배려와 존중의 덕목을 갖춘 사람일 것이다. 이런 덕목은 창의적 체험 활동이나 인성교육 시간을 늘린다고 해서 길러지는 것이 아니다. 교과 수업 안에서 학생들이 일상적으로 '더불어 사는 연습'을 해야 한다. 우리 학생들이 더 나은 세상을 살게 하는 것이 역사교사의 기본적인 책무라면, 민주주의의 역사와 정신도 가르쳐야 하지만, 민주적 방식을 경험할 기회를 반드시 주어야 한다. 글로 배운 민주주의는 삶으로 녹아들지 못하지만, 몸으로 배운 민주주의는 작지만 큰 변화를 불러일으킬 수 있다.

아울러 역사의 특성인 논쟁성 때문에라도 모둠 활동 식의 접근이 긴요하다. 앞서 필자가 제안한 대로 사료를 접하면서 서로의 해석이 갈리고 입장이 달라지는 주제를 공부했다면, 나의 생각과 친구의 생각을 견주어 보는 시간을 반드시 가져야 한다.[33] 서로의 생각이 어떤 점에서 다르고 왜 다른지, 누구의 생각이 상대적으로 합리적인 방안인지, 더 나은 방안을 찾을 수는 없는지 등등 학생들이 머리를 맞대고 문제를 해결하는 과정이 필요하다. 여건이 어려우면 짝꿍과 의견을 나누는 작업이라도 해야 하고, 가능하면 4인 이상의 모둠에서, 나아가 학급 전체가 쟁점에 대해 의견을 말하는 시간을 마련한다면 더욱 좋다. 이 과정에서 학생들의 생각이 더 넓어지고 깊어질 수 있다.

모둠 활동도 사료학습처럼 교사의 연습이 필요하다. 모둠 활동이 낯설고 막막하기는 교사도 매한가지기 때문이다. 경쟁적인 입시환경에서 중·고등학교 시절을 보내고, 대학에서도 가끔 팀플레이를 해야 하는 과목 말고는 이런 식의 수업을 경험한 적 없는 교사들이 모둠 활동을 활발하게 하기는 어렵다. 학생들 역시 경쟁적인 수업문화와 한 줄 세우기에 익숙한 터라 모둠 활동을 꺼리거나 한다 하더라도 미온적이다. 이런 환경에서 모둠 활동을 긍정적인 수업 경험으로 만들려면, 교사 스스로 고립적인 학교문화에서 벗어나 교원학습공동체나 교과모임 등을 통해 집단지성을 발휘하는 경험을 해야 한다. 일상에서 수업이나 생활교육에 대해 함께 고민하고 지혜로운 해법을 찾아가는 경험을 쌓으면, 교사가 확신을 가지고 모둠 활동을 실천할 수 있다.

예비교사 양성 과정, 이대로 좋은가?

역사교사의 수업 재구성 능력과 의사소통 능력 형성에 커다란 영향을 미치는 것이 사범대(혹은 사학과) 교육과정임을 이미 밝힌 바 있다. 대학이 현장에 최적화된 교직 실무교육까지 감당할 수는 없지만, 이론을 현장에 적용하고 현장 상황에 맞게 응용할 정도의 기본 체력은 기를 수 있는 곳이어야 한다. 그런데 우리의 사범대 교육과정은 그러한가? 아래 신문기사를 보자.

모 대학 사범대 역사교육과가 연구 실적으로 내놓은 학회지를 보면 다소 문제가 있다. 거기에 실린 논문 8편 중 중·고등학생을 대상으로 역사를 가르치는 방법에 대한 논문은 전무하다. 2편은 답사기, 6편은 로마 원로원 연구, 16세기 대일 무역의 전개와 갈등처럼 인문대 사학과에서도 쓸 수 있는 논문이었다.[34]

이에 대해 어느 교수는 "역사교육과가 존재하는 이유는 중등학교 현장의 역사교육 방법론을 교육, 연구하는 것인데 이런 논문만 쓴다면 사범대가 따로 필요 없다"라고 했다. 아울러 '교사의 출신 학교별 생활 양상'을 다룬 한 연구에 따르면, 사범대 출신 교사들의 교직 적응력이 비사범대 출신과 유의미한 차이가 없었다고 한다.

이처럼 현실의 사범대는 존재 이유를 되묻게 한다. 사범대는 교사가 될 사람을 양성하는 곳이지만 실상이 그렇지 못한 것이다. 인문대 사학과는 말할 필요도 없지만, 사범대 역사교육과도 '역사교육' 전문가를 배출할 수 있는 구조가 아니다. 교육 철학, 교육 심리학 같은 교직과목을 제외하면 인문대 사학과와 차별성 없는 과목들이 즐비하다. 학생들의 선행 경험, 어휘력, 독해력, 흥미와 발달 단계를 고려한 교과의 재구성 등에 필요한 능력은 일반적인 역사 전공수업에서 습득하기 어렵다. '교과 교육론', '교재 연구 및 지도법' 등의 과목도 학교 현장의 상황을 반영한 수업이 아니다. 사범대는 교사를 기르는 곳인가, 연구자를 키우는 곳인가?

경력이 짧은 교사일수록 대학 때 배운 이론과 수업 현장 간 간극을 크게 느낀다고 한다. 선배 교사들도 대학 시절 역사학과 교육학을 따로 배운 터라 학교 현장에 나가 각자 '알아서' 역사교육의 길을 찾아야 했다. 이는 전국역사교사모임을 중심으로 현장교사의 자생적인 역사교육 논리가 구축된 배경이기도 하다. 1990년대부터 1세대, 2세대 역사교육 연구자들이 우리 현실에 맞는 역사교육의 논리와 체계를 구성해오고 있지만, '현장과 이론의 괴리'라는 문제는 여전히 숙제로 남아 있다.

그런 점에서 차츰 현장교사들과 역사교육 연구자들의 만남이 잦아지고 있는 것은 반가운 일이다. 특히 2010년대 들어 전국역사교사모임과 역사교육연구소가 이 문제의 해결에 앞장서기 시작했다. 전국역사교사모임은 각종 학회와 교류를 늘려나가고 있고, 역사교육연구소는 연구자와 교사의 일상적인 소통과 공동 연구의 확대에 힘을 기울이고 있다.

사범대는 교사가 되고픈 학생들이 실제로 교사가 되었을 때 사용할 근육을 만들어주는 교육을 해야 한다. 그런 교육은 무엇보다 현장과의 연계를 통해 가능하다. 일정 수준의 경력과 나름의 내공을 쌓았다고 판단되는 현장교사들에게 문호를 개방해 학생들에게 지속적으로 구체적이고 생동감 있는 수업 실천 경험을 접할 기회를 주는 것이 한 방안이다. 나아가 현장교사에게 한 학기 강좌를 통째로 맡겨서 학생들과 긴밀하게 교류하면서 역사교육 이론과 현장 간 거리를 좁혀나갈 시간을 준다면 좀 더 실효성이 있을 것이다.

역으로 역사교육과 교수들이 일정 기간 중등학교에서 수업을 진행하면서 현장의 고충과 학생들의 상황을 제대로 파악하고, 실질적인 교수내용지식의 필요성을 절감하는 기회를 가져야 한다는 주장도 있다. 사범대 교수들이 일선 학교와 접촉하는 기회를 늘려 현장 감각을 갖추는 편이 현장교사를 대학에 투입하는 것보다 훨씬 현실성이 있다는 뜻이다. 학생들의 교육봉사 활동도 분야를 다양화할 필요가 있다. 현재는 일대일로 학습 부진아를 지도하는 정도에 불과한데, 방과 후 수업 보조교사나 돌봄교실 활동 등을 두루 경험함으로써 학생에 대한 이해를 높이고 교사로서 스스로 정체성을 묻고 구체적인 수업방법론도 익히는 경험이 되어야 한다.

예비교사로서 대학에서 쌓은 역량은 최종적으로 교육 실습에서 발휘되어야 한다. 하지만 지금은 교육 실습에 필요한 여건이 제대로 갖춰지지 않은 상태다. 학교를 제대로 경험하고 이를 바탕으로 수업을 다양하게 궁리하기에는 실습 기간이 너무 짧고, 학교 급을 막론하고 체계적인 교육 실습 프로그램을 갖춘 학교가 거의 없어 어떤 지도교사를 만나느냐에 따라 실습의 질이 달라진다. '교생 실습이 아니라 고생 실습'이란 표현이 회자되고 있는 것도 그만큼 실습 교육이 부실하기 때문이다.

그렇다고 해서 일선 학교에 실습 기간을 늘려달라고 요구하기는 어렵다. 학교는 학교대로 일련의 교육 활동 계획이 있고, 이 계획에 교육 실습은 중요한 요소가 아니기 때문이다. 사범대 부설학교도 사정은 다르지 않다. 그런 만큼 당장 체계적인 교육 실습 프로그램을 마련하라고 요구할 수도 없다. 마련한다 하더라도 담당 교사의 능력과 태도에 따라 효과는 천차만별일 것이다. 따라서 현재는 대안을 마련할 곳이 대학밖에 없다. 교육 실습생들이 짧은 기간만이라도 알차게 경험할 수 있도록 대학에서 탄탄히 준비하고 지원해줘야 한다.

수업 전문가로 성장하기 위해 교사는 무엇을 해야 할까?

교사는 기본적으로 학인(學人)으로서 배우기를 좋아해야 한다. 잘 배우는 사람이 잘 가르칠 수 있는 법이다. 교사는 좁은 소견과 세계관을 타인에게 설파하는 사람이 아니라 무엇이 진리이고 사람의 도리이며 역사의 순리인지 부단히 탐색하고 고민하는 사람이 되어야 한다. 그래서 말로 가르치는 것이 아니라 삶으로 가르치는 교사가 되어야 한다. 학생들은 이런 교사의 삶을 따라 배운다.

흔히 중·고등학생을 가르치는 일은 얕은 지식으로도 가능하다고 여긴다. 교사들도 4, 5년 정도 경력이 쌓이면, 초보일 때만큼 가르치기 위한 배움에 열정을 쏟지 않는다. 많이 가르쳐봤자 학생들이 알아듣지도 못하고 몇 해 가르치다 보니 요령이 생겨 굳이 더 공부하느라 애쓸 필요가 없다고 생각하는 것이다. 하지만 내용을 많이 알수록 다양한 수업 궁리가 가능해지고, 내용을 깊이 알수록 수업의 핵심과 본질이 더 명확해진다. 더 많이 더 깊이 알수록 수업 내용을 어떻게 정선하고 어떻게 접근할 것인지, 어떻게 평가할 것인지가 더 선명해진다. 그래서 교사는 공부를 게을리해서는 안 된다.

역사교사로서 잘 가르치기 위한 공부의 첫 번째 원천은 '독서'이다. 학생들도 그렇지만 교사들의 독서량도 갈수록 줄어들고 있는 게 사실이다. 젊은 교사들 사이에서는 영상 매체나 시각적 구체성을 갖춘 자료를 찾아서 활용하는 수업이 유행처럼 번지고 있는 것도 사실이다. 그런데 그런 자료들을 어떤 맥락에서 파악하고 수업 중 어느 시점에 어느 정도의 비중으로 어떻게 다룰 것인지, 무슨 질문을 던질 것인지를 교사들이 제대로 따져보는지 의문이다. 매체의 나열이 되지 않으려면, 독서를 통해 역사적 사고의 그물망을 치고 학생들에게 어떻게 제시할 것인지를 판단해야 한다. 독서 분야를 역사학으로 국한할 필요는 없다. 역사는 시간 속 인간의 변화를 다루는 학문이므로 문학, 시사, 예술, 교양 어느 것 하나 관계되지 않은 것이 없다. 역사교사라면 다방면에 걸쳐 책을 읽는 것이 바람직하다.

역사교사가 해야 할 두 번째 공부는 '답사'이다. 사범대 역사교육과 출신이든 인문대 사학과 출신이든 역사교사라면 한 번 이상의 답사 경험이 있을 것이다. 임용 후에도 역사교사는 학교에서 동아리 활동이나 교육여행, 체험 활동 등의 형태로 진행되는 유적 답사나 문화재 탐방을 책임지게 되는 경우가 많다. 대학 시절 답사 때마다 주도적으로 자료를 찾고 다중에게 설명하는 연습을 한 역사교사라면 자신감 있게 답사를 진행할 수 있을 것이다. 그런데 필자가 여기서 답사를 역사교사에게 필요한 공부로 꼽은 이유는 다른 데 있다. 바로 수업과 직결되는 문제이기 때문이다. 답사 과정에서 수집한 자료는 곧바로 현장감 있는 수업의 교재로 사용할 수 있다.

역사교사라면 개인적으로, 혹은 동료 교사들과 함께 국내외로 여행을 갈 기회가 생길 때마다 여행에 답사의 의미를 더할 필요가 있다. 문화재나 유적지를 '셀피' 찍기 좋은 풍광이 아니라 수업시간에 쓸 유용한 자료로 여기고, 약간의 노력을 더할 필요가 있다. 예컨대, 유적지나 건물만 덩그러니 찍을 게 아니라 유적지와 교사 자신의 모습을 함께 사진에 담으면 유적지를 '교사'라는 매개를 통해 학생들이 가깝게 느끼고, 크기와 분위기도 짐작할 수 있게 된다. 한발 더 나아가 방문지에 관한 정보를 미리 습득한 뒤 현장에서 리포트하듯이 설명한다거나 현장의 소리를 화면에 함께 담아오면 훨씬 생동감 있는 수업이 가능해 학생들의 집중력 또한 높아진다. 여행 중에 이런 작업을 했다면 여행 후에 국내는 지역별·시대별로, 국외는 국가별·대륙별로 자료를 정리해두자. 그러면 수업 중에 간간이 소개할 수 있고, 학기 말에 혹은 자유학기제, 창의적 체험 활동, 답사 동아리를 운영할 때, 전체 사진을 하나의 스토리로 엮고 여기에 교사가 겪은 에피소드를 곁들이는 식으로 학생들을 역사 여행에 동참시킬 수 있다.

역사교사가 해야 할 세 번째 공부는 '상담'이다. 달리 말하면 학생과 대화하는 길을 찾는 공부다. 서두에 밝혔듯이, 교사들에게는 의사소통 능력이 필요하다. 수업의 80~90%는 교사의 말인데, 발문·지적·격려·진행·지시 등의 다양한 상황과 학생들의 반응에 맞춰 적절한 소통을 할 수 있으려면 교사 스스로 자신의 말투와 질문 방식을 돌아보고 친절한 대화법을 고민하고 부족한 부분을 개선하려는 의지가 있어야 한다. 이와 관련해 근래 주목받고 있는 의사소통 연수의 제목은 '모험 상담'과 '회복적 생활교육'이다.

모험 상담은 말로만 하기 어렵거나 긴말 싫어하는 학생들의 성향을 고려해 상담에 놀이와 게임의 요소를 더한 상담법이다. 짝을 찾는 놀이를 통해 대화하면서 서로를 알아나가거나, 집단의 협업을 통해 작은 목표를 성취해나가면서 공동체의식과 자존감을 키워나가는 역동적인 상담법이다. 특히 초보교사를 비롯해 경력이 짧은 교사들에게는 서투른 말보다는 가벼운 스킨십과 함께 서로에게 힘을 보태는 연습을 하는 모험 상담이 훨씬 가성비가 높은 상담법이 될 수 있다.

회복적 생활교육은 처벌과 훈육 위주의 생활지도가 가진 한계를 인정하는 데서 출발한다. 즉, 처벌이나 훈육으로는 갈등 당사자 간 문제를 해결하지도, 소원하거나 단절된 관계를 회복시키지도 못한다는 것이다. 그래서 구성원 간 갈등이 발생하면 처벌이나 훈육이 아닌 '대화를 통한 관계의 회복'을 강조한다. 예를 들어 학교 폭력이 발생한 경우 무작정 가해 학생을 훈계하고 처벌할 것이 아니라 반복적인 대화를 통해 가해 학생에게 피해 학생의 고통과 상처를 인지하고 진심 어린 반성과 사과를 할 기회를 주자는 것이다. 물론 심리적·물질적 책임을 회피하게 해서는 안 된다. 이는 갈등을 배움의 기회로 삼으려는 것이기도 한데, 교사는 가해 학생이 공동체의 기대를 깨닫고 잘못을 인정하고 책임을 지면서 공동체로 복귀할 수 있도록 설득과 권유의 태도를 견지해야 한다.

교사는 학생의 개인적·사회적 성장을 돕는 사람이다. 그래서 이렇게 지식을 쌓기 위한 공부는 물론, 교사 자신의 마음을 다스리는 공부, 학생을 제대로 읽는 공부를 해야 한다. 그래야 평화로운 공동체적 관계 속에서 학생과 의미 있게 소통하며 역사교사로서 역사를 역사답게 가르치는 수업을 할 수 있게 된다.

홀로 서기 위한 교사 각자의 열정과 학생과 마주 서기 위한 진지한 탐색, 함께 바로 서기 위한 공동체적 노력이 행복한 연쇄를 이룰 때 교사는 가르치는 자로서 우뚝 설 수 있을 것이다. 이러한 기반 위에 역사를 역사답게 가르치기 위해 자료에 질문을 던지고 구조와 맥락을 살피며 저마다의 해석을 공유하면서 상식을 두텁게 만들어가는 공부를 해야 한다. 그 배움의 여정에서 배려와 존중, 공존과 연대로 더 나은 세상을 여는 민주시민을 기르는 일도, 보람찬 역사교사의 삶도 가능해질 것이다.

3

역사의식조사 설문을 활용한 예비 역사교사의 수업 사례

이해영_대구가톨릭대학교 역사교육과

예비 역사교사는 무엇을 고민하는가?

교육 실습은 예비교사가 대학에서 습득한 이론을 현장에 적용해볼 기회다. 예비교사들의 교직에 대한 태도나 교육관에 영향을 주고 추후 진로를 결정하는 데 결정적인 역할을 하기도 한다. 이에, 교육 실습이 예비교사에게 얼마나 영향을 미치는지 알아보고자 대학 4학년 예비교사들이 교육 실습을 하는 동안 매일 작성한 일기를 분석하여 그들의 수업에 관한 고민을 살펴보았다.

교육 실습을 하는 동안 예비교사들의 시선은 자주 학생들에게로 향했다. 학생들은 예비교사들을 웃게 만드는가 하면 악몽을 꾸게도 했다. 예비 역사교사가 자신의 수업을 평가하는 기준도 학생들의 반응이었다. 대체로 예비 역사교사들은 학생들이 수업시간에 졸거나 긍정적인 반응을 보이지 않으면 실패한 수업으로 간주했다. 학생들에게 유용하다고 판단하고 준비한 활동도 반응이 시큰둥하면 원래의 계획을 수정했다. 한 예비 역사교사는 학생들이 역사신문 기사쓰기를 어려워하자 새벽까지 준비한 자료를 포기하고 학습지 빈칸 메우기로 활동을 대체하기도 했다. 교사가 학생들을 주의 깊게 관찰하고 학생들의 반응을 살피는 것은 긍정적인 신호이다. 그러나 이런 노력이 '학생들에게 가르칠 내용이 어떤 의미가 있는지', '학생들에게 무엇을 가르칠 것인지' 같은 본질적인 고민으로 이어지지 못하고 학생들의 흥미를 유발하는 데로만 쏠렸다. '좋은 수업은 무엇인가'에 대한 예비교사들의 근본적인 성찰이 부족한 데서 기인하는 문제로 보인다.

학생들이 무엇을 원하는지를 구체적으로 파악하고 이를 수업 내용이나 활동으로 변환하는 능력은 중요하다. 예비교사 중에는 교사의 역할이 수업을 통해 학생들이 성취감을 느낄 수 있도록 도와주는 것이고 이를 위해 학생들이 스스로 사고를 확장할 수 있도록 안내해야 한다고 생각하는 교사도 있었다. 하지만 그조차 실제 수업에서는 학생들과의 상호작용을 어려워하며 교과서 내용을 충실하게 전달하기 바쁜 모습을 보였다. 그의 수업 성찰이 실제 수업으로 구현되지 못한 것이다.

한편, 다수의 예비교사가 수업모형에 대해 고민했다. 그들은 교사가 중심이 되는 강의식 수업과 학생들의 활동이 주가 되는 수업 사이에서 갈등했다. 중·고등학교 시절에 경험한 강의식 수업에 대한 견고한 믿음과 학생들이 흥미를 잃지 않고 수업에 집중할 수 있으려면 활동이 주가 되는 수업을 해야 한다는 믿음이 마음속에서 충돌을 일으키고 있는 듯 싶었다. 예비 역사교사들은 강의와 활동을 혼합한 수업을 시도하거나 강의식 수업과 활동 중심 수업을 번갈아 진행했다. 혼합하든 번갈아 하든 강의는 주로 교과서 내용을 그대로 전달하는 데 공을 들였고 모둠 활동에서는 내용이 제대로 전달되었는지 확인하는 데 초점을 맞추었다. 강의든 활동이든 목표는 내용 전달에 있는 셈이었다.[35]

이들에게 모둠 활동은 역사에 흥미가 없는 학생들을 수업에 끌어들이기 위한 장치다. 그래서 예비교사들이 고안한 모둠 활동에는 중·고등학생들 사이에서 유행하는 여러 장치가 동원되곤 한다. 요즘 학생들에게는 화려한 디자인으로 오감을 자극하는 상상력 가득한 게임과 애니메이션이 일상이다. 이들은 동시다발적으로 쏟아져 나오는 정보를 빠르게 '스캔'하는 능력자들이기도 하다. 상식을 뒤엎어버리는 도발적 아이디어에 열광하면서 관심사를 빠르게 전환하고, 마음만 먹으면 어지간한 학술정보까지 순식간에 찾을 수 있는 '움직이는 도서관' 스마트폰으로 무장한 채 지식정보사회의 첨단을 걷는다. 이들은 또 홍수 같은 정보와 빠르게 전환되는 메시지에 익숙하다. 이런 학생들에게 교실에 가만히 앉아서 교사의 일방적인 설명만 듣고 있어야 하는 강의식 수업은 그야말로 '견뎌야 하는' 고역에 가깝다. 예비교사들이 여러 가지 장치를 동원한 활동을 계획하는 것도 이 때문이다.

그러나 역사수업에서 활동과 재미를 접목하기는 쉽지 않다. 학생들이 활동 자체를 선호하지 않기 때문이다. 그래서 예비교사들은 학생들의 소통 방식과 감수성, 문화 트렌드를 예리하게 짚어 흥미와 재미를 살리려고 애쓴다. SNS 댓글 달기 형태의 가벼운 활동도 그중 하나였다. 일상 속의 친숙한 소통 방식을 빌려 활동을 구성하기도 했는데, SNS나 개인 블로그 형식을 따와서 글과 함께 그림 혹은 이모티콘을 동원해 활동지를 꾸미게 하는 식이다. 나아가 공부한 내용을 개성이 담긴 웹툰으로 표현하거나 대중가요 가사를 내용에 맞게 고치거나 랩으로 표현하는 활동도 시도했다. 동영상을 제작하거나 교실을 전시공간으로 활용한 행사를 기획하거나 역사적 사건을 기념하는 이벤트를 열기도 했다.[36] 그러나 이런 활동 중심 수업은 아쉽게도 학생들의 흥미를 유발하는 데 그쳤다. 그들은 학생들의 사고를 확장하기 위한 고민을 하지 않았다.

최근 교육청이나 각급 학교에서 진행하는 연수에서는 교사들에게 수업 개선을 위해 다양한 수업모형을 권장한다. 중학교로 교육 실습을 나간 예비교사들도 실습 첫 주에 받은 학교 연수에서 '배움의 공동체 수업', '거꾸로 수업', '하브루타', '문제해결학습', '비주얼씽킹' 등 다양한 수업모형에 대해 교육받았다. 학교는 예비교사들도 다양한 수업모형을 시도하기를 바랐다. 그러나 다양한 수업모형에 대한 예비교사들의 반응은 엇갈렸다. 참신하다는 사람이 있는가 하면, 필요성에 의문을 품는 사람도 있었다. 지도교사들의 조언도 엇갈렸다. 요즘 유행하니 활동 수업을 해보라는 교사가 있는가 하면, 역사는 사실을 많이 알아야 하는 과목이라 강의식 수업이 가장 적합하다며 다른 수업 방식에 대해 부정적인 의견을 내비치는 교사도 있었다. 수업모형에 대해 고민하는 예비교사에게 역사 과목에는 어떤 수업모형이 적절한지, 왜 그 수업모형이 필요한지에 대해 진지한 조언을 하는 교사는 찾아보기 힘들었다.

수업에 대한 논의가 풍성해지면서 다양한 수업모형이 등장했다. 그러나 다양한 수업모형을 활용해서 수업을 한다 해도 교실 상황이나 학생의 수업 이해 수준에 따라 수업의 진행 양상은 달라지게 마련이며, 수업모형대로 수업을 한다고 해서 모두 좋은 수업이 되지는 않는다는 사실은 이미 널리 알려져 있다.

예비 역사교사는 무엇을 경험해야 하는가?

1) 무엇을 가르칠 것인가를 고민해야 한다

그간 예비 역사교사들은 학생들의 역사 이해 양상이나 특징을 제대로 파악하지 못한 채 교육 실습에 임했다. 필자는 실습을 앞둔 이들에게 역사교육연구소에서 진행한 역사의식조사 설문지를 적극 활용하여 학생들의 역사 이해 수준을 파악한 후 수업을 진행하기를 권했다. 이에 예비교사들은 실습을 나간 학교 학생들을 대상으로 역사의식조사를 진행하고 그 결과를 분석하여 이를 반영하는 수업을 궁리했다. 여기에 몇 가지 사례를 소개한다.

먼저 '단일민족주의 및 민족주의의 상대화' 관련 조사의 결과를 활용한 수업이다. 조사 결과 실습을 나간 학교 학생들 사이에 '대한민국은 단일민족국가'라는 의식이 팽배하다는 사실을 확인한 한 예비교사는 발해의 역사에서 다문화 사회로서 현재 우리 사회의 모습을 찾는 수업을 시도했다. 그는 학생들이 과거를 통해 오늘날을 이해하기 바랐다. 고민 끝에 '탈민족, 다문화'를 수업의 주제로 선정하고, '우리 민족 발해'가 아닌 '다문화 국가로서 발해'에 초점을 맞추어 '발해의 인구 구성을 통해 본 다문화 사회 이해'로 학습목표를 정했다. 먼저 교사가 발해에 대해 설명하고 학생들에게 그림 그리기 활동을 제안했는데, 학생들의 그림 속 발해인은 고구려나 당나라 옷을 입고 있었고, 말갈인과 고구려인이 손을 잡고 있었다. 이뿐만 아니라 그들 손에는 돌궐 은화가 쥐어져 있었다. 교사는 학생들이 이 수업을 통해 민족주의적 관점이 아니라 다문화 사회라는 관점에서 발해 사회를 이해하고 다문화에 대한 기존의 부정적인 인식을 개선하기를 바랐다. 필리핀계 한국인 학생이 속한 학급에서 이 수업이 학생들에게 더 의미 있게 수용된 것 같다는 소감을 밝히기도 했다.

두 번째는 '역사 교과서의 구성적 성격에 대한 학생들의 인식' 관련 조사의 결과를 활용한 수업이다. 이 수업은 많은 학생이 역사 교과서를 '과거 사실을 있는 그대로, 객관적으로 서술한 책'으로 간주한다는 사실을 설문을 통해 확인한 한 예비교사가 역사의 특성을 학생들에게 가르치기 위해 시도한 것이다. 이 예비교사는 교과서도 누군가의 해석을 담은 역사책이며, 역사는 관점에 따라 달리 해석할 여지가 많은 교과임을 알려야 한다고 판단했다. 그래서 수업 초중반에 한국사 교과서마다 다루는 내용이 조금씩 다르다는 사실을 알려주었다. 역사 교과서가 있는 그대로의 사실을 서술한 책이라면 굳이 지금처럼 여러 종류일 필요가 없으며 여러 종류라 하더라도 내용이 모두 같아야 하지만 교과서마다 내용이 다른 것은 교과서도 누군가의 의도나 생각이 담기는 책이기 때문이라는 점을 강조했다. 그러나 수업 후반부에는 교과서 내용을 잘 정리하고 주요 역사용어로 빈칸을 메우는 활동이 주를 이루었다. 결국 해석으로서의 역사를 학생들이 직접 활동으로 경험하기는 어려웠다. 사실, 예비교사가 교과서를 누군가의 해석이 담긴 하나의 텍스트로 다루면서 수업을 진행하기란 어려운 일이다. 예비 역사교사가 이런 수업을 하려면 교육 실습 전에 여러 번 역사 탐구 과정을 경험해야 한다. 교사가 설명(주입)하는 것이 아니라 학생들이 직접 다양한 사료를 읽고 분석해봄으로써 역사가 해석임을 자각할 수 있는 수업을 궁리할 시간이 필요하다.[37] 입시 중심의 학교문화와 교과서 내용을 객관적 사실로 가르치는 편이 수월하다는 현장교사들의 조언을 무릅쓸 용기도 필요하다.

아쉽게도, 여전히 다수의 예비교사는 자신들이 진행한 역사의식조사를 학생들의 흥미를 유발하는 데 이용했다. 이들에게는 '무엇을 가르칠 것인가'와 관련한 수업 성찰을 통해 자신의 수업을 되돌아볼 계기가 필요하다. 이들의 성찰은 개별 활동 차원에서뿐만 아니라 공동 활동 차원에서 동시에 진행되어야 한다. 특히, 교육 실습을 함께하는 동료들끼리는 같은 목적과 가치를 지향하는 공동체의 구성원으로서 반성 지점을 공유하며 같은 상황을 놓고도 서로 다른 견해를 제시하며 다각도로 문제를 해결할 수 있는 관계이다. 교육 실습 기간 동안 예비 역사교사는 무엇을 가르칠 것인가에 대한 개인적 성찰과 함께 동료들의 수업을 참관하거나 서로의 수업을 공유하는 식의 공동 성찰을 반복해야 한다.[38] 그러나 요즘 대학생들은 수업과 관련해 다른 학생들과 함께 작업하기를 꺼리는 경향이 있다. 학생마다 생활방식이 달라 작업을 위해 만날 약속을 정하는 것도 어렵고 일의 경중을 따져가며 역할을 배분하는 것도 어렵기 때문이다. 특히, 역할을 나누어 작업하다 보면 종종 자기 몫을 남에게 미루고 결과물에 이름만 올리는 무임승차자가 생기는데, 이 때문에 공동 활동을 선호하지 않는 학생도 많다. 이런 학생들은 중등학교의 모둠 활동에 대해서도 대체로 부정적이다. 그래서 자기 수업에서 모둠 활동의 성과가 생각만큼 잘 나오지 않으면 모둠 활동을 쉽게 포기하는 경향이 있다. 따라서 예비교사 시절부터 모둠 활동처럼 함께하는 활동이 많은 수업에 익숙해질 필요가 있다. 모둠 활동이 모둠 구성원들이 서로 생각을 나누는 활동이라는 인식을 가져야 한다. 수업 시연을 하더라도 동료들로부터 자신의 수업을 어떻게 보았는지, 개선점은 무엇인지에 대해 의견을 들을 기회를 마련해줄 필요도 있다. 실제, 많은 예비교사가 수업 시연에 대해 비슷한 고민을 가진 동료의 조언을 바란다고 했다. 따라서 대학은 교육 실습 전에 동료와 함께하는 활동을 통해 함께 배우고 피드백을 주고받을 기회를 예비교사들에게 부여해야 한다.

2) 수업 내러티브를 직접 작성해봐야 한다

예비 역사교사가 역사수업의 본질에 다가가려면 자신의 수업 내러티브를 직접 작성해보아야 한다. '수업 내러티브'란 수업의 '핵심 주제' 혹은 '거대 서사'를 의미한다. 역사는 "과거를 가르치는 것이 아니라 과거에 대한 이야기를 가르치는 것"이라는 말이 있다. 그런 의미에서 내러티브는 사실과 사실을 꿰어 가장 적절한 설명을 구성해낸 것이며 개별 사실을 관통하는 일관된 의미를 찾아주는 것이다.[39] 역사교사는 경력이 쌓일수록 자신이 추구하는 가치나 신념을 수업에 적극적으로 반영하려는 경향이 짙다. 경력이 오랜 한 역사교사는 교사의 역할을 "학생들의 삶과 수업 내용을 연결하는 것"이라고 하거나 "국가나 사회 공동체를 벗어나 살 수 없는 학생들에게 자신들의 삶과 사회 공동체에 대한 통찰력을 길러 자신들의 목소리를 갖게 해주는 것"이라고 했다.[40] 그러나 예비 역사교사가 수업에서 자신이 추구하는 가치나 신념을 학생들에게 직·간접적으로 표현하는 경우는 드물었다. 한 예비 역사교사는 '[당신이] 3·1 운동이 일어났을 당시에 살았던 사람이라면 어떤 일을 하고 싶은가?'를 활동 과제로 제시하고 모둠 활동을 진행했는데, 일부 모둠에서 '친일파가 되고 싶다'라는 의견이 나오자 발표를 잘했다며 서둘러 활동을 마무리 짓고 말았다. 모둠 활동 전 20분간 3·1 운동의 배경과 전개 과정, 영향을 설명했음에도 불구하고 학생들에게서 이런 반응이 나오자 당황하고 말았던 것이다. 친일파로 살고 싶다는 학생에게 교사가 진지한 피드백을 하지 않는 이런 상황은 경력교사의 수업에서는 찾아보기 힘들다.

이 예비 역사교사가 3·1 운동을 설명하면서 '민족주의' 혹은 '민주주의'로 자신의 내러티브를 구성했더라면 어땠을까? 그랬다면 그에 따라 강조하는 수업 내용도 달라졌을 것이고 활동 과제도 달라지지 않았을까?

교사 자신의 문제의식에 따라 이 단원의 핵심 주제를 정하고 그를 뒷받침하는 줄거리를 설정, 구성하고 나아가 반전과 해결의 실마리를 제공했다면 학생들의 반응도 달라졌을 것이다. 예를 들어 민족주의를 내러티브로 수업을 하더라도 교과서의 구성 그대로 운동의 배경, 전개 과정, 영향을 도식적으로 전달하는 것이 아니라, 3·1 운동 관련 적절한 인물을 내세워 그를 중심으로 이야기를 구조화하는 수업을 할 수 있다. 구체적으로 유관순이 3·1 운동을 하다 모진 고문을 당하고 순국했다는 사실보다는, 당시 상황을 토대로 유관순이 왜 3·1 운동에 참여했는지, 3·1 운동이 그를 비롯한 당시인들에게 어떤 의미가 있었는지를 극적으로 구성하여 제시했더라면 좀 더 많은 학생의 공감을 얻을 수 있었을 것이다.[41]

이런 고민을 하지 않은 교사가 해당 예비교사 한 사람만은 아니었다. 대개의 예비교사가 교과서 내용을 모두 전달해야 한다고 생각했을 뿐 어느 부분에 중점을 두고 설명할지에 대해서는 고민하지 않았다. '교과서 내용=수업 내용'이라고 인식한 때문으로 보인다. 교사라면 교과서에 서술된 내용이 모두 수업시간에 가르칠 만한 가치가 있는 내용인지를 고민해볼 필요가 있다. 그러다 보면 수업을 관통할 수 있는 수업 서사, 즉 수업 내러티브를 설정할 수 있게 되고, 그에 따라 강조할 내용과 축소 혹은 생략할 내용을 구분할 수 있게 된다. 같은 단원을 가르치더라도 무엇을 중점적으로 가르칠까를 고민하면 교사마다 수업 내용 구성이 달라질 수밖에 없다. '통일신라의 사상과 문화' 단원으로 수업을 진행한 예비교사의 사례를 보자. 이 예비교사는 통일신라의 사상과 문화를 관통하는 중심 서사를 '불교'로 설정하고 요석공주와 원효, 김대성, 성덕대왕 신종,《무구정광대다라니경》등에 얽힌 에피소드를 연결했다. 역사 교과서의 문화재 관련 서술이 단순한 정보의 나열에 불과하고 교사들의 설명도 맥락 없이 정보를 나열하는 데서 끝나는 경우가 많다는 사실을 알고, '역사는 이야기'라는 자신의 생각에 따라 교과서 내용을 보완해 스스로 이야기로 엮어보았다. 사실 문화재 관련 서술에만 이런 문제가 있는 것이 아니다. 교육과정 개편 때마다 내용을 줄이다 보니 서술이 갈수록 파편화되고 나열화되어 학생들이 역사적 맥락을 파악하기 어려운 상황이 되고 말았다. 예비 역사교사들이 단원의 중심 주제를 찾아가는 과정에서 어려움을 겪는 것도 그와 무관하지 않다. 해당 예비교사도 이 단원의 주제는 무엇이어야 하는지, 학생들에게 무엇을 가르치는 게 가치가 있는지를 찾는 데 많은 시간을 들여야 했고, 그 과정에서 교과서를 비판적으로 분석했다. 교과서를 분석하면서 교과서에서는 생략된 내용을 논문에서 찾아 보완했고 관련 동영상을 보면서 깊이 있게 공부했다. 그리고 자신의 수업 내러티브에 걸맞은 내용을 선별하여 이를 중심으로 학습 자료를 심화했다.

역사교사라면 수업 내러티브가 완성될 때까지 교과서 서술 내용에 의문을 품고 질문과 반문을 계속해야 한다. 역사 교과서는 수업의 기초 자료로서 다시 구성해야 할 하나의 텍스트라는 사실을 기억하고 끊임없이 의미를 재구성하여 자신의 내러티브를 만들어나가야 한다. 여기에는 평상시 가지고 있는 신념과 철학이 영향을 준다. 역사교육의 논쟁이 되는 문제에 대해 자신의 생각을 정립하는 일도 게을리해서는 안 된다.

대학에서는 무엇을 가르칠 수 있을까?

최근 사범대학은 학교 현장과의 친화적인 관계를 중시한다. 예전과 달리 사범대에는 교사의 수업 전문성을 강화하기 위해 예비교사들이 실제 교육 현장에 들어가 수업을 경험해보는 프로그램이 여럿 있다. 중·고등학교 수업에 직접 들어가 모둠을 구성한 학생들과 활동을 함께하고 수업이 끝난 후에는 현직교사들과 수업에 관한 이야기를 나누며 간단한 팁을 습득하거나 더 나아가 수업 통찰력을 키우기도 한다. 현장교사가 대학에 와서 수업 사례를 예비교사들과 공유하고 수업에서 고민해야 할 지점에 관한 이야기를 나누기도 한다. 대학의 이런 과정은 교사 전문성을 근간으로 하는 예비교사 교육이 현장 친화적인 방향으로 전환되면서 더욱 강화될 전망이다. 이제 대학의 예비교사 교육은 학교 현장의 변화에 민감하게 반응하며 이를 수용하려고 하는 것이다.[42]

예비 역사교사들에게 자신의 역사수업을 그려보라고 하면 대다수가 처음에는 중·고등학교 시절 자신들이 경험한 수업을 모델로 삼는다. 그들이 경험한 수업은 교과서나 EBS 수능교재의 내용을 체계적으로 잘 전달하는 수업이다. 그런데 현재 중·고등학생들이 가장 선호하는 수업도 교사가 교과서를 포함한 다양한 교재들을 활용하여 교과서 내용을 명료하게 전달해주는 수업이다. 한 연구에 의하면 학생이나 학부모나 이론상으로는 학생이 스스로 구성해보는 수업을 이상적으로 여기지만, 실제로는 전달 위주의 수업을 가장 선호한다고 한다.[43] 가만히 책상에 앉아 설명을 듣는 데 익숙하던 학생들이 이제 예비교사가 되어 수업을 준비하는 상황에 직면한 것이다. 이런 예비교사들이 역사의 본질을 다루는 수업을 할 수 있으려면 대학에서 무엇을 가르쳐야 할까?

대학에서는 예비교사들의 교사로서의 자질과 수업 전문성을 기르는 교육을 강화해야 한다. 현재도 대학에서 수업 전문성을 기르기 위한 다양한 프로그램을 운영하고 있다. 예비 역사교사가 국가 수준의 교육과정과 교과서를 비판적으로 분석하고 사료를 포함한 다양한 교재를 수업에 활용해보는 프로그램이나, 역사 관련 주제를 선정하고 그에 걸맞은 글을 작성해보는 것은 물론 평가기준을 만들어 자신이 쓴 글을 직접 평가해보는 프로그램 등이 그것이다.[44] 앞에서 언급한 것처럼 현장교사를 초빙하여 다양한 역사수업 사례를 공유하거나 실제 중·고등학교 수업을 참관하는 프로그램도 강화할 필요가 있다. 학습지도안을 직접 만들어 이에 따라 모의수업을 한 후 수업에 대한 피드백을 주고받는 경험도 필요하다.

몬테-사노(Chauncey Monte-Sano)와 부다노(Christopher Budano)에 따르면,[45] 역사를 가르치는 데 필요한 교수내용지식은 다음의 네 가지로 구성된다. 첫째, '역사학의 본질에 관해 학생과 소통하기'다. 이는 역사와 관련있는 것, 역사 지식의 본질, 학문으로서 역사학의 구조, 역사적 사고방식을 학생들에게 전달하는 것과 관련있다. 역사를 잘 가르치기 위해 교사는 다양한 수업 활동을 알고 있어야 하지만 교과와 교과의 구조에 대해서도 깊이 이해하고 있어야 한다. 둘째, '학생의 역사 이해 향상을 목표로 역사 내용을 수업으로 변환하기'다. 학생의 역사 이해와 사고력을 발전시키기 위해서, 그리고 학생들에게 역사 이해와 사고력을 발전시킬 기회를 주기 위해서 교사가 역사 내용을 어떻게 수업으로, 역사 교재로 변환시키는가와 관련된 개념이다. 셋째, '역사에 대한 학생들의 생각을 파악하고 그에 적절하게 반응하기'다. 이는 학생들의 역사 이해 확장이나 역사적 사고력 향상을 위해 교사가 역사에 대한 학생들의 생각을 확인하는 것을 말한다. 학생의 사고를 확인하는 것은 교사가 학생의 사고를 아는 것을 넘어 어떤 방식으로든 학생들의 생각을 수용하는 것이기도 하다. 마지막은 '역사 틀 형성하기'다. 이는 교사가 역사적 사건 간의 인과관계뿐 아니라 역사적 사건과 인물의 중요성까지 전달하여 일관성 있는 이야기로 주제를 선정하고 배열하는 것과 관련있다. 교사가 교과의 '큰 줄기', '맥'을 무엇이라고 생각하느냐에 따라 보유하는 지식의 구성 방식이 달라진다. 이때 역사교과의 성격, 역사학의 목적, 역사의 중요성 등 역사를 가르치기 위한 내용지식은 교과의 큰 줄기나 맥을 규정하는 것으로, 세부적인 지식 중에 어떤 점을 강조하고 어떤 점을 부차적으로 구성할지를 판단하는 기준으로 작동한다.

이상의 네 가지 요소들로 구성되는 역사 관련 교수내용지식을 수업에 활용하기 위해서는 교과서 내용을 명료하고 체계적으로 전달하는 수업에 익숙한 채 대학 문을 열었던 예비 역사교사들에게 사료가 무엇인지, 사료는 왜 불충분하다고 하는지를 직접 깨달을 기회를 주어야 한다. 사료의 특성에서 비롯되는 관점의 다양성과 이로 인한 역사의 논쟁성을 깊이 있게 체험할 수 있게 해주어야 한다. 그리고 예비 역사교사는 이러한 역사의 고유한 특성을 살려 교과서 내용을 재구성하고 자신만의 수업을 시도해봐야 한다. 그러려면 대학에서 최소한 사료를 직접 보고 읽고 해석하는 작업을 해보아야 한다. 대학에서 사료 강독이나 연구법 강의를 듣는 것도 사료를 읽고 의미를 해석하거나 기록물의 특성을 공부하면서 역사학과 역사 연구의 성격을 이해하고 사료에 대한 안목을 갖추어나가기 위해서이다. 예비 역사교사들은 이를 토대로 역사 탐구 과정을 경험하면서 자신만의 역사 틀을 만들고 학생들의 역사의식을 확인하면서 역사 이해의 폭을 넓혀줄 수 있는 교수법을 익혀나가야 한다. 앞서 강조했듯이 교사는 끊임없이 수업을 성찰해야 한다. 그러나 아무 연습 없이 이루어지는 공허한 성찰이 되지 않으려면 탐구 과정을 통해 역사의 특성을 이해하고 학생들의 역사 이해 양상과 특징을 제대로 파악한 후 자신만의 수업 서사를 쌓아가는 연습을 해야 한다.

제4부

좌담회_ 역사교사가 학생을 이해한다는 것은

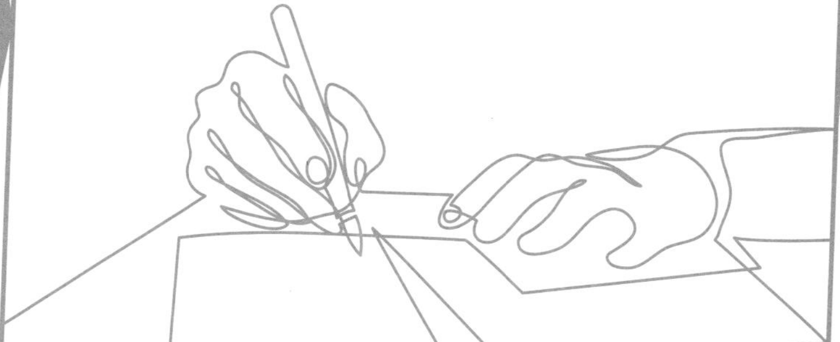

사회 및 정리

백은진 한국교육과정평가원 부연구위원

참석자(가나다 순)

김태우 경기 양주고등학교 교사

방지원 경북대학교 사범대학 역사교육과 교수

손현준 서울 세화여자중학교 교사

이해영 대구가톨릭대학교 사범대학 역사교육과 교수

정미란 서울초당초등학교 교사

시작하며

백은진 저는 좌담회 사회를 맡은 한국교육과정평가원 부연구위원 백은진입니다. 제가 오늘 좌담회 사회를 맡게 된 것은 오랫동안 역사의식조사를 지켜보며 응원해온 사람 중 한 명이기 때문인 것 같습니다. 이 자리에는 역사의식조사와 여러 인연이 있는 다섯 분이 함께해주셨습니다. 어떤 인연들로 이 자리에 오게 됐는지 간단하게 본인 소개부터 해주시지요. 먼저, 역사의식조사에 관해 글을 가장 많이 발표해온 이해영 선생님부터 시작해주시죠.

이해영 대구가톨릭대 이해영입니다. 2010년부터 다섯 번에 걸쳐 진행된 중등 역사의식조사 작업에 참여했습니다.

정미란 정미란입니다. 연산군묘 옆에 있는 서울초당초등학교에서 2학년 아이들을 가르치고 있습니다. 2010년 첫 번째 조사 때 설문 모니터링을 했고, 제가 가르치는 학급 아이들을 대상으로 본 설문조사를 진행했습니다. 조사 결과 발표회에도 참석했습니다. 당시 설문 문항에 대한 비판이 많았는데, 특히 초등학생에게 적합하지 않다는 이야기가 많았던 걸로 기억합니다. 이후 한동안 중등 조사만 진행했지요. 2014년 초등 역사이해조사를 다시 시작하게 되었을 때 설문 제작에 참여했고, 설문 분석 결과를 토대로 글을 쓰기도 했습니다. 그 인연으로 이 좌담회에도 참석하게 된 거고요.

김태우 경기 양주고등학교에서 근무하고 있는 김태우입니다. 저는 2016년과 2017년에 전국역사교사모임 회장을 역임했고, 역사의식조사는 그 이전에 교사모임 집행부를 할 때 간접적으로 접하고 확인하고 했습니다. 교사모임 집행부를 잠시 쉬다가 2013년 2차 조사가 거의 끝나갈 무렵에 다시 집행부 일을 맡았고, 그때 진행 상황을 좀 지켜봤습니다. 그런데 공교롭게도 교학사 교과서 문제와 이후 국정 교과서 문제가 사회적 이슈가 되면서 이에 대응하느라 학생 의식조사 준비와 진행 과정을 제대로 확인하지 못했습니다. 그래서 이번에 좌담회를 준비하면서 그동안 연구소에 연재된 글들을 훑어봤는데, 연구 과정에서 겪었을 어려움들이 느껴지면서도 '왜 이렇게 됐을까?' 하고 …… 잘 이해되지 않는 부분도 있었습니다. 그래서 오늘 비하인드 스토리도 좀 듣게 되지 않을까 하는 생각도 듭니다.

손현준 서울 서초·강남 지역의 한 중학교에서 19년째 근무하고 있는 손현준입니다. 이 자리에 참석한 이유가 제일 [웃음] 의아한 사람이 아닐까 싶은데, 저는 사회자님이 섭외했기 때문에 [좌중 웃음] 참석을 했어요. 왜 참석해야 하냐고 했더니 이 역사의식조사의 아이디어를 제가 냈다는 거예요. 그래서 전화를 끊고는 제가 옛날에 역사교육연구소 회보 창간호에 썼던 글을 꺼내서 읽어봤어요. '민주적 역사수업을 향하여'라는 제목의 글이었는데, 잠깐 읽어드릴게요. "설문 영역을 조금 더 넓혀서 생각해보면 어떨까? 조금 더 의미 있는 설문을 여러 선생님과 함께 만들거나 그것을 바탕으로 각 학교에서 조사되는 설문의 결과를 비교하거나 우리나라 청소년들을 대상으로 역사의식을 조사하는 것은 어떨까? 그러한 과정과 결과를 바탕으로 어떤 역사를 학생들에게 가르쳐 나갈 것인지에 대한 판단의 기준과 소통의 도구를 찾는다면 어떨까? 이 글을 통해서 선생님들에게 그런 제안을 드리고 싶다"라면서 그 글을 마무리 지었어요. (김태우: '제안'이라는 말이 귀에 들어오네요. [웃음]) 예, 그렇게 마무리를 지었는데, 이 글 … 아, 그래 이게 잘못이구나. [좌중 웃음]

방지원 경북대학교 역사교육과 방지원입니다. 2009년에 역사교육연구소 '민주주의와 역사교육 분과'에서 역사의식조사 이야기가 나왔고, 2010년에 1차 겸 파일럿 조사가 초·중·고 학생과 교사를 대상으로 진행되었지요. 그때까지 사실 저는 직접적인 관련이 없었어요 두 번째 조사를 준비하는 과정에서 비로소 객관식 설문 문항을 정리하는 일에 참여했어요. 그때부터 빠져들었던 것 같아요. '빠져들었다'라는 게 자발적으로 들어갔다는 의미도 있지만, 그냥 '엮였다', [좌중 웃음] 자의 반 타의 반 엮였고 ……. [웃음] 그런데 재미있었어요. '학생'이라는 존재가 제게는 블랙박스였거든요. 2013년도인가요? 제 기억이 맞다면, 그때 이해영 선생님과 지금은 퇴직한 구선희 간사, 한국교육과정평가원의 박주현 선생님과 함께 심층 면접 문항을 만들고, 부천과 부산에서 중·고등학생들을 대상으로 설문을 진행하고 글을 썼어요. 그 뒤로 3차, 4차, 5차 객관식 설문조사가 진행되는 과정에서는 별다른 역할을 하지 못했어요. 관심은 있었지만. 그 뒤에 실제로 책임을 지면서 '심층 면접'이라는 문제의식을 끝까지 가지고 간 건 이해영 선생님이고, 저는 중간에 잠깐 관여한 그 인연으로 이 자리에 앉아 있는 게 아닌가 합니다.

역사의식조사의 출발점

백은진 선생님들이 역사의식조사와 인연을 맺은 계기에 대해 듣고 보니, 오늘 나누게 될 이야기가 훨씬 궁금해지네요. 우선 지난 10년, 다섯 차례에 걸쳐 진행된 역사의식조사의 시작과 진행 과정을 돌아보겠습니다. 학생 대상 설문지의 제목이 항상 '역사와 역사 공부에 대한 우리들의 생각'이었는데, 학생들을 알고 싶어하는 역사 선생님들의 마음이 보이는 것 같습니다. 이 조사의 시작에 대해 선생님들은 어떻게 기억하시는지요?

손현준 저는 역사교육연구소가 창립된 직후 민주주의와 역사교육 분과에서 같이 공부했습니다. 그때 분과원들 각자 공부한 것에 대해서 결과물을 내기로 했고, 그 결과물들을 바탕으로 역사교육연구소 제1회 분과 발표회를 진행했었어요. 혹시 분과 발표회장에 함께 계셨나요? 발표하고 난 뒤 너무나 많은 선생님이 제게 질문을 해서 당황스러웠던 기억이 나요. 그분들도 저와 비슷한 고민을 했기 때문인 것 같아요. 역사의식조사 사업이 10년 동안 이렇게 진행될 수 있었던 것도 현장 선생님들에게 무언가 공통된 고민이 있기 때문이지 않을까, 즉 수업 내용뿐만 아니라 수업 내용에 맞는 수업 방식에 대한 그분들의 관심과 목마름 때문이 아니었을까, 그리고 그 점에 공감한 역사교육연구소의 추진력이 이런 사업을 만들고 이끌어온 게 아닐까 하는 생각을 하고 있었습니다.

저만 그런 것은 아니겠지만, 배움에는 크게 두 가지가 있다고 생각해요. 아웃풋(output)으로부터 배우는, 즉 이미 나와 있는 결과물로부터 배우는 배움이 있는가 하면, 프로세스(process), 즉 과정으로부터 배우는 배움이 있다고 생각해요. 그런데 아웃풋에서 시작되는 배움, 즉 연구자들의 결과물들을 가져다가 습득하는 그런 배움도 상당히 중요하지만, 배움의 더 큰 즐거움과 기쁨은 프로세스에 있지 않을까요? '배움의 과정이 얼마만큼 알찬가', 저는 그게 항상 중요했어요. 아이들한테 맛있는 빵(아웃풋)을 줄 때는 껍질을 벗기고(아이들 수준의 재미를 더해서) 줘야 하잖아요. 그래서 저는 학생들과 함께 차근히 하나씩 학생들의 생각과 내 생각을 더하는 과정, 그런 과정에서 나눈 대화들을 중요하게 여기는 수업을 해왔어요. 학생들한테 이런저런 질문을 많이 해왔고요. 아니, 설명을 거의 질문 형태로 쏟아내는 습관이 있어요. 비록 학생들이 답변할 시간을 충분히 주지는 못하지만, 저마다 생각할 시간을 주고 자기 의견을 조금씩 형성하게 돕는 것이죠. 자문자답하기 위한 질문인지, 진짜 학생들에게 하는 질문인지를 구분하기 힘들 만큼 질문을 계속합니다. 그런 수업은 학생들과 소통하고 싶은 제 마음을 전할 뿐만 아니라 필요한 경우 누구나 생각을 자연스레 표현할 수 있게 하고, 친구들끼리 서로 의견이 다를 수 있다는 사실을 자연스럽게 받아들이도록 만드는 것 같아요. 비록 시간 제약 때문에 충분한 대화를 나누지는 못하더라도 흥미의 끈을 놓지 않게 도와주었던 것 같기도 하고요.

저의 이런 수업 방식에 '민주적 역사수업'이라는 수식어가 붙을 수 있게 질문을 좀 더 체계화해서 학생들의 생각과 그들 속에 존재하는 차이점을 확인해서 역사교육에 적용하면 어떨까 하는 것이 당시 제 생각이었던 것 같습니다.

방지원 말씀을 듣다 보니까 머릿속에 역사의식조사의 출발과 관련해 비어 있던 조각 하나가 맞춰지는 것 같아요. 어떤 거였냐 하면 '과정'이라는 말이었어요. 학생들 스스로 역사에 대해 뭔가를 생각하고 과거와 지금의 내가 안고 있는 문제를 같이 고민하고 역사가 미래에 대한 전망까지 밀고 가는 것, 그것이 배움의 과정이고 중요하다는 말은 많은 사람이 아주 많이 해왔습니다. 하지만 누구도 그 과정이 실제로 어떻게 진행되는지, 학생들의 머릿속에서 '실제 어떤 역사를 재료로 한 화학반응'이 일어나는지, 어떻게 들여다봐야 할지 엄두를 못 냈죠. 계속 궁금했지만 말입니다. 그런데 만약에 그 과정 중 일부라도 엿볼 수 있다면, 어떤 수업 방법으로 어떤 지점에서 교사가 개입할지, 활동을 위한 땔감이나 도구로 교육 내용과 학습 경험을 어떻게 조직할 것인지에 대한 아이디어들을 찾을 수 있지 않을까 했습니다. 제 생각에는 그 부분에도 선생님들이 공감하셨던 게 아닐까 싶습니다.

이후에 이 설문 설계에 참여하면서 개인적으로 제일 인상적이었던 것이 역사의식의 개념이었어요. 설문 문항들을 만들기에 앞서 그 기반으로서 역사의식을 이전까지와 다르게, 조작적으로 정의할 필요가 있다는 것이 처음에 이 연구를 시작한 분들의 문제의식이었던 것 같습니다. 기존의 개념은 역사적 사고를 단계적으로 구분하여 제시하거나, 역사적 존재로서 자기 책임감 등으로 정의하는 등 그대로 활용하기에는 모호했습니다. 무엇보다 '학생들이 스스로 역사의식을 기른다'라기보다는 교사를 비롯한 누군가가 '학생들의 역사의식을 길러준다'라는 느낌이 더 강하지 않았나 싶습니다. 학생들이 역사의식을 형성하는 주체라는 사실을 간과하거나 무시한 측면이 컸지요. 그래서 '학생이 삶 속에서, 삶을 구성하는 환경의 일부로서 역사와 소통하며 스스로 형성해가는 자기 의식이나 세계관'이라는 접근 자체가 참 신선하게 다가왔습니다. 그다음, '되어가는 존재'인 학생을 민주사회의 시민으로 상정함으로써 새로운 역사교육을 상상할 수 있다는 데 민주주의와 역사교육 분과 선생님들의 생각이 만난 것이 아닐까 싶습니다. 처음에 손현준 선생님이 말씀하셨던 것처럼 말입니다.

학생들이 역사와 만나서 성장하는 과정을 구체적으로 들여다볼 수 있는 질문을 만들기란 대단히 어렵습니다. 역사 지식이 어느 정도인가를 알아보는 게 아니라 역사 지식을 습득하는 경로와 습득한 지식에 의미를 부여하는 과정, 현재와 과거와 미래를 오가는 사유를 추적할 수 있는 질문을 만들려면 많은 시간이 필요했을 것입니다. 따라서 지금 남아 있는 역사의식조사 문항들은 문항 자체도 중요할 뿐만 아니라, 그것을 만드는 과정과 의도 역시 중요합니다. 객관식 문항부터 심층 면접 문항까지 학생들의 의식 속으로 들어가기 위한 과정이 참 복잡하고 힘들지 않았나 합니다. 학생을 이해하는 방법으로서의 역사의식조사가 기대했던 건 손현준 선생님이 말씀하신 것처럼, 학생들이 역사를 배우는 실제 과정을 들여다보고, 그 과정에서 교사와 교과서가 취할 교육적 스탠스를 찾는 것이 아니었을까 합니다.

정미란 당시 분과 발표회 때 구경남 선생님이 일본의 역사교육자협의회 활동을 소개하면서 일본의 역사의식조사를 언급하셨어요. 일본에서는 예전부터 학생의 심리 발달이나 역사의식 발달에 관한 조사 연구들이 진행되어 왔는데, 우리에게도 필요하지 않냐고 제안하면서 방향을 설정하기 위한 논의가 이루어졌고요. 손현준 선생님이 학생들의 인식을 조사해서 수업에 접목한 사례를 발표하면서 우리나라 청소년들을 대상으로 역사의식조사를 해보자고 한 게 역사의식조사를 이끄는 견인차 역할을 했고요. 이후 그게 구체화되었다는 생각이 듭니다.

전국적 규모의 설문조사로서 역사의식조사

백은진 선생님들의 말씀을 들어보니 역사교육연구소의 민주주의와 역사교육 분과에서 학생들과의 소통에 관심을 기울인 것이 논의의 출발점이었던 것 같습니다. 이후 '역사의식조사'라는 이름을 붙이고 조사팀을 전국역사교사모임과 역사교육연구소가 함께 꾸렸는데, '전국 단위의 대대적 설문조사'라는 성격도 지녔던 것으로 보입니다. 그간 설문의 구성과 문항, 조사 방법에도 변화가 있었던 것으로 아는데, 조사 과정과 결과에서 인상적이라 할 만한 부분들은 어떤 건가요?

이해영 오늘 이야기를 들으니 제가 참여하기 전에 이미 조사의 토대가 나름 만들어져 있었던 거 같네요. 처음 조사팀에 들어왔을 때는 개인적으로 약간 안 맞는 부분이 있었어요. 예를 들어 역사적 사고력, 탐구 과정, 이런 것들을 적용해서 문항을 만들 거라고 예상했는데, 실제 문항 작성 과정에서 그런 식으로 정합성을 따지다 보니 받아들이는 데 어려움이 있었어요. 그래서 1차 조사 때는 우선 배운다는 생각으로 참여했습니다.

초반 작업 때 특히 부침이 많았어요. 돌이켜보면 문항도 여러 차례 수정했고, 문항 순서를 바꾸는 것은 물론이고 새로운 문항을 넣었다가 삭제했다를 반복했죠. 같이 고생했던 기억이 크네요. 아마 1차 조사와 관련해서는 손현준 선생님도 할 이야기가 많을 것 같아요. 1차 때는 문항이 45문항에 달했는데, 내부적으로도 아주 만족해하는 분은 많지 않았던 기억이 있어요. 1차 조사는 시작한다는 데 의미를 두고 진행했던 것 같아요. 끝나고 나서 문항과 조사 결과에 대한 비판도 많았는데, 그중에서 역사의식의 개념에 대한 지금까지의 논의와 함께 연구소의 역사의식조사 결과를 다룬 강선주 선생님의 논문과 역사의식에 대한 논의를 다룬 방지원 선생님의 논문이 기억에 남습니다. 둘 다 역사의식조사에 대한 비판적인 내용을 담고 있지만 결국은 역사의식조사가 한 단계 나아가는 데 도움을 주었다고 생각해요. 그 덕에 역사의식이 한국에서는 어떻게 진행되어왔는지를 추적하고 정리할 수 있었습니다.

내부에서도 역사'의식'조사인지, 역사'지식'조사인지 구분이 안 된다는 의견부터, 현 상태를 진단하는 조사인지, 과거와 현재와 미래가 어떻게 만나고 나아가야 하는지 그 방향성을 찾기 위한 조사인지 모호하다는 비판들이 있었어요. 1차 조사 때는 워낙 우여곡절이 많아 비판이 적지 않겠다는 예상은 했어요. 대부분 일리가 있는 비판이었고요. 그래서 2차 때는 새롭게 합류한 박주현 선생님과 방지원 선생님을 비롯해 김육훈 선생님, 저와 구선희 연구소 간사가 함께 설문 문항을 처음부터 다시 만든다는 생각으로 임했던 것 같습니다. 문항을 만들어서 교사모임과 연구소 선생님들에게 먼저 보여드렸는데, 좋은 평을 받지 못했어요. 그래서 조사를 1년 뒤로 미루고 문항을 대폭 수정했지요.

그리고 조사가 끝난 뒤 분석한 결과를 연구소 학술지에 발표했어요. 학술 대회에서도 발표를 했는데, 토론자 중 한 분이 '객관식 설문으로 역사의식조사를 한다는 게 상식적으로 적절한가'라는 의구심을 내비쳤습니다. 조사팀 내부에서도 애초부터 객관식 설문의 한계를 보완해야 한다는 의견이 있었는데, 여기에 외부 토론에서 나온 의견 등이 합쳐지면서 객관식 문항에 서술형 문항을 더하고 심층 면담이나 수업 관찰 같은 방식으로 조사를 보완하기로 했어요. 그 결과 3차 때는 문항이 어느 정도 안정되었고 그 문항으로 5차까지 진행이 되었습니다. 특히 3차 때 초등이 합류하면서 초·중등을 함께 고려해야 할 문항들을 조절하는 과정을 거쳤습니다.

방지원 설문 결과를 놓고 내부 토론을 하면서 재미있는 일도 많았어요. 설문에 등장하는 일본인 '하세가와 데루'를 일부 학생이 '하세가'와 '데루' 두 사람으로 인지한다는 첩보가 들어와서 부랴부랴 설문 내용을 바꿨던 기억도 있네요. [웃음] 정말 힘든 건 문항에 설문 작성자의 의도가 드러나서는 안 된다는 거였죠. 학생들은 거의 본능적으로 정답을 찾으려 하니까요. 객관식 문항은 자칫 '깃발 들고 흔드는' 격이 될 수 있기 때문에 고민이 많았죠. 재미 삼아 보태면, 일본과 우리나라의 관계에 대한 인식을 알아보는 문항의 경우 '우리나라를 식민통치한 나라'라는 의미의 선택지를 ①번에 놓으면 학생들은 ②번 이하의 선택지는 거들떠보지도 않아요. 그래서 나중에는 학생들이 가장 많이 반응할 만한 선택지를 뒷번호에 배치하기도 했습니다. 보기에는 그저 그런 문항이라도 만든 사람들 나름대로는 참 세세한 부분까지 신경을 쓴다고 쓴 거죠. 순서를 바꾼 다음 실제로 결과에 변화가 있었던 것으로 기억해요. 학생들의 자연스러운 반응을 유도하고 학생들 속에 내재한 '인식'의 특성을 들여다본다는 건 쉽지 않은 일인 것 같습니다.

현대사 내용을 다룬 심층 면접에서는, 참 말씀드리기 조심스러운데, 사회적 약자나 소수자, 분배나 평등 같은 민주주의 관련 문항에서 여학생들이 좀 더 적극적이고 구체적으로 반응한다는 것을 직관적으로 느낄 수 있었어요. 객관식 설문 결과에서도 다소 그런 경향이 보였어요. 하지만 남녀 간에 유의미한 차이가 있다고 단정 지을 수는 없었습니다. 그에 관한 논의를 계속하지도 않았고요. 남녀 차이를 찾는 것이 조사의 목적이 아니었으니까요. 한참 연구의 틀을 잡을 때 초등 조사에 공백이 생긴 것도 안타까운 기억으로 남아요.

이해영 중등 조사를 제대로 한 후에 초등 조사를 진행하면 좋겠다는 의견이 있었지요. 1차 때는 교사 대상 조사를 준비하는 팀도 있었어요. 구경남 선생님, 박주현 선생님, 정태윤 선생님이 교사 대상 설문 자료를 만드셨어요. 1차 이후에 어려움을 겪으면서 잠시 유보를 하자고 했는데 결과적으로 1차 조사가 처음이자 마지막 조사가 된 셈이죠.

정미란 처음에 설문지를 받았을 때 깜짝 놀랐어요. 45문항이라니! 아이들은 본 적이 없는 문항 수였거든요. [웃음] 너무 많았어요. 거의 한 문제 한 문제 같이 읽고 설명해가면서 조사를 진행했던 기억이 나네요. 그때 설문 내용이 워낙 어려웠던 데다 OMR 카드까지 작성해야 해서 설문하는 데 시간이 많이 걸리고 힘들었습니다. 그래도 '아, 이제 초등도 같이하는구나!' 하고 생각했던 기억이 나요. 연구소라는 이름으로 연구자와 초·중·고 교사들이 자연스럽게 같이 활동을 하다 보니까 역사의식조사도 그렇게 함께할 수 있었던 거 같아요.

제가 2009년 연구소 활동을 시작할 당시만 해도 역사 관련 행사에 초등교사를 부르는 경우는 거의 없었어요. 초등교사를 대상으로 한 역사 연수도 드물고, 초·중등이 역사 관련해서 무언가를 같이하는 사례는 찾아보기 어려웠어요. 연구자들도 초등은 초등대로 중등은 중등대로 특정 학년이나 특정 내용으로 역사의식조사를 진행했어요. 초·중등을 함께 묶어 조사를 기획하고 실행한 곳은 연구소가 처음이었어요. 그래서 역사의식조사에 더 관심을 가지고 유심히 지켜보게 된 것 같아요.

이해영 가장 인상 깊었던 게, 1차 조사 때 지식 정도를 측정하는 문항들이 있었는데, 특정 역사 사건에 대해 '매우 잘 알고 있다', '알고 있다', '모른다', '매우 모른다'에 표시를 하는 식이었어요. 그런데 항상 '매우 잘 알고 있다'에 표시한 학생 수가 중등보다 초등이 많았어요. 다 같이 결과를 분석하면서 '문제가 좀 있구나' 했지요. 또 중학생과 고등학생은 비슷한 반응이 나오는데 초등만 반응이 다르게 나온 문항들이 제법 많았어요. 그래서 내부적으로 초·중등이 한 설문지로 같이 가기는 어렵다고 판단하고 설계를 따로 하는 쪽으로 가닥을 잡았어요.

정미란 초등학생들은 너무 긍정적이어서 본인이 몰라도 잘 안다고 써요. [웃음] 우리나라에서 또 살고 싶냐고 하면 거의 다 '네'라고 대답을 하죠. 아이들이 바라는 대한민국의 미래상에 대한 대답이 기억에 남는데, 중·고등학교 학생들은 '복지', '민주주의', '경제 대국' 이런 걸 꿈꾸는 반면에 초등학생들은 '자연환경이 아름다운 나라'라는 대답이 가장 많았어요.

이해영　　대한민국 미래상에 관한 문항은 서술형 문항이었고 초·중·고 합쳐서 5,000명 정도의 학생이 참여했어요. 대한민국 미래상과 역사수업에 대한 만족도를 묻는 서술형 문항의 답변을 모두 분석하는 데 시간이 많이 걸렸어요. 당시 교사 연구년 시절이었는데, 매일 반나절씩 시간을 투여했는데도 답변 하나하나를 다 들여다보면서 분류하다 보니 6개월이 넘게 걸렸어요. 반응이 생각보다 다양하진 않았지만, 초·중등 반응이 많이 달랐던 게 기억이 나요. 그중 하나가 초등학생은 '자연환경이 좋은 나라', 중학생은 '경제 대국'이나 '군사력이 발전한 나라', 고등학생은 '민주주의와 복지제도가 잘 갖추어진 나라'에서 살고 싶다는 이야기를 가장 많이 했어요. 학교 급별로 결과에 차이가 많은 문항이었어요.

서술형 문항의 답변을 분석하거나 심층 면담을 하는 과정에서 '중학생과 고등학생 간에 역사의식 차이가 좀 있겠구나' 하는 생각을 했어요. 중학생들은 자신과 관련 있는 부분을 두드러지게 고려한다면, 고등학생들은 복합적인 상황을 두루 고려한다는 느낌을 받았어요. 그런데 이건 단순히 조사 결과를 정리하다가 받은 느낌이라 조금씩 방법을 바꾸면서 분석하다 보면 선명해질 수 있겠다고 생각은 했는데, 객관적으로 제시하지 못한 부분은 아직도 아쉬움이 많아요. 여러 지역을 돌아다니면서 학생들하고 면담을 할 때마다 비슷한 느낌을 받았기 때문에, 약간 버전을 달리해서 조사했으면 어땠을까 하는 아쉬움도 있어요.

역사교사가 학생을 이해하는 방법으로서 역사의식조사

백은진　　5차에 걸친 조사의 내용과 과정을 다루면서 선생님들이 생각하는 이 활동의 의의와 아쉽다고 느끼는 부분도 말해주고 계십니다. 전국역사교사모임의 집행부로, 회장으로, 여러 해 동안 이 조사를 지켜본 김태우 선생님도 하실 이야기가 있을 것 같습니다.

김태우 처음에 학생들의 역사의식을 조사한다고 했을 때 관심이 상당히 높았던 걸로 기억해요. 그때 저는 역사교사모임의 집행부는 아니었지만 연구소에서 이런 조사를 한다고 해서 상당히 '신선하다', '그래, 이거 필요한 부분이다' 하고 생각을 했어요. 선생님들이 앞으로 이 자료와 결과들을 교육의 방향을 잡거나 수업을 구성하는 데 활용하면 도움이 될 거라는 생각도 했습니다. 그런데 1차 조사 이후 진행되는 상황을 보니, 역사교사들의 관심이 높아지거나 유지되고 있다는 생각이 들지 않았어요. 물론 10년 동안 교육 외적인 환경에 많은 문제가 발생하면서 역사의식조사가 일선 역사교사들의 관심에서 벗어난 부분도 있었지요. 하지만 그 때문만은 아니었던 것 같아요. 이건 좀 생각을 해봐야 하는 게, 첫째는 1차 조사의 설계와 내용이 워낙 복잡하고 결과를 분석하기도 어렵다는 문제들이 있었고, 둘째는 조사의 결과가 선생님들이 기대한 바를 충족하지 못했다는 문제가 있었습니다. 선생님들은 연구자들의 처음 의도에 상당 부분 공감을 하고 이것이 아이들을 이해하는 데 굉장히 좋은 자료 역할을 해주기 바랐는데, 막상 뚜껑을 열고 보니 결과가 내가 평소 생각하던 것과 별로 다르지 않다는 느낌을 받았던 것이죠. 즉, 수업 구성에 유용한 아이디어나 생각해볼 거리를 주는 데서 '신선한' 느낌을 주지는 못했습니다.

저는 연구 과정의 비하인드 스토리를 듣고 관련 자료도 꾸준히 봤기 때문에 과정의 어려움이나 설문 문항의 이러저러한 내용이 왜 필요한지를 이해했지만, 이 과정을 잘 모르는 대부분의 교사는 민족에 대한 인식, 주변 국가에 대한 인식, 현대사에 대한 인식, 이런 부분들에 대한 조사를 하나의 가십으로 느꼈을 수 있다는 것이죠. 결국 이분들은 '어, 그래서 어떻게 수업하라는 거지?' 하는 반응을 보일 수밖에 없었죠. 특히 2차, 3차 조사가 진행되면서 현장교사들에게 어떤 도움이 된다기보다 연구자들에게 필요한 조사로 가고 있다는 생각이 들었어요. 물론 당시에는 역사교사모임이 역사 교과서 국정화 문제에 온 신경을 쏟느라 역사의식조사에 관심을 둘 상황이 아니었던 탓도 있지만, 조사 과정과 결과가 많은 역사교사에게 충분히 알려지지도 그들로부터 큰 반향을 얻지도 못한 것이 사실입니다.

사실 조사가 진행되던 당시에는 심각하게 생각하지 못했는데, 좌담회를 준비하면서 '역사의식조사에 대한 관심이 점점 줄어든 이유는 뭘까?' 하고 생각한 끝에 그런 결론을 얻게 된 거죠. 결국은 이건 연구 자료로서는 의미가 있지만 역사교사들에게 직접적으로 도움이 될 만한 자료는 아니라는 판단이 들더라고요. 그래서 10년에 걸친 역사의식조사의 결과를 분석해서 책으로 낸다는 소식을 들었을 때 역사교사들에게 실질적인 도움이 되는 요소들을 추가하면 좋겠다는 생각을 했습니다.

손현준 죄송한 일이기도 하고 제겐 조금 아픈 기억이기도 한데 …… 제가 1차 이후로 활동을 멈췄잖아요. 계속해서 함께하지 못한 이유를 방금 김태우 선생님이 말씀하신 것 같습니다. 물론 이런 연구가 필요하다는 데 공감하고 지금까지 진행된 연구도 존중합니다. 다만, 연구 방향이 처음과는 다르게 흘러갔다는 지적을 하고 싶습니다.

사실 1차 조사를 준비할 때는 '역사의식조사'에 대한 여러 선생님의 머릿속 구상이 조금씩 다르고 또 이분들의 아이디어가 나날이 보태지다 보니 모임 때마다 내용에 많은 변화가 있었어요. 예를 들면, 언젠가 한 번 모임에 빠졌는데, 그사이에 문항 수가 45개로 급격히 늘어나 있는 거예요. 이미 그렇게 정해졌다고 하니까 저로서는 어쩔 도리가 없었고요.

1차 조사 준비 과정에서 많은 미흡함을 느꼈지만, 한 번쯤은 우리나라 교육 현장을 배경으로 이런 연구를 진행할 필요가 있고, 좀 더 깊이 있게 연구하고 공유하면 분명히 좋은 성과가 있을 거라 믿고 다들 열심히 하셨죠. 그런데 1차 조사 결과가 공유되는 시점부터 조사가 제 생각과는 다른 방향으로 흘러가기 시작한 것 같아요. 조금 거칠게 말해서 '역사의식 조사 결과로 학생들에 대해서 새롭게 알게 된 게 있나?', '어찌 보면 선생님들이 이미 경험적으로 짐작한 결과들을 확인하는 정도 아닌가?' 하는 의문이 들었지요. 물론 구체적인 데이터를 바탕으로 더 체계적으로 연구해서 뭔가 만들어내거나 주장할 수 있고, 그런 방면의 발전도 필요하다고 생각해요. 그런데 제게는 학생들의 의식을 파악해서 어떤 아웃풋을 도출하는 것도 중요하지만, 조사를 학생들이 자기 생각을 표현할 기회로 삼는 것도 중요했거든요. 학생들을 수업으로 이끄는 도구로 이 조사를 활용하고 싶었습니다. 그런데 준비 단계에서 역사교육 연구자들로부터 설문 문항의 적절성과 조사 결과의 신뢰성을 검증받는 과정은 있었지만, 현장교사들과 함께 설문 내용과 조사 결과를 교실 수업에서 활용할 방안을 논의하는 과정은 없었던 것 같아요.

저는 학년 초마다 설문조사 형식으로 학생들에게 직접 한국 현대사 중에서 관심 있는 주제를 선택하게 하는 작업을 해요. 그러면 실제 수업에서도 학생들은 자기가 선택한 주제나 인물을 탐구하려고 해요. 설문조사 때 선택했던 주제나 인물을 다시 선택하는 건데, 자기가 학년 초 설문에서 표시한 주제를 오랫동안 기억하는 거죠. 작은 것 하나라도 관심을 가지고 자기 것으로 삼게 하는 거죠. 학년 초에 설문조사를 하는 것도 처음부터 학생들이 자기 생각을 많이 표현할 수 있는, 그래서 수업에 더 많이 참여할 수 있는 기회가 되기 때문이에요.

결론적으로 말씀드리면, 설문조사가 교실 수업에서 배움의 프로세스로 보편화하길 바라는 욕심이 있었어요. 프로세스의 일부로서 설문의 보편화에 우리 역사교사모임이, 우리 역사교육연구소가 기여할 수 있기를 기대했죠. '교사모임과 연구소가 하나의 모델이 될 수 있는 설문을 만들어 전국의 역사교사들에게 예시적으로 보여줄 수 있지 않을까?, 그러면 이런 수업 프로세스를 의미 있다고 여기게 되지 않을까?'라는 생각을 했었어요. 물론 아까 읽은 창간호의 제언처럼 조사 결과에 관한 논의가 '어떤 역사를 가르칠 수 있을까'에 대해 소통할 기회가 되기를 바라는 면도 있었구요.

백은진 두 분 선생님의 말씀을 듣다 보니, 역사의식조사에는 두 가지 방향성이 공존했던 것으로 보입니다. 다소 거칠게 표현하자면, 한편으로는 '교사가 자신의 학생을 이해하는 도구로서의 설문조사', 다른 한편으로는 '전국 단위의 대규모 역사의식조사', 이렇게요. 가령 역사교육연구소 회보에서 중앙고등학교 조경훈 선생님이 역사의식조사 설문 초안을 활용해 본인이 근무하는 학교 학생들에게 설문지를 돌리고 그 결과를 분석한 글을 본 적이 있는데, 이 경우는 전자에 해당한다고 볼 수 있겠죠. 그리고 2차와 3차 조사를 거치면서 후자의 성격이 강화된 것이 아닌가 싶습니다. 선생님들 생각은 어떠신지요?

김태우 저는 대규모 설문조사 같은 방식으로 의견을 모으는 작업은 굉장히 중요하고 의미가 있다고 생각해요. 그런데 이런 대규모 조사는 몇 년의 간격을 두고 정기적으로 진행해야 합니다. 원래 이 조사도 기획 단계에서는 그런 아이디어가 있었다고, 5년 또는 10년 단위로 꾸준히 진행할 거라고 저는 들었거든요. 그런데 실제로는 그렇지 못했죠. 설문 영역과 그에 따른 문항 하나하나가 어떤 의미에서 필요한지에 대한 공감대를 만드는 노력도 부족하지 않았나 싶습니다. 지금은 연구자와 역사교사 간 인식차가 크다는 생각도 좀 들고요.

정미란 2014년에 초등 역사의식조사를 다시 시작하면서 그때까지 진행된 역사의식조사 관련 글들을 다시 한번 살펴봤어요. 중등 조사 중 특히 면담조사가 인상적이었는데, 초등학생을 대상으로 면담조사를 하기는 쉽지 않겠다는 판단이 들었죠. 하지만 객관식 조사만 해서는 별로 얻을 게 없어요. 우리가 내린 결론은 서답형 문항을 첨가해야겠다는 거였어요. 서답형의 결과들을 분석하는 일이 어떤 일인지 모르고 덤빈 거죠. 어쨌든 초등 역사교육의 키워드를 잡아서 서답형 문항을 만들자고 해서 '역사 인물', '문화재', '현대사에서 배우고 싶은 사건'에 대한 서답형 문항을 작성했어요. 역사 인물과 문화재는 말 그대로 초등 역사 내용의 핵심이고, 현대사의 사건은 중등 조사와 어느 정도 일관성을 유지하기 위해서 작성해 넣은 문항이었어요.

저는 역사 관련 교사 연수를 할 때마다 초등 역사의식조사 결과를 선생님들에게 많이 알려드려요. 왜냐하면, 초등 선생님들은 이런 내용을 접할 기회가 별로 없거든요. 역사의식조사 얘기에 대한 선생님들의 관심이 꽤 높아요. 선생님들은 의외로 초등학생들이 중요하다고 여기는 역사 인물이나 문화재가 누구이고 무엇인지 잘 몰라요. 그리고 학생들이 그 인물이나 문화재를 중요하다고 여기는 이유를 설명하면 흥미로워해요. 아이들 생각은 어른들이랑 상당히 달라요. 어른들은 아주 오래되고 보존이 잘 된 문화유산을 우수하고 가치가 높은 것으로 생각하는데, 초등학생들은 그렇지 않아요. 예를 들면 숭례문도 '얼마나 중요하면 다 탄 거 다시 복원했겠냐' 해서 중요하다고 생각하는 거예요. 물론 어른들과 비슷하게 오래된 걸 중요하게 생각하는 아이들도 있지만요.

서답형 문항 결과를 분석하는 일은 굉장히 힘들었지만 처음으로 그렇게 대규모의 응답을 접해보니까 아이들이 역사 인물이나 문화재를 인식하는 다양한 사고 유형이 보이고, 역사를 공부하는 학생들에 대한 이해의 폭이 넓어졌어요. 선생님들과 역사의식조사 결과를 놓고 얘기할 때는 뭐가 좋았냐 하면, 역사 인물 가르칠 때 기준이 없잖아요? 세종대왕이건 유관순이건 이순신이건 강감찬이건 김구건 다 똑같이 가르쳐요. 그런데 사실은 인물마다 학생들이 가지고 있는 인식의 정도나 그 인물에 대한 상이 많이 달라서 다르게 접근해야 하거든요. 하지만 '어떻게 다르게 접근해?' 하면 할 말이 없어요. 그런데 이 조사를 한 뒤부터 뭔가 기준이 생긴 거예요.

역사의식조사는 교사가 수업을 구상하고 계획할 때 학생들의 역사 이해 정도를 가늠하는 도구이자 방법으로 활용할 수 있어요. 역사수업에서 학생들의 역사 이해를 고려해야 한다는 인식을 확산시키는 역할도 했지요. 연구소 내 '역사수업연구 분과'는 3·1 운동 수업을 공동 기획하고 실행할 때 학생들의 역사적 사고를 촉발할 수 있는 수업을 만들려고 했어요. 그 방향은 학생의 시선으로 역사수업을 보고 만들어가야 한다는 것이었고, 거기에는 역사의식조사의 문제의식이 녹아 있어요. 그중 '유관순 수업'을 예로 들면, 제가 수업할 때 아이들한테 물어봤거든요. "유관순이 3·1 운동을 대표하는 사람이라고 하는데, 너희는 어떻게 알았어? 유관순 말고 3·1 운동에 참여한 다른 사람 이름을 대봐" 했더니 아이들이 "유관순 남자친구요", "유관순 동네 사람이요" 하는 거예요. [좌중 폭소] 그래서, 화들짝 깬 거예요. 이게, 3·1 운동 관련해서 아는 역사 인물은 거의 없고 '유관순은 3·1 운동'이라고만 아니까 그렇게 응답하는 거였어요. 그래서 '아, 애들은 이렇게 생각하는구나!' 했고, 그러면 거기서부터 출발을 하는 거죠. "그래, 유관순 남자친구가 있었을 수도 있어. 선생님은 잘 모르겠지만 있었을 수도 있어. 그런데 그 외에 또 누가 없었을까?" 그러면 이름 모르는 사람들이 등장하는 거잖아요. "이름이 알려지지 않은 사람들도 있지 않았을까? 이런 사람들에 대해서는 우리가 어떻게 해야 할까?", "우리처럼 나이 어린 사람들도 혹시 참여하지 않았을까?" 하면서 질문을 이어가다 보니까 결국 아이들이랑 졸업식 만세운동 역할극을 만들게 됐어요.

이렇게 역사 인물을 배울 때 학생들의 역사인식을 고려한 역사수업 방법을 구안하면 수업이 아주 생동감 있게 살아나더라고요. 그걸 교사가 경험하고 활용해야 하는데, 그게 쉽지 않아요. 대부분의 역사수업은 이전 차시 내용을 확인하거나 해당 차시에 배울 내용과 관련해서 아이들에게 한번 쓱 물어보거나 형식적인 조사를 하는 정도로 그치고 말아요. 학생들을 백지라고 생각하고 그림을 그리는 것 같아요. 역사의식조사가 교사의 역사수업에 의미가 있으려면 우리가 조사와 실제 수업 사이에 징검다리를 놔줘야 하는데, 아직 우리는 그 징검다리를 놓는 데까지 가지 못했어요.

처음에 문항 수가 45개나 되는 걸 보고 놀라기는 했지만 '진짜 학생들에게 궁금한 게 많은가 보다!'라고 생각했어요. 시시콜콜 다 물어보는 것 같았거든요. 그런데 조사가 거듭될수록 설문 문항들은 좀 더 다듬어지고 정교해졌지만, 학생들에 대한 궁금증은 많이 사라진 것 같다는 생각이 들었어요. 되돌아보면 초등 역사의식조사는 총 세 번밖에 못했고, 그 중에서도 서답형 문항은 중등 조사에도 적용해서 한 번 실시했는데, 그마저도 역사의식조사가 중단되면서 초·중등 학생들의 인식 변화를 살펴보는 데까지 나아가지 못했어요. 지금까지의 과정 중에서 유의미했던 부분은 더 살리고 새롭게 필요해진 부분은 덧붙이면서 학생들의 역사 이해에서 출발하는 역사수업을 만들어가는 데 쓰일 기초 자료로 축적해갈 필요가 있어요. 또 역사의식조사 결과를 선생님들에게 잘 알려야 하는데, 지금까지는 연구 보고 발표회나 회보를 통해서만 이 작업이 이루어져 아쉬운 점이 있어요.

김태우 1차 조사 결과가 《역사교육》(전국역사교사모임 회보)에 게재 됐어요. 내용을 간략히 해서. 역사교육연구소 회지에도 주요 문항을 분석한 글이 실렸죠. 그때는 역사교사들이 많이 관심을 가지고 봤습니다. '이런 식으로까지 굳이 물어야 해?', '이게 과연 의미가 있을까?'라는 식의 문제의식보다는 '질문이 신선하다'는 등의 반응이 더 많지 않았나 싶어요. 연구자분들이야 조사 방법이나 문항 설계 등에 문제가 있다고 생각했을 수 있지만, 당시 역사교사들에게는 막연히 짐작만 하던 부분들이 조사 결과로 확인되면서 주는 효과들이 있었다고 생각합니다.

사실 선지 중에는 딱히 '이건 맞고 이건 틀리다'라고 할 수 있는 선지가 거의 없었어요. 오히려 응답자들 각자가 어떤 부분에 더 방점을 두느냐에 따라 답변이 달라질 수 있는 선지가 대부분이었기 때문에 다양한 선지들이 선택되는 것을 보면서 선생님들도 '어떤 식으로 수업 구상을 해볼까?' 또는 '수업에서 어떤 것을 중점에 둘까?'라는 식의 고민을 할 수 있었다고 생각합니다.

쉽지 않았던 도전

백은진 선생님들 말씀을 들어보니, 전국역사교사모임이나 역사교육연구소 상황을 고려할 때 대규모 표집을 통한 전국 단위 설문조사를 한다는 것이 쉽지 않은 도전이었을 것 같아요. 그것도 지속적으로 말이에요.

방지원 매년 같은 내용의 설문지를 나누어주고 이에 대한 학생들의 답변과 답변을 분석한 결과를 축적하는 일은 꼭 필요했지만, 시간이 흐르고 조사팀 안팎에서 여러 가지 문제가 발생하면서 관심이 전반적으로 줄어들 수밖에 없는 상황이 된 게 사실이에요. 특히 교사모임과 연구소는 국정 교과서 문제 등에 대처하느라 이 사업을 뒷받침할 여력이 없었고요. 그렇지만 이런 상황 속에서도 의미는 있었어요. 사회 전반이 보수화되면 학생들의 역사의식이 어떻게 달라지는지, 사회의 보수화가 같은 문항에 대한 학생들의 반응에 어떤 변화를 가져오는지 등을 확인할 수 있었죠. 한 가지 덧붙이자면, 학생에 대한 이해라는 과제에서 개별 교사가 자신만의 노하우로 자기 학생들에 대한 이해를 도모할 수 있겠지만, 개별 교사의 힘만으로 해결할 수 없는 부분이 있잖아요. 그러니까 대규모 자료의 축적이 있어야만 그다음 연구와 실천을 기대할 수 있는 부분이 있지요. 이 사업이 그런 부분을 충족할 수 있어요. 이해영 선생님이 교육 실습에 임하는 예비교사들에게 학생 이해를 위한 전략을 짜도록 권유한 것도 역사의식조사를 통해 축적된 데이터가 있었기에 가능했어요.

저는 앞으로도 주기적으로 이런 일들은 필요할 거라고 생각을 해요. 다만 객관식 문항에서 무엇을 물어야 할지, 어떤 것을 심층 면접해야 할지는 상황에 따라 조정할 부분이 분명히 있겠지요. 예전에 김육훈 선생님이 "이런 연구는 교육부나 지자체 단위에서 해야 하는 건데 배고픈 사람이 밥 짓는 심정으로 우리가 한다"라고 말씀하신 적이 있는데, 어쨌든 우리가 시작은 했으니, 어떤 단위에서든 이어가야 하지 않을까 합니다.

이해영 국정 교과서와 교학사 교과서 논란이 있던 시기에 이 조사가 진행됐어요. 텔레비전 뉴스나 신문에서 교학사 교과서에서 오류가 500개 이상 발견되었고 교학사뿐 아니라 다른 출판사의 역사 교과서들도 '오류투성이'라는 기사가 연일 나오던 때라서 교과서에 대한 학생들의 신뢰가 많이 줄어들 거라고 생각했어요. 하지만 조사 결과 교과서에 신뢰를 보내는 학생의 비율이 꾸준히 40%에 가까운 수치를 유지했어요. 우리 학생들이 역사 교과서를 어떻게 보고 있고, 앞으로 어떻게 보아야 할 것인지에 대해 생각할 거리를 주지 않았나 싶어요.

교과서에 신뢰를 보내는 학생의 비율은 40%로 두텁게 유지된 반면, 남북관계에 대해서는 정권이 바뀔 때마다 달라진 부분들이 있었던 것 같아요. 이런 부분을 교사들이 공유하면 어땠을까 하는 생각이 드네요. 실제 조사가 끝나고 학교 수업에 적용한 사례도 있어요. 조경훈 선생님과 윤종배 선생님이 근무하는 학교에서 설문조사를 하고 결과를 전국 단위

조사 결과와 비교했는데, 두 조사의 결과가 달랐던 것으로 기억해요.

현재 저도 교육 실습을 앞둔 사범대 학생들에게 중·고등학생들이 역사를 어떻게 이해하고 있는지를 알려주기 위해 5차까지 축적된 자료들을 제공합니다. 그런데 그 전에 학생들에게 각 문항에 대해 중·고등학생들이 어떻게 반응했을지 예측해보게 합니다. 예상과 다른 반응에 사범대 학생들도 신기해하고 재미있어 하고 놀라워합니다. 그 뒤에는 우리가 설계한 설문을 원자료로 실습을 나가는 학교 급과 사정에 맞게 설문 문항을 수정, 변형해서 조사를 한 뒤 그 결과를 바탕으로 학습지도를 해보라고 합니다. 일반적으로 15개 정도로 문항 수를 줄여서 설문한 뒤 그 결과를 토대로 수업을 진행해요.

이 조사가 있기 전에는 실습생들이 학생들과 친해지고 싶어도 방법을 몰랐어요. 운동장에서 놀고 있는 학생들한테 다가가서 말을 붙인다거나 체육대회 준비를 도와주면서 대화를 나누는 정도였어요. 정작 수업시간에는 학생들과 소통하기가 어려웠죠. 그런데 지금은 설문을 통해 정보들을 얻다 보니 '학생들이 이런 유형의 수업을 좋아하는 것 같아서 그 부분을 조금 더 강조했다'라거나 '○○ 방식으로 수업을 구성했다'라는 등의 이야기를 많이 해요. 한 마디로 학생들과 수업으로 소통을 했다는 거예요. 한 예비교사는 '고구려를 계승한 발해', '우리 민족 발해'를 강조하던 기존 발해 수업을 설문 결과를 본 뒤 바꾸기도 했어요. 설문조사 결과 우리나라를 단일민족국가라고 생각하는 학생이 너무 많은 것을 보고, 이 부분을 비판적으로 해석한 후 '다양한 인구로 구성된 발해'를 주제로 학습 지도안을 구성했어요. 물론 중간에 지도교사의 도움을 받았고 수업 진행 과정에서 어색한 부분도 많았지만, 본인의 수업 아이디어로 수업을 재구성했다는 점에서 칭찬해줄 만한 일이었죠.

역사의식조사 후에 아쉬운 점 중 하나가 바로 축적된 결과가 지속적으로 공유되고 홍보되지 못했다는 점이에요. 교사들과 같이, 자세히 해석해보는 기회가 있었으면 좋았을 거라는 생각이 드네요.

정미란 초기에는 역사교육연구소에서 대대적으로 역사의식조사를 홍보하면서 설문지나 설문 결과를 수업에 활용해보라는 주문도 많이 했어요. 그래서 그때는 몇몇 사례들이 나왔어요. 저도 수업하기 전에 쓰는 초기 설문지, 수업 중에 하는 중간 설문지, 끝나고 나서 하는 설문지를 역사의식조사 설문 문항을 바탕으로 제작해서 활용했거든요. 카페에 올려서 다른 선생님들과 공유하기도 했고요. 다른 선생님들이 만든 것도 여럿 있었어요. 저희 설문지 일부를 차용하거나 갖다 쓰는 등 다른 데서도 역사의식조사 문항이나 결과를 활용한 예를 많이 봤어요. 꽤 많이 봤는데, …… 막상 연구소 내에서는 역사의식조사를 활성화할 동력과 시기를 놓친 것 같아요.

방지원 몇 번에 걸쳐서 꾸준하게 밀고 나가려니, 일할 사람은 없는데 해야 할 일은 너무 많았어요. 매번 잔일이 엄청 많았죠. 설문 고쳐야지, 인쇄해야지, 보내야지, 받아야지. 제한된 인력으로 사업을 한다는 것이…… 데이터 결과를 이해영 선생님이 힘들게 정리해서 회보에 싣고 …… 그때는 그것조차 힘들었어요.

김태우 그때는 지금처럼 구글 폼이 있는 것도 아니고, 구글 설문처럼 쉽게 할 수 있는 것도 아니었으니 얼마나 힘들었겠어요?

방지원 여담이지만 객관식 통계를 신뢰성 있게 다루고 처리하는 문제 때문에 이해영 선생님하고 구선희 간사가 따로 공부도 했죠. SPSS(statistical package for social science, 사회과학용 통계 패키지) 분석도 공부하고 …… 해볼 수 있는 건 다 …… 나름대로는 그 틀 안에서 완성도를 높이기 위한 노력을 많이 했어요.

김태우 사실 생각보다 많은 중등 역사 선생님들이 초등 결과에 굉장히 흥미를 보였어요. '아, 초등은 이랬구나!' 하고 깜짝 놀랐던 거죠. 우리나라의 교육 시스템이나 교사 양성 과정에서 초등과 중등에 차이가 있다 보니 초등교육과 중등교육에 대한 상호 이해도가 좀 낮은 편인데, 그러다 보니 서로에 대해 잘 모르는 부분이 많잖아요. 그런데 중등 선생님들이 '초등 때는 이렇게 배우는구나', '이런 생각을 하는구나'라는 걸 처음 알았던 거고 신선했던 거죠. '아, 이래서 갓 중학생이 된 아이들이 좀 엉뚱한 얘기를 하는 거구나!' 하고요. 예를 들면, 3·1 운동을 '3점1 운동'이라고 부르면서 용어를 우스꽝스럽게 받아들이거나 전혀 이해를 못하는 아이들도 있거든요. 인지 발달만이 아니라 역사에 대한 사전 지식이란 면에서도 중등 선생님들은 초등학생에 대해 막연한 선입견이 있어요. 그런데 이 조사의 결과는 중등 수업을 구상하는 데 있어서 상당한 신선함과 생각할 거리를 줬던 것 같아요.

다른 측면에서는 전체 역사교육 정책 차원에서 일정한 시간 간격을 두고 조사할 필요성을 보여준다고 봅니다. 역사 교과서 국정화 문제와 교학사 교과서 소동을 겪는 과정에서 기존 역사교육이 편협하다는 둥, '올바른 역사 교과서'가 필요하다는 둥 정치적인 레토릭이 난무했습니다. 어른들이 자신들의 경험을 토대로 편견을 가지고 현재의 교육을 재단하면서 나온 이야기들이었죠. 이런 인식은 유사역사학에 경도된 어른들도 마찬가지였어요. 삼국 통일에 대한 이해를 보면 아직도 민족주의적인 시각, 가령 신라가 아니라 고구려가 통일했어야 한다는 생각을 가진 분들을 많이 봅니다. 역사 사건이나 사실에 대한 인식의 변화를 보여주는 이런 조사가 꾸준히 이어지면 지금 같은 편견도 다소 누그러질 수 있다고 생각해요.

국가 교육과정과 교사의 교육과정 재구성에 대한 시사점

백은진 선생님들의 말씀을 들어보니, 교육부나 지자체 단위에서 학생들을 대상으로 대규모 표집을 통을 통한 역사의식조사의 모델을 제공해야 한다는 데 대체로 공감하면서 조사 결과를 어떻게 활용할 것이냐에 대해서 말씀하신 것 같습니다. 역사의식조사는 대규모건 소규모건, 손현준 선생님 말씀처럼 학생들이 역사수업에 좀 더 참여하고 자신들의 생각을 표현할 수 있는 계기로 활용하거나, 정미란 선생님 말씀처럼 학생의 관심이나 이해 정도를 파악해 수업의 단계를 밟아나가는 데 활용할 자료로서의 가능성도 있는 것 같습니다. 즉, 개별 교사가 자기 수업에 어떻게 적용할 것이냐 하는, 학생의 역사 이해에 기초한 교육과정 구성이란 부분에서 시사점이 있는 것 같습니다.

방지원 지금은 국가 수준 교육과정을 예전처럼 절대시하지 않아요. 우리도 지금까지 '개별 교사가 꾸려가는 수업'이란 차원에서 역사의식조사 결과나 데이터를 어떻게 활용할 수 있을지에 대해서 많은 이야기를 해왔죠. 그런데 교사의 관점이 아닌 학생의 관점에서 역사의식조사 결과와 교육과정, 학습 내용, 학습 경험을 살펴보면 또 다른 흥미로운 논의가 가능합니다. 조사 결과에 의하면 학생들은 교과서가 중시하는 정치적 사건만이 아니라 인물, 생활, 문화 등에 대해서도 흥미로워합니다.

그런데 '지금까지 그에 부응하는 교육을 해왔나', '못하거나 안 했다면 왜 그랬나'라는 문제가 있을 수 있습니다. 학생들의 흥미를 국가 교육과정에 어떻게 반영할 것인가를 고민하자면 논점은 더욱 복잡하게 얽힙니다. 국가 교육과정 개발에 학습의 주체인 학생들의 필요와 요구를 반영해야 한다는 원리에 따르면, 역사학습의 목적이나 필요성에 대한 학생들의 의견을 교육과정에 반영할 수 있습니다, 물론 학생들 의견에 무조건 따라야 한다는 것은 아닙니다. 역사교육이 마땅히 추구해야 할 바이지만, '학생들이 인지하지 못하는 부분이 무엇인지'가 더 중요한 고려 대상일 수 있기 때문입니다.

그 연장선에서, 한국사에서 근현대의 비중, 세계사와 자국사의 균형 있는 구성 등을 고민할 필요도 있어 보입니다. 학생들은 현재의 관심사에서 출발해 과거를 바라봅니다. 그 때문에 근현대에 대한 관심이 상대적으로 높습니다. 따라서 근현대사를 어느 단계에서 어떻게 다루어야 할지 교육과정에서 세심하게 배려할 필요가 있습니다. 초·중·고 모두에서 근현대를 더 많이 다루자는 이야기는 물론 아닙니다. 일본이나 중국을 대하는 일반적 태도나 그 나라들에 대한 편견, 북한 문제나 통일에 대한 인식과 거기서 드러나는 문제점 등을 짚어서, 동아시아사나 세계사, 근현대사 내용 안에서 어떻게 소화할 것인지도 고민해야 합니다. 찾아봐야 할 논점은 이 외에도 많을 거라고 생각합니다. 사실 이런 논점들은 국가 교육과정에 한정할 문제는 아닙니다. 교과서나 교사의 수업, 지역 단위에서 역사교육 환경을 조성하는 문제와 어쩌면 더 밀접한 것일 수도 있겠지요.

백은진 그런 점에서 역사의식조사 설문 결과가 교육과정 재구성에 시사하는 바에 관해서도 듣고 싶습니다. 역사의식조사 결과 중에 학생들이 현대사에 관심이 많다는 것을 보여주는 내용이 있는데, 이러한 결과가 역사과 교육과정에서 현대사 비중을 높일 필요성을 제기한다고 보시는지요? 교육과정 개정 때 한국사의 근현대사 비중이 늘 쟁점이 되고 있어서 말입니다.

방지원 '어떤 시대를 더 많이 배우고 싶어요?'라고 물어봤을 때 상당히 일관성 있게, 몇 년 동안 계속 '현재와 연결된 가까운 시기'라는 답변이 가장 많이 나왔다는 것은 여러모로 시사하는 바가 큽니다. 이 답변은 '역사는 왜 배우나요?'라는 질문에 대한 답변과도 내적으로 연결된 것입니다. 현재의 문제를 해결하기 위해서, 현실을 좀 더 잘 이해하기 위해서, 현실의 문제를 해결하는 데 필요한 지혜나 교훈을 얻기 위해서, 그러니까 우리 학생들은 현재에서 출발해서 과거를 바라보고 현재 우리가 앓고 있는 문제들의 원인을 찾으려 한다는 것입니다. 그런 점에서 근현대는 학생들이 흥미로워하는 시대이기도 하고, 역사에 접근하는 방식에 부응하는 시대이기도 합니다. 여기에 역사학자들이나 교사들, 역사교육 연구자들의 견해까지 종합하면 근현대의 비중을 일정하게 높게 유지하자는 주장은 타당하다고 봅니다.

그렇지만 이것은 어디까지나 원칙이자 출발점이고, 초·중·고에서 근현대사에 어떻게 접근할지에 관해서는 또 다른 차원의 논의가 필요하겠지요. 각 학교 급에서 근현대사를 학습한 경험을 바탕으로 학생들이 어떤 방면에서 어떻게 성장할 수 있을지 세심하게 논의할 때가 되지 않았나 합니다. 학교 급별로 무턱대고 내용을 차별화하자는 것이 아니라, 각 학교 급에서 특징화할 부분이나 무게를 둘 부분을 달리하자는, 학교 급마다 학생들이 경험할 부분을 달리하자는 것입니다. 그러한 경험은 역사를 통해 과거와 현재, 미래를 오가게 하면서 우리가 이야기하는 역사의식을 만드는 힘이 될 수 있겠지요.

김태우 이 문제는 맥락이 좀 있습니다. 한국교육과정평가원이 2015 교육과정 개정 전 공개한 시안에서 고등학교 한국사 교과서의 근현대사와 전근대사 비중을 5대 5에서 4대 6으로 만든다고 할 때부터 논란이 많았습니다. 이는 당시 이명박 정부의 시각을 반영한 제안이었고, 교육부가 이를 뒷받침하기 위해 의도적으로 설문조사를 하기도 했었죠. 우리 모임에서는 따로 설문을 돌려 실제로는 그렇지 않다는 반론을 제기하기도 했어요. 당시 교육부의 조사는 편향적이고 조사 방법에도 문제가 있다는 주장이 제기될 정도였어요. 동시에 역사학 자체의 학문적인 논의를 바탕으로 결정해야 한다는 주장도 있었고, 현대사는 사회 교과에서도 다룰 수 있다며 역사과의 근현대사 비중은 줄이자는 주장도 있었어요.

지금이야 지나간 얘기이니 '전근대가 중요하냐, 근현대가 중요하냐' 하는 식의 접근이 큰 의미가 없다고 생각할 법한데, 당시에는 이것이 역사교육의 주도권을 둘러싼 힘겨루기처럼 비친 측면도 있어서 사람들을 많이 지치게 만들었습니다. 물론 당시 교육부의 근현대사 비중 축소 시도는 이명박 정부에 대한 비판적 시각을 완화하려는 데 있었고, 이를 아는 시민들은 비판의 목소리를 높였지요. 그런데 그 논의에 참여했던 분들도 근현대사가 중요하지 않아서가 아니라 근현대사가 정치적으로 논란이 많으니 줄이자고 주장했던 거예요. 즉, 현실에서는 근현대사 교육에 대한 학생들의 요구가 높지만 교육은 이를 억누르는 방식으로 진행되어 와서인지 역사교육의 목적과는 괴리된 채로 논의가 계속된 측면이 있지요. 당시로서는 안타깝다는 생각이 들었어요. 논의가 근현대사 비중 문제에 매몰되면서 대립이 격화됐고, 어느새 본질에서 벗어나 버리니 답답했죠.

그러니까, 근현대사도 전근대사도 그 자체로 이야기할 내용이 많고 우리의 노력을 통해 새로 만들어갈 것도 많은데, 당시의 정치적 상황 논리에 휘말려서 안타깝게도 원래 이야기하려던 것과는 다른 방향으로 논의가 진행되었습니다. 그러다 보니 우리가 역사의식조사 결과를 근거로 논의를 진행하려 했을 때도 굉장히 의도가 불순하다는 식으로 비판을 받았어요. 앞으로는 비중 문제에서 한 발짝 떨어져서 좀 더 냉정하게, 역사교육적 측면에서 논의의 방향을 찾아가야 할 것 같습니다.

방지원 역사의식조사 결과를 토대로 근현대사 교육의 당위성을 찾으려는 시도는 의미가 있어요. 하지만 논의의 방향을 잘 잡을 필요도 있지요. 무엇보다 '답·정·너'식 접근이 되지 않도록 조심할 부분이 있습니다. 학생들이 역사를 배우는 이유로 꼽은 것들과 근현대사 학습에 거는 기대를 보면, 학생들이 자신의 역사의식을 어떻게 변화시켜나가는지 짐작할 만한 부분이 적지 않습니다. 그래서 근현대사 교육이 아주 중요하다고 생각합니다. 그런데 학생들이 근현대사, 나아가 역사에 접근하는 방식에는 '현재주의로 흘러갈 위험'도 많습니다. 어쩌면 이 부분은 최근 미디어에서 역사를 생산하고 소비하는 양상과도 무관하지 않습니다. 나아가 역사의식조사에서 드러난, 근현대사에 대한 학생들의 높은 관심과 역사교육이 민주적 시민에게 요구되는 역사의식을 추구한다는 것 양자를 놓고, 어떤 주제들로 교육 내용을 구성할 것인지 터놓고 토론할 때가 되지 않았나 합니다.

이 책을 통해 역사의식조사를 마무리하는 이 시점에 우리에게 요구되는 과제는 이러한 논점들 사이 어딘가에 놓이지 않을까 싶습니다. 덧붙이면, '근현대사를 많이 가르치면 전근대사는 어떻게 하냐'라는 식으로 접근해서는 문제를 해결할 방법을 찾을 수 없다고 봅니다. 전근대와 근현대의 '대결'이 아닌 '균형잡기'로 시각을 전환하고, 각 역사 내용의 특수성과 역사교육의 지향을 함께 고민하는 방향으로 나아가야 한다고 조심스럽게 생각해봅니다.

좋은 역사수업과 역사교사의 성장을 위한 시사점

백은진 역사의식조사가 국가 교육과정과 교사의 교육과정 재구성에 시사하는 바에 대해서 들어보았는데, 구체적으로는 개별 역사교사와 수업에 대해 어떤 점을 시사한다고 보시는지요? 그리고 시사점 가운데 경력교사뿐 아니라 예비교사에게도 도움이 되는 측면이 있다면 어떤 게 있을지 궁금합니다.

손현준 저는 1차 조사 이후 학교 수업에 빠져서 살았던 것 같아요. 그래도 역사의식조사가 계속 진행되고 있다는 소식을 들을 때마다 정말 대단하다는 생각을 하면서 한편으로 연구가 이렇게 계속해서 진행되면 나중에 분명히 좋게 쓰일 것이라는 생각을 했어요. 그중에 가장 반가운 사례 하나를 조금 전 이해영 선생님이 말씀하신 것 같아요. 예비교사들에게 설문조사의 사례와 경험은 좋은 교육 내용이 되지 않을까 하는 거죠. 우리 좌담회의 내용이 실리게 될 이 책의 목차에 예비교사를 위한 글이 있다는 소식을 듣고 '참 좋다. 나도 한 꼭지 쓰고 싶다.' 이런 생각이 들 만큼 반가웠습니다.

저는 지난 20년 동안 설문, 질문, 의문 등의 '문(問)'으로 학생과 교사 사이에 놓인 벽(壁)을 뚫고 소통의 문(門)을 만들며 역사는 암기과목이 아님을 역설해왔습니다. 하지만 졸업할 때 보면 아이들은 '갈릴레오 갈릴레이' 같다는 생각을 합니다. 돌아서면서 "그래도 역사는 암기과목이다", 이렇게 말하는 것 같거든요. 그래서 저는 저 자신보다 훌륭한 역사교육을 꿈꾸며 새롭게 교육 현장에 들어올 예비교사들에게 희망을 걸고 싶습니다. 그들이야말로 신념처럼 굳건해 보이는 학생들의 그런 생각을 깨부술 적임자라고 생각하니까요.

학생들이 역사를 암기과목이라 여길 만한 이유는 충분합니다. 역사는 여러 가지 아웃풋들이 중첩된 과목입니다. 일단 역사학의 기초라 할 수 있는 사료가 당대의 아웃풋입니다. 역사 교과서는 역사학자들이 과거에 산출된 그 아웃풋을 연구하여 만들어낸 또 다른 아웃풋의 집적물입니다. 물론 교과서 자체도 또 하나의 아웃풋이죠. 그리고 학교는 그 아웃풋들에 근거해 시험 문제를 출제합니다. 시험 문제 또한 하나의 아웃풋이고요. 이렇게 아웃풋들이 중첩된 과목인 만큼 역사학습을 학생들이 아웃풋들을 '암기'하는 과정이라고 여길 만도 하지요. 물론 다른 교과들도 중첩된 아웃풋으로 구성되지만, 수학이나 과학의 학문적 성과를 배우는 것은 자신을 둘러싼 세상의 진리를 탐구하는 과정으로 이해하는 반면, 역사학은 이미 연구자들이 해석해서 의미를 부여한 과거의 사실들을 잘 이해하고 기억하기만 하면 된다고 여기는 면이 없지 않습니다. 제가 설문조사를 강조한 것도 학생들의 생각을 묻고 이를 수업에 반영함으로써 이미 정해져 있는 아웃풋들을 암기하는 교수-학습을 극복할 방법 중 하나로 보기 때문입니다.

이러한 수업 방법 덕분인지는 모르지만, 저는 학교에서 'Doing History'라는 이름의 동아리 '세화 고적답사단'과 방과 후 학교 강의 '역사와 철학' 등 역사 교과 관련 다양한 교육 활동을 계속해오고 있습니다. 이 활동들은 제 수업과 마찬가지로 학생들의 생각과 의견, 체득과 실천을 기본적인 포맷으로 합니다. 사실 어제도 답사단원들과 함께 텔레비전 드라마 〈미스터 선샤인〉 촬영지에서 영화를 제작하고 왔어요. 대관료가 500만 원인 곳인데, 무료로 촬영을 했습니다. 이제 교실을 넘어 지역 사회와 함께하는 학습이 이루어지는 시대인 만큼 스튜디오도 동참해달라고 설득했거든요. 학생들의 역사 영화 제작도 학생들 스스로 재해석하고 참여를 통해 경험하고 체득하는 역사학습을 만들기 위한 노력의 일환이라고 볼 수 있습니다. 이런 과정을 경험한 학생들은 역사를 단순한 암기나 이해의 대상으로 치부하지 않고 역사 속에 푹 빠져들곤 합니다. 그런 학생들과 함께하는 저는 행복하기 그지없고요. 이런 행복한 교수-학습 방법이 보편화되어 예비 역사교사와도 그 행복을 나누면 좋겠다는 생각을 합니다.

백은진 지금도 해마다 새로 만나는 학생들, 또 방과 후 활동이나 동아리에서 새로 만나는 학생들을 알아가기 위해서 선생님이 별도로 기울이는 노력이 있는지요? 10년 전에는 선생님이, 지금은 우리가 '역사의식조사'라고 부르는 설문조사를 수업에 적극 활용하셨던 거잖아요. 지금은 학생들을 알기 위해서 어떤 노력을 하세요?

손현준 그때는 학기 초에 한 20문항짜리 설문지를 나눠주고 결과를 여러모로 분석해보곤 했어요. 우리도 조사해봤지만, 결과는 늘 비슷비슷하죠. 언젠가부터는 조사를 반복하지 않았어요. 결과가 비슷하기 때문은 아니었고, 여러 번 조사를 반복하면서 제 머릿속에 어느새 학생들의 생각, 생각의 유형들이 입력된 때문이었죠. 그 후로는 거기서 얻은 경험들을 수업 내용과 연결되는 질문 형태로 각 수업에 녹여내는 데 힘를 쏟았어요. 즉, 수업 내용과 관련된 질문(설문)을 던져 학생들 간 의견의 차이를 발견하고 서로의 의견을 공유하게 하고 견해의 차이가 사실에 대한 인식에서 비롯된 것인지, 해석에서 비롯된 것인지를 확인해보는 식이었죠. 학생들의 생각을 끌어내고 발표를 유도하는 데는 이렇게 학생들 생각의 유형과 수준에 대한 경험적인 이해가 많이 도움이 돼요.

여기 오기 전에 역사의식조사 관련 글들을 좀 훑어봤는데, 그중에서 이동욱 선생님하고 이해영 선생님이 같이 쓰신 글이 가장 인상적이었어요. 제목이 '민주주의 관점으로 구성한 역사수업 탐색'이었죠. 이유가 뭔가 하면, 여러 선생님이 직접 이런 설문조사를 활용한 수업을 해보면서 학생들의 생각과 역사의식에 관심을 가지게 되기를, 또 그런 활동이 많아지기를 기대했기 때문이에요.

그런 생각의 연장선에서 저는 역사의식조사의 수준이 향상되어야 할 뿐만 아니라 조사 주체가 훨씬 더 많아지고 다양해져야 한다고 봅니다. 그래서 각 교실 단위에서 역사의식조사가 반영된 수업이 가능해진다면,

저는 그 자체가 어떻게 보면 조금 더 민주적인 사회를 향해 나아가는 교육의 모습이 아닐까 합니다. 요즘에 가짜 뉴스가 많이 나오잖아요? 그런데 정보화 시대의 가짜 뉴스에 대해 어떻게 생각하는지 학생들에게 물어보기가 어려워요. 말조차 꺼내기 힘들 때가 많고요. 그럴 때 설문조사를 통해서 가짜 뉴스에 대한 학생들의 생각을 알아볼 수 있잖아요? 가짜인지 진짜인지 어떻게 판단하는지도 한번 물어볼 수 있고요. 그 설문을 역사적 사실에 대한 이해력을 높이는 수업 도구로 활용할 수도 있고요.

정미란 역사의식조사가 역사교육연구소 깃발처럼 방향타 역할을 했네요. 전국역사교사모임에서 발표한 최근 10여 년간의 수업 사례들을 분석해보면, 가장 큰 변화 중 하나가 역사교사들이 학생의 참여를 높이려고 노력할 뿐만 아니라 수업 후 학생들의 반응을 살피거나 학생들이 낸 글이나 작품 등 수업 중 학생 활동에 대해서 끊임없이 성찰하는 내용이 매우 많아졌다는 거예요. 이러한 변화는 역사교사모임의 노력과 함께 10여 년을 이어온 역사교육연구소의 활동이 상당한 영향을 준 결과라고 생각해요. 예를 들어 역사교육연구소 '어린이 분과'가 펴낸《어린이들의 한국사》는 기존 역사수업의 내용이 어른들의 역사로 구성된 점을 비판하며 역사 속 어린이들의 사례를 통해 어린이의 시선을 고려한 역사수업의 필요성을 보여주었죠.

제일 중요한 것은 발상을 전환해야 한다는 거예요. 아이들의 생각을 읽는 데는 엄청난 노력이 필요합니다. 그런데 오히려 귀와 눈을 가리고 수업하는 경우가 많아요. 학생들이 의견을 내면 무슨 의견이건 교사가 생각을 좀 해봐야 하는데, "그게 아니잖아" 하고 한 방향의 의견만 수용하고 강요하는 일도 많아요. 역사의식조사를 논의하고 진행하는 과정에서 수없이 되뇌었던 것처럼 아이들의 생각을 염두에 두고 계속 확인하고 수업에 접목하려는 노력을 계속해야 한다는 생각이 들었습니다.

역사의식조사는 아이들의 생각을 확인하는 데 유효할 뿐만 아니라 학습 효과와 반추 효과도 있다고 생각해요. '우리 역사에서 가장 중요한 인물이 누구일까?' 또는 '일본과의 관계에서 어떤 점들이 문제였을까?' 같은 문항들을 한 번이라도 접한 아이들은 머릿속에 특정한 인식이 남거든요. 제가 그걸 어디에서 느꼈냐 하면, 아까 이야기했듯이 같은 아이들을 대상으로 초등학교 5학년 때 한 번, 1년 뒤 6학년이 되었을 때 다시 한번 실시한 설문조사 결과를 보고 그걸 느꼈는데, 역사 인물과 문화재 등 역사 및 역사수업에 대한 이해를 묻는 설문조사였어요. 물론 1년 사이에 생각이 변한 아이들도 있고, 여전히 같은 생각을 하는 아이들도 있었어요. 그중 몇몇과 대화를 나눌 기회가 있었는데, 이렇게 말하더라고요. "선생님, 작년에 했었던 문제잖아요. 저 그때 이렇게 생각했었는데 지금은 생각이 바뀌었거든요? 왜냐하면요" 하면서 그 이유를 이야기하더라고요. 생각이 바뀌지 않은 아이들도 "왜 바뀌지 않았냐면요" 하면서 이유를 이야기하는 거예요. 그걸 들으면서 역사의식조사가 앞으로 더 발전한다면 학생들의 역사인식이 어떠한가를 살펴보는 것뿐만 아니라 인식의 변화와 변화의 원인을 추적하는 연구도 가능하리라는 생각이 들었습니다.

초등은 총 세 번을 조사했는데, 두 번째 조사 때 학생들만이 아니라 담임선생님도 같이 조사를 했어요. 그리고 분석을 했는데, 교사와 학생이 생각하는 게 너무 다른 거예요. 가장 중요하다고 생각하는 역사 인물을 쓰는 문항을 예로 들면, 1위는 '세종대왕'으로 두 집단의 답변이 같았지만 2위부터 교사들은 김구, 전태일 등의 순이고 학생들은 이순신, 안중근

순이였어요. 그뿐만 아니라 중요하다고 생각하는 문화재도 다르고 심지어 배우고 싶은 현대사의 사건들도 달랐어요. 학생들은 분단과 6·25 전쟁을 굉장히 궁금해했고 남북관계에도 관심이 있었어요. 하지만 교사들은 다들 민주화 운동에 대해 열심히 가르쳐야 한다고 대답한 거예요. 더 중요한 사실은 이렇게 두 집단의 생각이 다르다는 사실조차 몰랐다는 거죠. 선생님들과 그 문제에 관해 이야기를 나눈 적이 있어요. 교사는 늘 하던 대로 그게 중요하다고 생각해서 계속 가르친다는 거예요. 그리고 아이들도 당연히 관심이 있을 거라 짐작했다는 겁니다. 지금까지 교사들이 학생들의 역사인식과 그 변화에 얼마나 무관심하고 무지했는지 보여주는 것입니다.

앞으로 역사의식조사가 한 단계 더 발전하려면 교사 대상 역사의식조사가 학생들의 인식 변화와 병행해서 이뤄져야 하고, 이게 반영이 돼서 활용될 수 있는 방향으로 계속 연구와 실행이 뒷받침돼야 합니다. 역사의식조사 결과 초·중·고 학생들 공통으로 근현대사에 가장 많은 관심을 보였다는 점, 역사에 별로 흥미가 없다고 응답한 학생들이 특히 현대사와 가까운 시기에 관심이 많다고 응답한 점은 중요한 시사점이 있다고 봅니다. 그러니까, 역사가 외울 것이 많고 알아야 할 것이 많다고 생각하게 되면 아예 포기하는 경우도 많지만, 중요한 것은 기본적으로 역사를 '알아야 한다'라고 생각한다는 점이에요. 한발 더 나아가서 '나와 가까운, 직접적으로 연관이 있는 이 시기는 알아야 할 것 같아'라고 생각한다는 거예요. 그래서 근현대사 교육을 열심히 강조했어요. 하지만 아이들이 알기를 원한다는 사실만으로 근현대사 교육을 강조했을 뿐 실제 아이들이 근현대사에서 무엇을 어떻게 어느 부분을 가려워하는지에 대해서는 알려고 하지 않았어요. 연구가 더 진척되려면 아이들의 생각을 더 구체적으로 살펴보고 실질적으로 수업에서 활용할 수 있는 내용을 만들어야 한다고 생각합니다. 그래야 교육과정이나 교육 정책에도 반영될 수 있는 부분들이 생기겠지요.

하나 덧붙이자면 중등은 역사교육연구소와 역사교사모임 회보가 있어서 역사의식조사 내용이 공유되고 활용될 수 있는 데 비해, 초등은 역사의식조사 결과를 알 수 있는 통로가 매우 적어요. 초등은 교사모임이나 연구소에 속한 교사가 굉장히 적거든요. 연구소가 초등교사 연수를 계속해왔는데, 역사의식조사 결과를 반영한 연수는 하지 못했어요. 앞으로 기회가 된다면 교사 연수를 역사의식조사 결과나 관련 글들을 잘 알리는 계기로 삼았으면 좋겠습니다. 초등교사들은 기초 자료만 접해도 학생들이 어떤 생각을 하는지, 애들의 생각을 물어보고 확인하는 게 얼마나 중요한지를 알게 될 겁니다. 그러면 하나라도 더 질문을 던져보고 하면서 역사수업의 변화를 도모하는 데 도움이 되겠지요. 그래서 조사 내용과 결과를 알릴 통로를 궁리해보자는 생각이 들었습니다.

제 수업 경험도 소개할게요. 궁예에 관한 수업을 할 때 학생들에게 궁예에 대해서 아는 것이 있으면 다 말해보라고 했더니, 너도나도 막 손을 들고 말을 해요. 그런데 궁예가 눈이 멀었다는 것 외에는 다친 이유도 궁예의 신분도 모습도 다 달라요. "어떻게 알았냐?" 했더니 대부분 책 보고 알았대요. 말들을 다 모아 보니까 딱 한 가지만 일치해요. '한쪽 눈이 멀었다.' 나머지는 의견이 분분해요. 그래서 "이 중에 사실은 뭘까?" 하니까, 결론은 눈이 멀었다는 것, 스님의 모습을 했다는 것뿐이에요. "왜 그런 모습을 했을까? 그 모습이 당시 사람들 눈에는 어떻게 비쳤을까?" 하면서 아이들이랑 이야기를 만들어봤거든요. 보통은 궁예에 대한 평가 위주로 수업을 했는데, 이 수업은 아이들이 알고 있는 것에서부터 출발하니까 하고 싶은 말이 많아서 난리가 난 거예요. 자기들끼리 "내가 맞아, 네가 맞아, 어떻게 알았어?" 하면서요. 역사적 사실을 어떤 경로와 과정을 통해서 학생들이 알게 되는지가 드러나는 것이지요. 그런데 그게 아이들이 직접 자신의 입을 통해서 목소리를 통해서 귀를 통해서 확인하지 않으면 자기 생각과 시험 볼 때 쓰는 내용과 다른 사람과 있을 때 하는 말이 다 달라지더라고요. 학생들 각자의 역사인식이 밖으로 표현돼서 안팎으로 일치될 계기를 제공하는 수업이 역사교육의 본질에 더 가까운 수업이 아닌가 생각합니다.

제가 선생님들과 수업 공유를 했을 때 선생님들이 제일 놀라워한 수업이 8·15 광복을 주제로 아이들에게 글을 쓰게 한 수업이었어요. 먼저 8·15 광복 당시의 모습이 담긴 사진 한 장을 놓고 이야기를 한 다음, 이날에 대해 설명할 때 꼭 들어가야 할 말을 포스트잇에 써서 붙이라고 했더니 '일본', '1945년 8월 15일', '항복', '독립' 같은 단어들이 나왔어요. 그런 뒤 광복을 주제로 글을 작성할 때 참고하라고 지문 4개를 주고 그 중에 마음에 드는 부분과 수정하고 싶은 부분을 골라서, 각각의 이유 등을 발표하고 글을 쓰게 했어요. 나중에 그 4개의 지문이 각각 7차, 2007, 2009, 2015 개정 교과서의 8·15 광복 관련 서술 내용이라고 알려줬더니 아이들이 놀라워했지요. 그런데 아이들이 쓴 글이 교과서에 서술된 글보다 훨씬 나은 거예요. 아이들도 그걸 아는지 굉장히 뿌듯해하더라고요. 저 자신도 그랬지만 다른 선생님들도 되게 인상적인 수업으로 받아들이시더라고요. 그런 수업은 교사가 아이들의 생각을 계속 묻고 쫓아가고 다시 묻고 해야 해요. 그리고 더 잘 만들어가려면 어떤 부분에 더 주의를 기울여야 할지 조금 더 같이 머리를 맞대고 과정들을 고민해보는 시간이 필요합니다.

어쨌든 손현준 선생님 말씀 들으니까 손현준 선생님은 일상적으로 역사의식조사를 하고 계시네요. 행복한 수업을 위해서.

손현준 맞아요. 발문이 많은 수업이라 수업 45분 끝나고 나면 아이들이 막 책을 들고 따라 나와요. 자기 생각이 맞는지 확인하고 싶은 거죠. 계속 쫓아오면서 말을 …… 질문을 하는데 …… 저는 사실 좀 쉬고 싶거든요. 쉬고 싶은데 붙잡혀 있어야 해요. 종 칠 때까지. 그런 생활이 반복되고 있죠. 그럴 때 정말 학생들한테 관심이 많다면 저는 진짜 행복해야 하잖아요? 그런데 마냥 그렇지만은 않아요.

정미란 뭐, 사랑한다고 늘 행복한가? 늘 붙어있는 게 좋은가? [좌중 웃음]

손현준 요즘 신규교사 연수받는 분들과 시간을 가지면서도 느끼는데, 제가 신규교사들에게 하는 강의도 방식이 비슷한 것 같아요. 설문조사까지는 아니지만, 그냥 "요즘 수업 어때요?"라고 먼저 말을 건네요. 편하게 생각을 나눌 수 있는 분위기를 만들려고 하는 거죠. 그러면 자연스레 자신의 상황을 이야기합니다. 저는 거기에 대해 간단하게 제 생각을 말하거나 경험을 나누는데, 그분들은 제 말을 "학생의 입장에서 수업을 생각하라"는 말로 이해하더라구요. 저는 사실 신규교사 입장에서 말씀드린 건데 ……. 여하튼 그다음 달 연수에서 그분들을 다시 뵀을 때 '학생 입장에서 수업을 해봤더니 여러 문제가 해결되었다'라고 하더라구요. 그런데 정작 저 자신은 그 문제가 어떻게 해결된 건지 몰라요. 그건 그분들이 알아서 한 거거든요. 제가 어떤 특정한 방식을 가르쳐준 것도 아니고 "학생 입장에서 생각을 해보라"고 직접 말한 것도 아니에요. 이건 학생에 대한 교사의 이해와 학생들의 참여가 교실 수업에서 어떤 가능성을 가질 수 있나를 시사하는 작은 사례일 뿐이에요. 학생들에 대한 이해가 중요하지 않다고 생각하는 사람이 어디 있겠어요? 학부모, 교사, 학생 모두가 학생에 대한 이해는 중요하다고 여기죠. 그런데, 지금까지는 '왜 중요한지' 그 이유를 들여다보지 않고 '그냥 중요하니까 …… 어떻게 학생들과 소통하고 어떻게 이해하고 함께할 것인가' 같은 방법적인 이야기만, 방법에 관한 노하우만 많이 공유해온 것이 아닌가 싶습니다. 하지만 지금은 다시 '학생들에 대한 이해가 왜 중요한가, 학생들을 이해하기 위한 이런 조사가 왜 필요한가'에 대해 더 깊은 이야기를 나눌 때가 되지 않았나 싶습니다.

백은진 선생님들 말씀 중에 크게 와 닿는 부분이 있었습니다. 좋은 역사수업을 위해서는 교사가 학생을 알아야 하고 알기 위해서는 힘들고 귀찮고 어렵지만 꾸준한 노력이 필요한데, 정작 학생을 알아갈 방법이 공유되지 못하고 있다는 부분입니다. 학생들을 이해할 방법이 교사들에게 더 많이 제공되고 또 그에 관한 노하우가 축적되어야 한다는 생각이 듭니다. 교사가 학생을 이해하는 것은 너무 당연하다고 하지만 교사들이 이에 관해 체계적으로 배우고 연습한 적이 없을 뿐 아니라 이를 위한 여건이 조성되어 있는 것도 아니지요. 이런 상황에서 대규모 역사의식조사는 학생 다수의 역사인식은 물론, 인식의 변화까지 전반적으로 이해하려는 노력이었고, 개별 교사가 자신의 역사수업에서 학생을 이해하는 지렛대의 역할을 하기도 했다는 생각이 듭니다.

다섯 번에 걸친 조사를 돌아보니, 당시에 설문에 참여해준 학생들, 설문을 받아준 선생님들을 포함해 정말 많은 사람의 노력과 분투가 있었기에 전례 없는 도전을 할 수 있었다는 생각이 듭니다. 그리고 그 바탕에는 수많은 역사 선생님의 수업에 대한 열정과 학생들에 대한 애정이 있었다는 생각도 들고요.

긴 시간 함께해주셔서 진심으로 감사합니다. 선생님들이 이 자리에서 하신 이야기는 적지 않은 수의 역사교사가 더 나은 수업을 만들어가는 데 발판이 되고 밑거름이 될 거라고 생각합니다. 감사합니다.

본문의 주

제1부 학습자의 역사의식에 관한 최초의 대규모 조사

1 역사의식조사팀, 〈교사와 학생의 삶에서 출발하는 역사교육〉, 역사교육연구소, 《역사의식조사워크숍자료집(2011.11.5.)》, 김육훈의 글 88호.

2 중등 객관식 설문조사를 종합 정리한 이해영의 글 〈역사의식조사로 본 학생들의 역사 이해 양상과 특징〉, 《역사와 교육》 15, 2017 참조.

3 이 조사 결과는 역사교육연구소 회보 9호에 게재됐다.

방지원, 〈중·고등학생들은 역사를 어떻게 바라보고, 어떻게 중요성을 평가할까〉, 《역사와 교육》 9, 2014.

박주현, 〈역사학습과 역사에 대한 관점 형성〉, 《역사와 교육》 9, 2014.

4 이동욱·이해영, 〈민주주의 관점으로 구성한 역사수업 탐색〉, 《역사와 교육》 11, 2015.

5 강화정, 〈고등학생의 한국 현대사 인식과 민주주의 이해 양상-일베 사용자를 중심으로〉, 《역사와 교육》 10, 2014.

6 이해영, 〈5·18 민주화 운동에 대한 광주·대구·서울 학생의 역사인식 비교〉, 《역사와 교육》 13, 2016.

7 문재경, 〈2014년 초등학생 역사 이해 조사〉, 《역사와 교육》 12, 2015.

정미란, 〈초등학생들이 중요하다고 생각하는 역사 인물과 그 이유〉, 《역사와 교육》 13, 2016, 30~66쪽.

정미란, 〈초등학생이 중요하다고 생각하는 문화재와 그 이유〉, 《역사와 교육》 14, 2016.

8 정미란, 〈초등학생이 가장 배우고 싶은 현대사의 사건과 그 이유〉, 《역사와 교육》 15, 2017.

정미란, 〈중·고등학생들이 중요하다고 생각하는 역사 인물과 그 이유〉, 《역사와 교육》 16, 2017.

9 구사오연구회, 〈2015 역사교과연구회 최종 보고서: 학생이 온몸으로 느끼고 생각하는 역사수업〉, 교육부, 2015, 106~107쪽.

10 정선영·김한종, 〈역사교육의 의의〉, 《역사교육의 이해》, 삼지원, 2001, 34~40쪽.

11 강선주, 〈5학년 역사 내용 구성 방향〉, 《역사교육》 117, 2011, 29~63쪽.

12 강선주, 〈4, 5학년생의 역사 개념과 초등 역사 교과서 개발 방향: 경험적 연구에 기초하여〉, 《역사교육논집》 47, 2011, 377쪽.

13 문재경, 〈초등 역사 교과서, 그리고 역사수업〉, 《역사와 교육》 4, 2011, 139~141쪽.

14 학생의 역사 이해를 반영하는 역사수업 방법과 사례는 김민정·윤종배·정미란·이춘산·송치중·김슬기·이은주, 《역사수업, 함께 궁리하고 더불어 성장하다》, 책과함께, 2019 참고.

15 강선주, 앞의 논문, 《역사교육논집》 47, 2011, 370~381쪽.

16 국가교육과정정보센터(http://ncic.re.kr)

17 정미란, 〈초등학생들이 중요하다고 생각하는 역사 인물과 그 이유〉, 《역사와 교육》 13, 2016, 30~66쪽.

18 한국교육과정평가원, 《초등학교 교과서의 어휘 실태 분석 연구》, 연구보고 RRC 2015-14, 590~593쪽.

19 임기환, 〈2009 초등 역사 교육과정 및 현행 초등 역사 교과서 서술 검토〉, 《역사학보》 218, 2013, 3~34쪽.

20 정미란, 〈초등학생이 중요하다고 생각하는 문화재와 그 이유〉, 《역사와 교육》 14, 2016, 75~138쪽.

21 정미란, 〈초등학생이 가장 배우고 싶은 현대사의 사건과 그 이유〉, 《역사와 교육》 15, 2017, 38~84쪽.

22 김한종, 《역사수업의 원리》, 책과 함께, 2007, 121쪽.

23 G. Gay, "Preparing for Culturally Responsive Teaching", *Journal of Teacher Education*, 53(2), 2002, pp.106~116.

24 이해영, 〈5·18 민주화 운동에 대한 광주·대구·서울 학생의 역사인식 비교〉, 《역사와 교육》 13, 2016.

25 이해영, 〈고등학생들의 인터넷을 활용한 역사 지식 탐색 과정〉, 《역사교육논집》 73, 2020.

26 정선영, 〈역사교육의 최종 목표와 역사적 통찰력〉, 《역사교육》 108, 2008.

27 김한종, 《민주사회와 시민을 위한 역사교육》, 서울대학교 출판문화원, 2017.

28 하경수, 〈역사교육의 현재적 의미와 현실 역사교육〉, 《사회과교육연구》 20, 2013.

29 이해영, 〈역사의식조사로 본 학생들의 가치 판단 탐색〉, 《역사교육》 131, 2014.

30 정경주·정문주·김현수·서미숙, 〈남북관계에 대한 1020 세대들의 이야기〉, 《한국콘텐츠학회 논문지》 20(2), 2020.

제2부 역사의식은 어떻게 드러나는가

1 박인철, 〈생활세계적 아프리오리(Apriori)와 문화의 현상학〉, 《철학연구》 57, 2002, 192쪽.

2 조관성, 〈주제적 개념으로서의 생활세계 - 생활세계 개념의 해석과 재구성〉, 《범한철학》 12, 1996. 432쪽.

3 조관성, 위의 논문, 1996, 428쪽.

4 존 포크(John H. Falk)·린 디어킹(Lynn D. Dierking) 지음, 노용·이주연·류지영·이선아 옮김, 《박물관교육의 기본(Learning from Museums: Visitor Experiences and the Making of Meaning)》, 미진사, 2007, 84쪽.

5 이창우, 〈스토아 철학에 있어서 자기지각과 자기애〉, 《철학사상》 17, 서울대학교 철학사상연구소, 2003, 215쪽, 235쪽.

6 최기영·우수경·양진희·이학선·이인원, 《유아사회교육》, 교문사, 2008, 131쪽.

7 박승규·김일기, 〈일상생활에 근거한 지리교과의 재개념화〉, 《대한지리학회지》 제36권 제1호, 2001, 9쪽.

8 이명희 외, 《사회과 교육목표 및 내용체계화 연구(I)》, 한국교육과정평가원, 2000, 148~149쪽.

9 방지원, 〈공감과 연대의 역사교육과 '과거사' 문제〉, 《역사교육연구》 28, 2017, 118쪽.

10 국가보훈처, 《한·중·일·미 4개국 청소년 의식비교조사 결과보고서》, 2010, 40쪽.

11 방지원, 앞의 논문, 2017, 132~135쪽.

12 문재경, 〈2014년 초등학생 역사이해조사〉, 《역사와 교육》 12, 2015, 29~30쪽.

13 양정현, 〈역사 교수 - 학습에서 주체의 문제〉, 《역사와 세계》 45, 2014a, 221~228쪽.

14 방지원, 〈'국민적 정체성' 형성을 위한 교육과정에서 '주체적 민주시민'을 기르는 교육과정으로〉, 《역사교육연구》 22, 2015, 87쪽.

15 방지원, 〈공감과 연대의 역사교육과 '과거사' 문제〉, 《역사교육연구》 28, 2017, 132~143쪽.

16 방지원, 위의 논문, 2017, 118쪽.

17 문재경, 앞의 글, 2015, 57~60쪽.

18 키스 바튼(Keith C. Barton)·린다 레브스티크(Linda S. Levstik) 지음, 김진아 옮김, 《역사는 왜 가르쳐야 하는가-민주시민을 키우는 새로운 역사교육(Teaching History for the Common Good)》, 역사비평사, 2017, 398~427쪽.

방지원, 앞의 논문, 2017, 136~139쪽.

19 방지원, 앞의 논문, 2017, 142쪽.

20 키스 바튼·린다 레브스티크 지음, 김진아 옮김, 《역사는 왜 가르쳐야 하는가-민주시민을 키우는 새로운 역사교육》, 역사비평사, 2017, 46~61쪽.

21 방지원, 〈역사 교과서는 '부담스러운 과거'를 어떻게 기억하도록 하는가?〉, 《역사와 교육》 15, 2017, 135쪽.

22 최호근, 〈홀로코스트 교육의 시점과 방법〉, 《독일의 역사교육-아이들에게 왜 아우슈비츠를 가르치는가》, 대교출판, 2009, 66쪽.

23 최호근, 위의 글, 69~72쪽.

24 이한선, 〈'일본군에 몸 팔다 왔대요' 초등생 위안부 교재 논란〉, 《아주경제》 2015년 4월 14일 자.

25 교육부, 《사회 6-1》, 지학사, 2018, 99쪽.

26 연합뉴스, 〈"잊지 않을게요"… 청주 내덕초, 위안부 할머니 돕기 바자회〉, 2019년 5월 27일 방영.

27 김선옥, 〈용감한 내 이웃 할머니의 이야기〉, 전국역사교사모임, 《역사교실, 역사에서 배우고 삶으로 가르치는》, 비아북, 2018, 280~306쪽.

28 교육부, 《사회 5-2》, 지학사, 2019, 106~107쪽.

29 한윤섭, 《서찰을 전하는 아이》, 푸른숲주니어, 2011, 97~98쪽.

30 Eula T. Fresch, *Connecting Children with Children Past and Present: Motivating Students for Inquiry and Action*, Heinemann, 2004, p.90.

31 F.A. 매켄지(Frederick Arthur Mckenzie) 지음, 신복룡 옮김, 《대한제국의 비극(The Tragedy of Korea)》, 집문당, 1999, 192~193쪽.

32 역사교육연구소 어린이와 역사교육 분과, 《어린이들의 한국사: 오천년 우리 역사 속 친구들의 이야기》, 휴먼어린이, 2015.

33 배한극·하라다 토모히토(原田智仁), 〈초등학교에 있어서 세계사 교육의 필요성과 외국 사례〉, 《역사교육논집》 33, 1~28쪽.

34 강선주, 〈연대기적 서사 대 역사적 사고: 영국의 타협〉, 강선주 엮음, 《세계는 역사를 어떻게 교육하는가》, 한울아카데미, 2018, 16~48쪽.

35 양호환, 〈역사 서술의 주체와 관점〉, 《역사교육의 입론과 구상》, 책과함께, 2012, 162~186쪽.

36 강화정, 〈고등학생의 민주주의 이해 양상〉, 《역사와 세계》 45, 2014, 257~267쪽.

37 김육훈, 〈학생들의 역사의식조사를 준비하며〉, 《역사교육》 88, 2010, 222~224쪽.

38 김한종, 〈지유샤(自由社) 역사 교과서의 교수-학습적 성격〉, 《역사교육연구》 10, 2009, 162~163쪽.

39 이영훈, 《반일종족주의》, 미래사, 2019, 10~21쪽.

40 강민정, 〈학교 사회현안교육의 쟁점과 해법〉, 《인헌고 논란을 통해 본 학교 민주시민교육 자료집》, 서울특별시의회·(사)징검다리 교육공동체, 2019, 8쪽.

41 이동기 외, 〈공개좌담회: 역사교육과 민주시민교육, 어떻게 만날까〉, 《역사와 교육》 19, 2020, 193~195쪽.

42 강성현, 《탈진실의 시대, 역사부정을 묻는다》, 푸른역사, 2020, 43~47쪽.

43 강성현, 위의 책, 239~244쪽.

44 이동기 외, 〈공개좌담회: 역사교육과 민주시민교육, 어떻게 만날까〉, 《역사와 교육》 19, 2020, 201~203쪽.

45 김태형, 《그들은 왜 극단적일까》, 을유문화사, 2019, 207~238쪽.

46 조남민, 〈비판적 인지와 자기 표현 향상을 위한 미디어 리터러시 교육 방안 연구〉, 《교양교육연구》 12, 2018, 197~199쪽.

47 샘 와인버그(Sam Wineburg) 지음, 정종복·박선경 옮김, 《내 손안에 스마트폰이 있는데 왜 역사를 배워야 할까[Why Learn English(When It's Already on Your Phone)]》, 휴머니스트, 2019, 176~201쪽.

48 Terrie Epstein, "Sociocultural Approaches to Young People's Historical Understanding", *Social Education*, 61(1), 1997.

49 정호기, 〈5·18의 기억과 계승, 그리고 제도화〉, 조희연·정호기 엮음, 《5·18 민중항쟁에 대한 새로운 성찰적 시선》, 한울아카데미, 2009.

50 테사 모리스-스즈키(Tessa Morris-Suzuki) 지음·김경원 옮김, 《우리 안의 과거(The Past Within Us: Media, Memory, History)》, 휴머니스트, 2010.

51 Terrie Epstein & Jessica Shiller, "Perspective Matters: Social Identity and the Teaching and Learning of National History", *Social Education*, 69(4), 2005.

52 〈7월 일본 상품 수입액 전년보다 13.8% 감소 … "불매운동 저력"〉, 《한겨레신문》 2019년 8월 14일 자.

53 김정인, 《오늘과 마주한 3·1 운동: 민주주의의 눈으로 새롭게 읽다》, 책과함께, 2019.

54 김한종·이영효·최상훈·강선주, 《역사교육의 내용과 방법》, 책과함께, 2007, 23~25쪽.

55 아래 두 글의 내용을 바탕으로 '역사의식'의 개념을 풀어 썼다.
손현준, 〈역사의식조사팀-교실의 역사의식에 문을 두드리다〉, 《역사와 교육》 3, 2011.
역사교육연구소 편집부, 〈초·중·고등학생들의 역사교육 이해 조사 결과〉, 《역사와 교육》 4, 2011.

56 김형곤, 〈한국전쟁의 공식 기억과 전쟁기념관〉, 《한국언론정보학보》 40(4), 2007.
김명희, 〈두 전쟁박물관과 젠더 인지적 공공역사의 가능성: 이행기 정의의 코뮤니타스〉, 《젠더와 문화》 11(2), 2018.

57 조광, 〈동아시아 역사 갈등, 어떻게 풀 것인가?〉, 《역사와 교육》 19, 2014.
윤세병, 〈동아시아사 수업과 평화 인식〉, 《동북아 역사논총》 47, 2015.

58 김지형, 〈고등학교 한국사 교과서의 북한·통일 문제 서술의 특징: 북한사, 통일 논의 및 남북관계사 인식의 상호 제약을 중심으로〉, 《동북아연구》 30(1), 2015.
김상무, 〈통일 독일의 동독사 연구 성과 관점에서 본 고교 한국사 교과서의 북한 서술에 대한 분석과 평가〉, 《교육문화연구》 23(6), 2017.
김육훈, 〈민주시민을 위한 현대사 집필 지침 탐색〉, 《역사와 교육》 18, 2019.

59 김육훈·김정인, 《민주화 운동 관련 역사 교육과정 및 집필기준 분석 연구 보고서》, 민주화운동기념사업회, 2018.

60 박상욱, 〈대중적 역사 현상의 이론적 매커니즘-외른 뤼젠의 역사문화이론을 중심으로〉, 《서양사론》 180, 2016.
박미향, 〈외른 뤼젠(Jörn Rüsen)의 역사의식이론〉, 《역사교육》 150, 2019.

제3부 역사교육의 방향을 전망하다

1 김민정 외, 《역사수업, 함께 궁리하고 더불어 성장하다》, 책과함께, 2019.

김진아, 〈학생들의 역사 이해와 교사의 역할: 미국의 두 교사의 세계사 수업 사례를 중심으로〉, 《역사교육》 147, 2018.

조지선, 〈교실 수업에 반영된 교사의 역사교육관과 학생의 수용〉, 《역사교육연구》 27, 2017.

이해영, 〈학생들은 역사수업을 어떻게 바라보고 있을까〉, 《역사와 교육》 6, 2012, 119쪽.

이동욱·이해영, 〈민주주의 관점으로 구성한 역사수업 탐색〉, 《역사와 교육》 11, 2015.

2 김종훈, 〈역사수업에서 이해와 오해 사이〉, 전국역사교사모임, 《역사 교실, 역사에서 배우고 삶으로 가르치는》, 비아북, 2018, 251~254쪽.

3 백은진, 〈역사학습의 목적과 역사교사의 역사교육 목적에 대한 중·고등학생들의 인식〉, 《역사교육》 133, 2015.

4 김한종, 〈역사교사의 인지적 특성이 역사수업에 미치는 영향〉, 《역사교육》 89, 2014.

5 강선주, 〈역사교육의 목적과 초등학교 교사의 역사교육관〉, 《역사교육》 108, 2008.

6 윤종배·김민정, 〈역사수업 연구, 어떻게 할까?-현장과 이론의 소통을 중심으로〉, 《역사와 교육》 8, 2013.

7 이 조사 결과는 역사교육연구소 회보 4호에 게재됐다.

역사의식조사 교사팀, 〈'2010 교사의 역사교육 이해 조사' 결과 분석〉, 《역사와 교육》 4, 2011.

8 예시문은 강선주, 〈역사교육의 목적과 초등학교 교사의 역사교육관〉, 《역사교육》 108, 2008에 나온 교사의 실제 응답 사례에서 발췌했다.

9 역사의식조사 교사팀, 〈'2010 교사의 역사교육 이해 조사' 결과 분석〉, 《역사와 교육》 4, 2011, 76쪽.

10 안병직, 〈국제 화해와 역사교육-독일의 사례를 중심으로〉, 《역사교육》 98, 2006.

11 서의식, 《한국 고대사의 이해와 '국사'교육》, 혜안, 2010.

12 허신혜, 〈역사수업에 나타난 역사교사의 전문성〉, 《역사교육연구》 1, 2005.

13 박주현, 〈역사학습과 역사에 대한 관점 형성-제2기 역사의식조사 면접 사례를 중심으로〉, 《역사와 교육》 9, 2014.

14 황현정, 〈역사교사의 교육의 자율권과 자유발행제 탐색〉, 《역사와 교육》 16, 2017.

15 조한경·최승원, 〈국정화 논란 및 역사교육 개선에 대한 역사교사들의 인식〉, 《역사교육연구》 28, 2017.

16 박현숙·허은, 〈고등학교 역사교사의 내용 지식과 교수내용지식에 대한 탐색〉, 《역사교육연구》 10, 2009.

17 조철수, 〈역사수업에 나타난 교수내용지식의 유형과 원천〉, 한국교원대학교 대학원 석사학위논문, 2001.

18 민윤, 〈사회과 역사수업에 나타난 내용의 변환과 교수내용지식〉, 《사회과교육》 33, 2000.

19 경기도교육연구원, 《초등 역사교육 현황 및 교사 인식 분석》, 2016, 65쪽.

20 양호환, 〈역사교과 교육이론의 가능성과 문제점-교수내용지식의 성격과 의미〉, 《역사교육》 53, 1993.

21 이미미, 〈교사의 지식, 왜 중요한가-역사교사 양성과 재교육에 있어서의 지식 문제 고찰〉, 《역사교육연구》 16, 2012.

22 이미미, 〈교사가 파악하는 역사적 중요성과 교수-학습적 중요성: 무엇이 중요하며, 무엇을 가르쳐야 하는가?〉, 《역사교육》 139, 2016.

23 이해영, 〈학생들은 역사수업을 어떻게 바라보고 있을까〉, 《역사와 교육》 6, 2012.

24 김육훈, 〈'민주시민 형성을 위한 역사교육'을 제안한다-새로운 역사 교육과정 논의에 부쳐〉, 《역사와 교육》 17, 2018.

25 방지원, 〈최근 논쟁 중심 역사수업 논의와 교사 전문성, 교사교육〉, 《역사교육》 149, 2019.

26 박구용, 〈역사교육을 향한 철학적 제안〉, 《역사비평》, 2014, 119~120쪽.

27 구경남, 〈국가주의를 넘어서 '민주시민으로서의 다원적 정체성' 함양을 위한 역사교육 모색〉, 《학습자 중심 교과교육연구》 19, 2019.

28 2018년과 2019년에 임용된 신규 역사교사 20명을 대상으로 진행한 주관식 설문조사(2019. 3. 25) 결과에서 발췌했다.

29 김동훈, 《교사, 전문가로 살아야 행복합니다》, 교육과학사, 12쪽.

30 윤종배, 《역사수업의 길을 묻다》, 휴머니스트, 2018, 74쪽.

31 김민정 외, 《역사수업, 함께 궁리하고 더불어 성장하다》, 책과함께, 2019, 125쪽.

32 김태웅 외, 《우리 역사, 어떻게 읽고 생각할까》, 아카넷, 2014, 163쪽.

33 전국역사교사모임, 《역사 교실, 역사에서 배우고 삶으로 가르치는》, 비아북, 2018, 128쪽.

34 《매일경제》 2019년 4월 23일 자.

35 이해영, 〈교육 실습 동안 예비 역사교사의 수업 성찰 과정 탐색〉, 《역사교육연구》 32, 2018.

36 방지원, 〈최근 역사수업에서 '학생 활동'의 양상: '탐구'에서 '만남'으로〉, 《역사교육논집》 65, 2017.

37 이해영, 〈중·고등학생의 역사의식조사를 활용한 예비 역사교사의 수업 사례 분석〉, 《역사교육논집》 72, 2019.

38 이해영, 〈교육 실습 동안 예비 역사교사의 수업 성찰 과정 탐색〉, 《역사교육연구》 32, 2018.

39 윤종배, 《역사수업의 길을 묻다》, 휴머니스트, 2018.

40 윤지양, 〈수업 재구성을 통해 본 역사 교사 지식 연구〉, 박사학위논문, 2018.

41 윤종배, 같은 책, 2018.

42 방지원, 〈최근 논쟁 중심 역사수업 논의와 교사 전문성, 교사교육〉, 《역사교육》 149, 2019.

43 서경혜, 〈좋은 수업에 대한 관점과 개념: 교사와 학생 면담 연구〉, 《교육과정연구》 22, 2004.

44 김미선, 〈논증적 역사 글쓰기가 비판적 사고력에 미치는 효과: 사범대학 역사교육과의 논술 교과 운영을 중심으로〉, 《역사교육》 121, 2012.

박소연, 〈예비 역사교사들의 교과서 평가에 나타난 특징 연구-고등학교 한국사 교과서를 중심으로〉, 《역사교육연구》 30, 2018.

45 Chauncey Monte-Sano & Christopher Budano, "Developing and Enacting Pedagogical Content Knowledge for Teaching History: An Exploration of Two Novice Teachers' Growth Over Three Years", *The Journal of the Learning Sciences*, Vol. 22(2), 2013, p.174.

부록

초등 역사의식조사 설문지

중등 역사의식조사 설문지

심층 면접 진행 매뉴얼

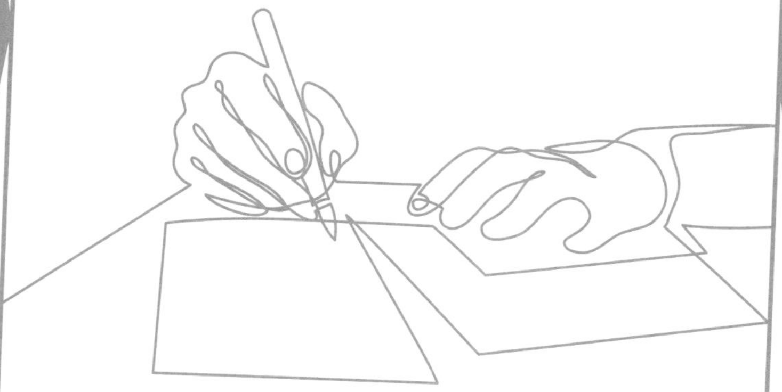

※ 2016 초등 역사의식조사 설문지

역사와 역사공부에 대한 우리들의 생각

학생 여러분 안녕하세요. 이 조사는 전국역사교사모임과 역사교육연구소가 공동으로 진행합니다. 두 단체는 초·중·고등학교와 대학교에서 역사를 가르치는 선생님들로 이루어져 있습니다. 이 설문을 통해 우리나라 학생들이 역사를 어떻게 공부하고, 역사를 어떻게 생각하는지 직접 의견을 들어보고, 우리 역사교육을 더 나은 방향으로 바꾸기 위해 노력하려고 합니다.

이 조사는 시험이 아닙니다. 여러분의 생각을 있는 그대로 표현하면 됩니다. 혹시 모르는 내용이 나오더라도 그냥 그 상태에서 선택하면 됩니다. 여러분 한 사람, 한 사람이 성의 있게 조사에 참여해준다면, 우리나라 역사교육을 발전시키는데 많은 도움이 될 것입니다.

1. 평소 역사에 흥미와 관심이 있나요?

① 흥미와 관심이 많이 있다.
② 흥미와 관심이 조금 있다.
③ 잘 모르겠다.
④ 흥미와 관심이 별로 없다.
⑤ 흥미와 관심이 거의 없다.

2. 역사에 대해 궁금한 것이 생겼을 때 무엇을 참고하면 가장 좋을지 고르세요.

① 교과서
② 인터넷 검색
③ 역사 관련 동영상
④ 교과서 이외의 역사책
⑤ 텔레비전 역사드라마, 역사 영화

3. 우리 역사에서 가장 중요하다고 생각하는 인물을 한 명 골라 쓰고 그 이유를 구체적으로 적어보세요.

이름	
이유	

4. 우리 역사에서 가장 중요하다고 생각하는 문화재를 한 가지 골라 쓰고 그 이유를 구체적으로 적어 보세요.

문화재	
이유	

5. 우리 역사 중 흥미 있는 시기는 언제인지 두 가지를 고르세요.

선사시대	고조선	삼국시대	통일신라와 발해	고려	조선	일제강점기	대한민국
①	②	③	④	⑤	⑥	⑦	⑧

6. 역사를 배울 때 가장 관심 있는 내용은 어느 것인가요?

① 역사 인물
② 중요한 문화재
③ 다른 나라와 벌인 전쟁
④ 옛날 사람들의 생활이나 문화
⑤ 건국, 혁명 등과 같은 중요한 역사적 사건

- 1 -

7. 일본이란 나라 이름을 들으면 제일 먼저 어떤 생각이 드나요?

① 세계적인 경제대국이다.
② 독도를 자기네 땅이라고 주장한다.
③ 우리나라와 문화, 경제 교류가 활발하다.
④ 우리나라를 침략하여 식민지로 만들었다.
⑤ 다른 나라를 침략한 역사를 부정하고 왜곡한다.

8. 중국이란 나라 이름을 들으면 제일 먼저 어떤 생각이 드나요?

① 경제가 빠르게 발전하고 있다.
② 우리나라와 문화, 경제 교류가 활발하다.
③ 고구려와 발해를 중국 역사라고 주장한다.
④ 역사가 오래되었고 문화가 매우 발달하였다.
⑤ 우리 민족을 자주 침략했고 지배하기도 했다.

9. 미국이란 나라 이름을 들으면 제일 먼저 어떤 생각이 드나요?

① 영어를 사용하는 나라이다.
② 경제적으로 잘 살고 군사력도 강하다.
③ 우리나라와 문화, 경제 교류가 활발하다.
④ 자기나라의 이익을 위해 다른 나라의 정치와 경제에 간섭한다.
⑤ 6·25 전쟁에서 국군과 함께 싸웠고, 지금도 우리나라에 군대가 주둔하고 있다.

10. 우리나라는 "하나의 민족으로 구성된 단일 민족 국가이다."라는 말에 대해 어느 정도 동의하나요?

① 매우 동의한다.
② 조금 동의한다.
③ 보통이다.
④ 거의 동의하지 않는다.
⑤ 전혀 동의하지 않는다.

11. 다음 역사적 사건에 대해 어떻게 생각하나요?

> 신라는 당나라와 연합하여 백제와 고구려를 차례로 무너뜨렸다. 이어 한반도를 차지하려는 당나라를 몰아내고 대동강 이남의 땅을 확보하여 삼국 통일을 이룩하였다.

① 당나라에 맞서 자주성을 지키며 통일된 나라를 이룩했다.
② 삼국의 문화가 하나의 민족문화로 발전하는 계기가 되었다.
③ 다른 나라를 끌어들여 고구려와 백제를 무너뜨린 것은 잘못이다.
④ 오랫동안 계속된 삼국 사이의 전쟁이 끝나 사람들이 평화롭게 살 수 있었다.
⑤ 고구려의 영토 대부분을 잃어버려서 안타깝다.

12. 다음 인물에 대해 어떻게 생각하나요?

> 1937년 일본이 중국을 침략하였다. 중국인과 결혼하여 중국 상하이에서 살고 있던 일본인 하세가와는 일본이 중국을 침략한 것을 비판하였다. 그녀는 매일 라디오 방송에서 일본어로 일본을 비판하는 방송을 하였다. 일본 신문은 하세가와를 매국노라고 비판하였고 일본에 있던 그녀의 아버지는 목숨을 위협받기도 하였다.

① 하세가와는 일본인으로 일본의 입장을 따라야 한다.
② 하세가와는 일본인이지만 결혼을 해서 중국 땅에 살고 있으므로 중국의 입장을 따라야 한다.
③ 하세가와가 일본 국민인 것은 인정하나 일본의 결정이 잘못되었으므로 따르지 않을 수 있다.
④ 하세가와는 일본에 있는 가족의 안전을 생각해서 일본을 비판하는 방송을 하지 않아야 한다.
⑤ 전쟁은 죄없는 사람에게 피해를 주는 일이므로 전쟁에 반대하는 하세가와의 행동은 올바른 선택이다.

- 2 -

13. 우리 민족은 일제의 침략과 수탈에 여러 가지 방법으로 저항하였습니다. 그 중 가장 중요한 일은 무엇이었을까요?

① 독립군이 되어 일본군과 싸운다.
② 교육과 경제 분야의 실력을 키운다.
③ 우리글과 역사를 지키는 연구 활동을 한다.
④ 다른 나라에 조선 독립의 필요성을 알린다.
⑤ 노동자, 농민과 함께 일제의 차별과 지배에 맞서 싸운다.

14. 해방 이후 한국 경제가 빠르게 성장할 수 있었던 힘은 무엇일까요?

① 노동자와 농민 등이 열심히 일하였다.
② 정치 지도자들이 나라를 잘 이끌었다.
③ 국제 사회에 한국을 널리 홍보하였다.
④ 미국, 일본 등 외국의 도움을 받았다.
⑤ 회사 경영자들이 기업을 잘 경영하였다.

15. 다음 <보기> 중 가장 배우고 싶은 사실을 골라 번호를 표시하고, 그 이유를 구체적으로 적으세요.

<보기>

① 남북이 분단되고 6·25 전쟁이 일어났다.
② 4·19 혁명 등 민주화운동이 일어나 민주주의가 발전하였다.
③ 경제개발계획이 추진되고 경제가 크게 성장하였다.
④ 외환위기(IMF)로 많은 사람들이 일자리를 잃고 어려움을 겪었다.
⑤ 남북정상회담 등 남북한은 통일을 위해 노력해 왔다.

번호	
이유	

16. 여러분은 앞으로 한반도에 전쟁이 일어날 가능성에 대해 어떻게 생각하나요?

① 북한이 마음만 먹으면 언제라도 전쟁이 일어날 수 있다.
② 국제 정세에 따라 우리의 뜻과 상관없이 전쟁이 일어날 수 있다.
③ 남한과 북한이 서로 이해하고 협력하면 전쟁은 일어나지 않을 것이다.
④ 6·25처럼 큰 전쟁은 일어나지 않지만 작은 전투는 일어날 수 있다.
⑤ 어떤 경우에도 전쟁은 일어나지 않는다.

17. 남북한 통일에 대해 어떻게 생각하나요?

① 하루빨리 평화적으로 통일을 꼭 해야 한다.
② 남북한이 교류하면서 통일 방안을 찾아본다.
③ 남한이나 북한이 힘을 길러 전쟁을 통해 통일을 해야 한다.
④ 남한과 북한이 따로 존재하되 좀 더 협력하고 사이좋게 지낸다.
⑤ 북한이 전쟁을 일으키지 못하도록 잘 막으면서 이대로 사는 것이 좋다.

18. 역사를 배우면 어떤 점이 좋은지 고르세요.

① 교훈을 얻을 수 있다.
② 새로운 역사지식을 많이 알 수 있다.
③ 대한민국 사람이라는 자부심을 느낄 수 있다.
④ 옛날과 오늘날의 생활을 비교하여 이해할 수 있다.
⑤ 다른 입장을 이해하여 공감하거나 비판할 수 있다.

- 3 -

19. 여러분은 지금까지 역사에 대한 지식을 주로 어떻게 알게 되었나요?

① 부모님, 할아버지, 할머니 등 가족의 이야기
② 학교 수업이나 교과서
③ 역사 관련 동화책이나 만화책
④ 역사 관련 드라마나 영화
⑤ 인터넷을 이용한 검색
⑥ 역사 체험학습, 논술 프로그램

20. 여러분이 주인공이 될 대한민국의 미래는 어떠해야 할까요? 어떤 사회가 되면 가장 행복할지 고르세요.

① 자연환경이 잘 보전된 나라
② 예술과 문화가 풍요로운 나라
③ 경제가 발달하고 국력이 더 강해진 나라
④ 범죄나 재난으로부터 안전하고 전쟁 위험이 없는 나라
⑤ 복지제도가 잘 갖추어져 있고 민주주의가 발전한 나라

21. 만일 여러분이 다시 태어난다면 대한민국에 다시 태어나고 싶은가요?

① 네. ② 아니오.

▸ 21번 문항에서 ①을 선택한 학생은 22-1번을, ②를 선택한 학생은 22-2번에 답해주세요. 기타 의견은 답안지 아래 칸에 작성해주세요.

22-1. 여러분이 대한민국에 다시 태어나고 싶다면 그 이유는 무엇입니까?

① 한국인은 정이 많다.
② 경제적으로 잘 산다.
③ 과학적인 우리글이 있다.
④ 우리 전통과 역사가 자랑스럽다.
⑤ 정치와 사회가 민주적으로 운영된다.
⑥ 여러 가지 시설이 안전하고 편리하다.
⑦ 아름답고 깨끗한 자연환경을 갖고 있다.
⑧ 기타( )

22-2. 여러분이 대한민국에 다시 태어나고 싶지 않다면 그 이유는 무엇입니까?

① 부정부패한 정치인이 많다.
② 공부에 대한 스트레스가 크다.
③ 취직이 어려워 먹고 살기 힘들다.
④ 남북 분단으로 인한 전쟁 위험이 있다.
⑤ 사람마다의 개성을 무시하고 획일적이다.
⑥ 범죄나 재난 사고의 위험으로 인해 불안하다.
⑦ 다른 나라에서 한 번 살아보고 싶다.
⑧ 기타( )

• 성의껏 조사에 참가해주셔서 정말 감사합니다.

- 4 -

※ 2016 중등 역사의식조사 설문지

역사와 역사공부에 대한 우리들의 생각

학생 여러분 안녕하세요. 이 조사는 전국역사교사모임과 역사교육연구소가 공동으로 진행합니다. 두 단체는 초 · 중 · 고등학교와 대학교에서 역사를 가르치는 선생님들로 이루어져 있습니다. 이 설문을 통해 우리나라 학생들이 역사를 어떻게 공부하고, 역사를 어떻게 생각하는지 직접 의견을 들어보고, 우리 역사교육을 더 나은 방향으로 바꾸기 위해 노력하려고 합니다. 이 조사는 시험이 아닙니다. 여러분의 생각을 있는 그대로 표현하면 됩니다. 혹시 모르는 내용이 나오더라도 그냥 그 상태에서 선택하면 됩니다. 여러분 한 사람, 한 사람이 성의 있게 조사에 참여해준다면, 우리나라 역사교육을 발전시키는데 도움이 많이 될 것입니다.

1. 평소 역사에 흥미와 관심이 있나요?

① 언제나 흥미와 관심이 있다.
② 흥미와 관심이 꽤 있는 편이다.
③ 보통이다.
④ 흥미와 관심이 별로 없다.
⑤ 흥미와 관심이 없다.

2. 영희가 역사에서 궁금한 것이 생겨서 여러 자료를 찾아보았더니, 자료마다 제각각 다른 정보들이 나왔습니다. 만약 여러분이라면 어떤 정보가 제일 정확하다고 생각할까요? 다음 중에서 <u>두 가지</u> 고르세요.

① 교과서
② 다큐멘터리
③ 교과서 이외의 역사책
④ 인터넷 블로그 기사
⑤ 텔레비전 사극, 역사 영화

3. 학교에서 배우는 역사교과서 내용은 얼마나 믿을 수 있을까요? ①~⑤ 중 나의 생각은 어디에 있을까요?

옛날에 있었던 그대로의 사실을 알려줌 ⟨————   ————⟩ 누군가의 생각과 의도가 들어간 내용임

	①	②	③	④	⑤	

4. 우리 역사에서 가장 중요하다고 생각하는 인물을 한 명 골라 쓰고 그 이유를 구체적으로 적어보세요.

이름	
이유	

5. 우리 역사에서 가장 중요하다고 생각하는 문화재를 한 가지 골라 쓰고 그 이유를 구체적으로 적어 보세요.

문화재	
이유	

6. 다음 중 여러분이 더 많이, 깊이 공부하고 싶은 시대를 고르세요.

① 선사시대   ② 고조선
③ 삼국시대   ④ 통일신라와 발해
⑤ 고려   ⑥ 조선
⑦ 일제강점기   ⑧ 1945년 이후 현대

7. 학교에서 한국사를 배울 때, 앞으로 더 많이 배우길 원하는 것을 <u>두 가지</u> 고르세요.

① 중요한 문화재에 대한 내용
② 역사적 인물에 얽힌 이야기
③ 다른 나라와 벌인 전쟁에 대한 내용
④ 혁명, 운동 같은 중요한 정치적 사건
⑤ 옛날 사람들의 생활이나 문화에 얽힌 내용

8. 학교에서 세계사나 동아시아사를 배울 때, 더 많이 다루면 좋겠다고 생각하는 내용을 <u>두 가지</u> 고르세요.

① 인류가 남긴 위대한 문화유산
② 여러 나라의 생활양식이나 문화
③ 경제나 군사력이 강한 강대국의 등장 과정
④ 시대에 따라 기술이나 경제가 발달하는 과정
⑤ 민주적인 정치제도와 시민사회가 형성·발전하는 과정

- 1 -

9. 여러분은 일본을 바라보는 각자 나름의 생각을 가지고 있습니다. 다음 중 여러분의 생각에 영향을 가장 많이 끼친 것은 무엇인가요?

① 일본은 우리와 스포츠, 연예 등 문화교류가 활발하다.
② 일본은 우리와 같은 아시아에 속하는 나라다.
③ 일본은 세계적인 경제대국이다.
④ 일본은 독도를 다케시마라고 주장한다.
⑤ 일본은 우리를 식민 지배를 하였다.

10. 여러분은 중국을 바라보는 각자 나름의 생각을 가지고 있습니다. 다음 중 여러분의 생각에 영향을 가장 많이 끼친 것은 무엇인가요?

① 중국의 경제가 빠르게 성장하고 있다.
② 중국은 우리와 같은 아시아에 속한다.
③ 중국은 옛날에 한반도를 자주 침략했다.
④ 중국은 역사가 오래되었고 화려한 전통을 가졌다.
⑤ 중국은 발전이 덜 되었고 생활문화에 개선될 점이 많다.

11. 우리는 일상생활에서 "대한민국은 단일 민족 국가이다."라는 말을 자주 듣습니다. 이러한 주장에 어느 정도 동의하시나요?

① 전적으로 동의한다.
② 조금 동의한다.
③ 보통이다.
④ 동의하기 어렵다.
⑤ 매우 동의하기 어렵다.

12. 여러분은 다음의 역사적 사건에 대하여 어떻게 평가하나요? 다음 중 어떤 생각에 가장 가까운가요?

> 신라는 당나라와 연합하여 백제와 고구려를 차례로 무너뜨렸다. 이어 한반도를 차지하려는 당나라를 몰아내고 대동강 이남의 땅을 확보하여 삼국 통일을 이룩하였다.

① 세 나라의 문화가 하나의 민족문화로 발전하는 계기가 되었다.
② 당나라에 맞서 자주성을 지키며 통일된 나라를 이룩했다.
③ 통일에는 성공했지만, 고구려의 영토 대부분을 잃어버려서 안타깝다.
④ 다른 나라를 끌어들여 고구려와 백제를 무너뜨린 것은 잘못된 것이다.
⑤ 삼국시대 내내 계속되던 전쟁이 줄어들어 보통 사람들의 부담이 줄어들었다.

13. 여러분은 다음 글의 주장에 대하여 어떻게 생각하나요? 자신의 생각과 가장 가까운 것을 고르세요.

> 1937년 일본이 중국을 침략하였다. 이 때 중국인과 결혼하여 중국 상하이에서 살고 있던 일본인 하세가와 데루는 일본이 중국을 침략한 것을 반대하였다. 그녀는 매일 라디오 방송에서 유창한 일본어로 반일 방송을 하였다. 일본 신문은 그녀를 매국노라고 비판하였고 일본에 있던 그녀의 아버지는 목숨을 위협받기도 하였다.

① 하세가와 데루는 일본인으로 일본의 입장을 따랐어야 한다.
② 하세가와 데루는 일본인이지만 결혼을 해서 중국 땅에 살고 있으므로 중국을 도와야 한다.
③ 하세가와 데루가 일본 국민인 것은 인정하나 침략전쟁은 잘못되었으므로 일본을 따르지 않아도 된다.
④ 하세가와 데루는 일본에 있는 가족의 안전을 생각했다면 반일 방송을 하지 말았어야 한다.
⑤ 전쟁은 무고한 사람의 피해를 주는 일이므로 하세가와 데루가 전쟁에 반대하는 것은 올바른 선택이었다.

14. 우리는 일제의 침략에 맞서 주권을 지키고 나라를 되찾기 위한 투쟁을 이어온 자랑스러운 전통을 가졌습니다. 항일운동, 혹은 민족운동이란 말을 들었을 때 떠오른 자신의 생각과 가까운 것을 <u>두 가지</u> 고르세요.

① 고종과 명성황후 등 조선왕실
② 3·1운동에 참가한 군중들
③ 우리말과 글을 지키기 위해 노력한 지식인
④ 경제적 실력을 기르고자 노력한 기업인들
⑤ 김구나 김좌진 같은 임시정부, 독립군 지도자

15. 여러분은 일제강점기의 친일 민족 반역자 문제를 어떻게 처리하는 것이 좋다고 생각하나요? 자신의 생각과 가장 가까운 것을 고르세요.

① 지난 일을 들추어서 갈등을 불러일으키는 것은 옳지 않으므로 다시 말할 필요가 없다.
② 시민단체가 앞장서서 친일의 진상을 밝히고 기록으로 만들어 후세에 남겨야 한다.
③ 정부나 국회가 앞장서서 친일의 진상을 밝히고 기록으로 만들어서 후세에 남겨야 한다.
④ 정부나 국회가 나서서 진상을 분명히 밝히고 민족 반역 행위의 책임을 끝까지 물어야 한다.
⑤ 일제 강점기에는 누구든 일본에 협력할 수밖에 없었으므로 친일 문제를 따질 수 없다.

- 2 -

16. 여러분은 다음의 내용에 대해 어떻게 생각하나요? 자신의 생각과 가장 가까운 것을 고르세요.

> 1961년에 집권한 박정희 대통령은 "민주주의라는 빛 좋은 개살구는 기아와 절망에 시달린 국민 대중에게는 너무나도 무의미한 것이다."라며 국가가 기업을 적극적으로 지원하여 경제를 발전시키는 것이 우선이라고 하였다. 경제 성장을 위해서 경제가 어느 정도 성장할 때까지는 민주주의가 안 되어도 참아야 한다는 뜻이다.

① 전적으로 올바른 선택이었다.
② 부작용은 있었지만, 적절한 선택이었다.
③ 잘 모르겠다.
④ 민주주의 발전과 경제 성장을 함께 추진했어야 한다.
⑤ 민주주의 발전이 경제 성장보다 중시되었어야 했다.

17. 여러분은 다음과 같은 주장에 대해 어떻게 생각하나요? 자신의 생각과 가장 가까운 것을 고르세요.

> 국가의 경제에서 성장과 분배를 함께 달성할 수 있다면 좋겠지만, 현실에서는 기업을 중심으로 경제 성장을 이루는 것이 먼저고 분배는 나중 문제이다. 성장을 이루어야만 분배가 가능하기 때문이다. 따라서 빠른 경제 성장을 위해서는 노동운동도 제한할 수 있다.

① 전적으로 동의한다.
② 조금 동의한다.
③ 잘 모르겠다.
④ 동의하지 않는다.
⑤ 매우 동의하기 어렵다.

18. 다음 글을 읽고 우리 사회의 민주주의에 대하여 어떤 생각이 드나요? 자신의 생각과 가장 가까운 것을 고르세요.

> 우리 역사 속에는 4·19 혁명이나 5·18 민주화운동, 6월 민주항쟁 같은 중요한 민주화운동이 있었다. 독재 정권이 무너진 뒤, 시민의 자유와 권리가 확장되고 정권의 부정과 비리가 줄어들었다.

① 솔직히 민주화나 민주주의가 나에게 왜 중요한지 아직까지 잘 모르겠어.
② 민주화운동이 사회를 혼란하게 하고 안보와 경제를 위협한 것도 사실이야.
③ 민주화운동을 직접 겪지는 않았지만, 우리 사회가 민주주의 사회로 발전한 것이 자랑스러워.
④ 이제 우리 사회의 민주주의는 완성되었으니 경제 성장을 위해 노력하면 좋겠어.
⑤ 차별을 없애고 분배 문제를 해결하기 위해 민주주의는 더 발전해야 해.

19. 여러분이 서울 도심 한가운데에서 여러 날 동안 시위를 하고 있는 노동자들을 만났습니다. 이때, 여러분은 어떤 생각이 들까요?

① 노동자가 자기 주장만 하는 건 곤란해.
② 기업이 노동자들의 요구를 진작 들어줬어야 해.
③ 어쨌거나 파업 전에 노사가 문제를 해결했어야 해.
④ 노동자들이 자신의 권리를 지키기 위해서 힘을 합치는 거야.
⑤ 노동운동은 분배문제를 개선하여 민주주의와 경제 발전에 함께 기여할거야.

20. 해방 이후 한국 경제가 빠르게 성장할 수 있었던 힘은 어디에서 왔다고 생각하나요?

① 외국과 우호적인 협력관계를 맺었다.
② 정치 지도자들이 나라를 잘 이끌었다.
③ 국제 사회에 한국을 널리 홍보하였다.
④ 회사 경영자들이 기업을 잘 경영하였다.
⑤ 노동자, 농민들이 생산 활동을 열심히 하였다.

21. 다음 〈보기〉 중 가장 배우고 싶은 사실을 골라 번호를 표시하고, 그 이유를 구체적으로 적으세요.

〈보기〉

① 남북이 분단되고 6·25 전쟁이 일어났다.
② 4·19 혁명 등 민주화운동이 일어나 민주주의가 발전하였다.
③ 경제개발계획이 추진되고 경제가 크게 성장하였다.
④ 외환위기(IMF)로 많은 사람들이 일자리를 잃고 어려움을 겪었다.
⑤ 남북정상회담 등 남북한은 통일을 위해 노력해 왔다.

번호	
이유	

22. 지금까지 한반도의 평화와 통일을 위한 남한과 북한의 노력에 대해 여러분은 어떻게 평가하나요?

① 남북한이 함께 꾸준하게 잘 노력해왔다고 생각한다.
② 남한은 열심히 노력했지만, 북한의 노력은 부족했다고 생각한다.
③ 잘 모르겠다.
④ 남북한 양쪽의 노력이 모두 부족했다고 생각한다.
⑤ 남북한의 노력보다 미국이나 중국, 일본 등 주변국의 협조가 더 필요하다고 생각한다.

- 3 -

23. 여러분은 앞으로 한반도에서 전쟁이 일어날 가능성에 대해 어떻게 생각하나요?

① 북한이 마음만 먹으면 언제라도 전쟁이 일어날 수 있다.
② 국제 정세에 따라 우리의 뜻과 상관없이 전쟁이 일어날 수 있다.
③ 남한과 북한이 서로 이해하고 협력하면 전쟁은 일어나지 않을 것이다.
④ 6·25처럼 큰 전쟁은 일어나지 않지만 작은 전투는 일어날 수 있다.
⑤ 어떤 경우에도 전쟁은 일어나지 않는다.

24. 남북한의 통일에 대한 다음의 주장 중에 자신의 생각과 가장 가까운 것을 고르세요.

① 서둘러 통일을 앞당기는 것을 국가의 주요정책으로 삼아 실천하고, 통일 뒤의 어려움을 모두의 지혜를 모아 극복하는 것이 좋다.
② 먼저 우리의 국력을 충분히 기른 뒤, 남한을 중심으로 통일을 생각하는 것이 좋다.
③ 남북한이 교류하면서 상호 이해를 확대한 다음, 통일을 함께 의논하는 것이 좋다.
④ 통일보다 남북한이 경제, 문화, 외교 등 여러 면에서 마치 한 나라처럼 긴밀하게 협력하는 것이 좋다.
⑤ 북한이 전쟁을 일으키지 못하도록 잘 막으면서 이대로 사는 것이 좋다.

25. 여러분이 지금 알고 있는 역사 지식은 어떻게 알게 되었을까요? 다음 중에서 여러분이 역사 지식을 가장 많이 얻은 곳을 <u>두 가지</u> 고르세요.

① 친구나 어른들 이야기
② 역사수업시간, 역사교과서
③ 역사소설이나 드라마, 영화
④ 인터넷을 이용한 검색 활동
⑤ 교과서 이외의 역사책들

26. 여러분은 역사를 배워 나 자신에게 어떤 변화가 있기를 바라나요? 다음 중에서 <u>두 가지</u> 고르세요.

① 새로운 역사지식을 더 많이 안다.
② 대한민국 사람이라는 자부심을 느낀다.
③ 과거의 경험과 오늘날의 상황을 연결하여 이해하는 힘을 기른다.
④ 역사이야기를 들었을 때 내용이 정확한지, 근거는 있는지 따져보는 습관을 기른다.
⑤ 역사이야기를 읽으면서 어떤 삶이 가치 있는지 생각한다.

27. 여러분이 주인공이 될 대한민국의 미래는 어떠해야 할까요? 어떤 사회가 되면 가장 행복할까요? <u>두 가지</u> 고르세요.

① 자연환경이 잘 보전된 나라
② 예술과 문화가 풍요로운 나라
③ 경제가 발달하고 국력이 더 강해진 나라
④ 범죄로부터 안전하고 전쟁의 위협이 없는 나라
⑤ 복지제도가 자리 잡고 민주주의가 생활화 된 나라

28. 만일 여러분이 다시 태어난다면, 대한민국에 태어나고 싶은가요?

① 예.　　　　② 아니오.

▸ 28번 문항에서 ①을 선택한 학생은 29-1번을, ②를 선택한 학생은 29-2번에 답해주세요. 기타의견은 답안지 아래 칸에 작성해주세요.

29-1. 여러분이 대한민국에 다시 태어나고 싶다면 그 이유는 무엇입니까?

① 한국인은 정이 많다.
② 경제적으로 잘 산다.
③ 과학적인 우리글이 있다.
④ 우리 전통과 역사가 자랑스럽다.
⑤ 정치와 사회가 민주적으로 운영된다.
(기타:　　　　　　　　　　)

29-2. 여러분이 대한민국에 다시 태어나고 싶지 않다면 그 이유는 무엇입니까?

① 부정부패한 정치인이 많다.
② 개성을 무시하고 획일적이다.
③ 복지제도가 정착되지 못했다.
④ 입시에 대한 스트레스가 크다.
⑤ 범죄나 분단 상황으로 인해 불안하다.
(기타:　　　　　　　　　　)

• 성의껏 조사에 참가해주셔서 정말 감사합니다.

- 4 -

심층 면접 전 사전 안내와 준비

- 조용하고 편안한 분위기의 공간을 마련하고, 4명이 둘러앉아 마주 보고 이야기할 수 있도록 자리를 배치해주세요. 진행 교사는 모든 학생의 반응을 살필 수 있는 적절한 위치에서 진행합니다. 앉아서 진행해도 되지만, 서서 진행하면 학생들을 폭넓게 살피고 주의를 집중시키는데 좀 더 유리합니다.
- 심층 면접을 시작하기 전에 면접 취지를 충분히 설명하고, 영상 촬영과 녹취에 대한 거부감이나 '공포'를 느끼지 않도록 안심시켜주세요. 특히 답변 내용이 담당 역사 선생님에게 전달될까 걱정하는 학생이 있을 수 있습니다.
- 학생들끼리 인사할 시간을 주세요.
- 영상 녹화와 음성 녹취 상태를 점검해주세요.
- 스톱워치나 초침이 있는 시계를 준비해주세요.(1번 문항에 필요)
- 문제지를 배부하고, 필기도구를 준비시켜주세요. 문항은 총 5개이며, 문제지는 총 4면입니다. 문제지 앞면 상단에 이름을 쓰게 한 뒤, 자연스럽게 확인해주세요.
- 1~2번 문항에 시간이 많이 소요되면 이후 문항에 대한 집중도가 많이 떨어지므로 시간 배분에 유의해주세요.
- 만일 심층 면접 이전에 객관식 조사를 진행했다면, 적절한 휴식 시간을 확보해주세요.
- 음료수와 간단한 간식을 준비해주세요. 3번 문항을 마칠 때쯤 학생들이 조금씩 피로감을 느끼게 시작하는데, 이때 음료수를 마시게 하면 피로와 긴장을 푸는 데 도움이 됩니다.
- 문항별로 시간을 적절히 안배해서 1시간에서 1시간 20분 사이에 면접이 마무리되게 해주세요. 그 시간을 넘기면 집중력이 떨어집니다.
- 〈문항별 심층 면접 진행 방법〉에는 사전 조사에서 문항마다 학생들이 어떤 반응을 보였는지, 그 경향이나 유의할 사례들이 제시되어 있습니다. 설문 진행 상황에 따라서 필요한 부분을 참고하시기 바랍니다.

문항별 심층 면접 진행 방법

〈심층 면접 1번〉

- **소요 시간: 10~15분**
- **취지: 학생들이 역사적으로 중요하다고 생각하는 사건의 특성과 역사적 의의를 부여하는 방식에 대한 조사(1)**

1. 여러분 나이또래의 외국 친구에게 우리나라의 역사를 1분 동안 소개한다고 가정하고 이야기해보세요.(소개의 말에 들어가야 할 사건이나 내용을 간단하게 적은 뒤에 이야기를 시작해보세요.)

① 학생들과 함께 소리 내어 문제를 읽습니다.
② 문항과 관련된 질문을 받습니다.
(예: 외국 친구면 어느 나라요? 우리나라 역사 전체를 설명해요? 꼭 우리 나이 또래여야 해요?)
③ 학생들에게 내용을 구상할 시간을 주세요.(3분)
④ 돌아가면서 1분씩 이야기하도록 해주세요.(시간을 측정합니다. 단, 학생들이 조급해하지 않도록 눈치채지 못하게 '살짝' 측정해주세요.)
⑤ 모두 돌아가며 이야기한 후, 하고 싶었던 이야기를 실수로 빠뜨린 학생이 없는지 확인하고 희망자에 한해 보충하여 말할 수 있는 기회를 주세요.
⑥ 시간이 허락되면, 발표 내용의 공통점과 차이점을 확인하고 이에 대해 느낀 점을 한두 마디 자유롭게 덧붙일 기회를 주세요.

〈심층 면접 2번〉

- **소요 시간: 15분 내외**
- **취지: 학생들이 역사적으로 중요하다고 생각하는 사건의 특성과 역사적 의의를 부여하는 방식에 대한 조사(2)**

2. 지금 여러분은 모두 열한 장의 사진 카드를 받았습니다. 사진 카드는 해방 이후 한국 현대사를 대표하는 사건들(카드 예시: 대한민국 정부 수립과 분단, 5·18 민주화 운동과 6월 민주 항쟁, 외환 위기와 경제적 어려움 등)과 관련한 것입니다. 여러분은 이 사건들에 대해 학교에서 배운 적이 있거나 들어본 적이 있을 것입

니다. 그 가운데 좀 더 중요하게, 많이 공부해야 한다고 생각하는 사건을 두 가지 고르세요. 그리고 선택한 이유를 말해봅시다.

① 학생들에게 사건 카드를 배부한 후 학생들과 함께 소리 내어 문제를 읽습니다.
② 문항과 관련된 질문을 받습니다.
③ 학생들에게 사건을 선택하고 선택한 이유를 메모할 시간을 주세요.(2분)
④ 선택을 마무리했는지 확인한 다음, 한 사람씩 어떤 사건을 선택했는지 사건명이나 번호만 먼저 말하게 합니다. (선택한 이유를 같이 말하게 되면 뒷사람이 앞사람의 영향을 받을 우려가 있습니다.)
⑤ 돌아가면서 해당 사건을 선택한 이유와 근거를 설명하게 합니다. 순서는 이전 발표 순서와 달라도 무방합니다. 자유롭게 먼저 손들고 말해도 됩니다.
⑥ 같은 사건을 선택했지만 선택한 이유가 다른 학생들이 있을 경우, 서로의 견해를 어떻게 평가하는지 간단하게 토론할 수 있습니다.
⑦ 현재 일어나고 있는 정치·경제적 사건이 학생들의 선택에 영향을 주었을 가능성이 있는 경우, 보다 심층적인 질문을 추가할 수 있습니다. (예: 남북한의 갈등이 고조되었을 때 남북정상회담을 고른 학생이 많다면, "지금 일어나고 있는 일이 여러분의 선택에 영향을 끼쳤나요? 그 같은 일이 없었다면 다른 사건을 골랐을까요? 그렇다면 어떤 사건을 골랐을까요?)
⑧ 추가 질문으로 다음을 고려할 수 있습니다. "여러분은 무슨 기준으로 그 사건을 중요하다고 판단했나요?", "그런 기준을 정하는 데 영향을 준 것은 무엇일까요? 학교 공부? 미디어? 요즘 일어나는 사건? 평상시의 생각? 부모님……?" "여러분 각자 선택한 사건이 다르고, 같은 사건을 선택한 사람도 중요하다고 생각하는 이유가 달랐습니다. 그런 차이는 왜 생기는 것일까요?"
⑨ 끝까지 심각하게 고민을 한 학생이 있을 경우(분위기가 그랬거나 학생 스스로 갈등이 심했다고 말한 경우), 어떤 선택지를 놓고 고민했는지, 왜 그랬는지 물어보세요. 또는 "두 가지만 선택하는게 너무 힘들었던 학생이 있나요?"라고 물어보고, 이에 반응하는 학생이 있을 경우 이유를 물어볼 수도 있습니다.
⑩ 시간이 허락되면, 발표 내용의 공통점과 차이점을 확인하고 이에 대해 느낀 점을 한두 마디 자유롭게 덧붙일 수 있습니다.

〈심층 면접 3번〉

- **소요 시간: 15분 내외**
- **취지: 객관식 조사 문항 5번(역사지식의 구성적 성격 및 역사 서술의 관점/정확성/객관성)와 연계된 심층 면접 질문**

3. 글 (가)와 글 (나)를 다 같이 읽고, 아래의 두 가지 질문에 대해 자신의 생각을 말해봅시다.

(가): 일본의 한 역사 교과서 저자가 '역사'에 대해 쓴 글

우리가 접하는 역사 사실은 단순히 사실 그 자체가 아니다. 개인이나 민족, 시대에 따라 동일한 사실에 대해서도 이를 바라보는 사고방식이나 태도가 전혀 다르기 때문이다. 예를 들면, 우리가 아는 조지 워싱턴은 미국의 독립전쟁을 이끌었고 미 합중국의 초대 대통령에 부임하여 건국의 기반을 다진 위인이지만, 이 전쟁에 져서 북아메리카 식민지를 상실한 영국에서도 그를 위인이라고 이야기할까? 오늘날 영국의 역사 교과서 중에는 워싱턴을 언급조차 하지 않거나 워싱턴이 이끈 군대를 독립군이 아닌 반란군으로 표현한 교과서도 있다. 결국 ㉠ 민족마다 역사가 다르다는 것이 당연할지 모른다. 이 지구상에 존재하는 나라 수만큼 역사가 여럿 존재한다고 해도 전혀 이상할 것이 없다.

(나): 글 (가)의 지은이가 집필한 교과서에 대해 어떤 사람이 논평한 글

글 (가)의 지은이가 속해 있는 모임에서는 일본의 역사 교과서에 자기 나라 역사를 부정적으로 서술한 내용이 많다고 생각한다. 이들은 ㉡ 일본의 중학교 교과서에서 '종군 위안부'를 다루는 것에 반대하며 '종군 위안부'가 조직적으로 성적 착취를 당한 희생자임을 전혀 인정하지 않는다. 또한 수많은 중국의 민간인과 전쟁포로가 죽임을 당한 난징 대학살 같은 전쟁범죄를 포함해 일본의 군사적 침략행위를 축소해서 서술하려고 한다. 이 모임이 편찬한 역사 교과서는 일본 역사에서 다음과 같은 점을 강조한다. ㉢ 고대 천황의 영웅적 신화, 일본 문화의 독특함과 우수성, 일본 제국주의가 아시아에 미친 영향에 대한 긍정적 평가 등이 그 예이다.

3-(1). 밑줄 친 ㉠과 같은 주장에 대해 동의하나요, 반대하나요? 또는 다른 생각이 있나요? 그렇게 생각하는 이유는 무엇인가요?
3-(2). 밑줄 친 ㉡, ㉢ 같은 교과서 서술에 대해 어떻게 생각하나요? 그렇게 생각하는 이유는 무엇인가요?

① 문항의 시작 부분을 설문 진행 교사가 소리 내어 읽은 다음, 글 (가)와 (나)를 학생이 소리 내어 읽게 합니다. 이때 (가)와 (나)를 읽는 학생을 달리하는 것이 더 좋습니다.
② 진행 교사가 질문 3-(1), 3-(2)를 소리 내어 읽습니다. 학생들에게 자료를 확인하고 두 가지 질문에 대한 생각을 정리하여 메모할 시간을 줍니다.(1분~1분 30초) 이때 자료나 문항 관련 질문을 받을 수 있습니다.
③ 3-(1)에 대한 학생들의 생각을 돌아가며 말하도록 합니다. 참고로, 학생들은 대체로 찬성, 혹은 조건부 찬성의 입장을 취하며, 간략하게 이유를 덧붙이는 경향이 있습니다. 이 질문에 대한 대답은 시간이 오래 걸리지 않을 가능성이 높습니다.
④ 3-(2)에 대한 학생들의 생각을 돌아가며 말하도록 합니다. 이때 설문 진행 교사는 3-(1) 문항에 대한 학생의 답변을 상기시키며 3-(2) 질문과 연계할 수 있도록 유도합니다. "길동이는 앞서 3-(1)에 대해 ~라고 답했지요? 그렇다면, 그런 입장에서 ㉡, ㉢에 대해 어떻게 생각하나요?"
⑤ 질문 3-(2)에 대한 의견을 정리하여 말하기를 어려워하는 학생이 있을 수 있습니다. 학생이 자신의 생각을 정리할 수 있도록, 말한 내용을 진행 교사가 간단히 정리하여 확인하는 질문을 던지고 말한 학생에게 확인을 받을 수 있습니다.
"길동이가 방금 말한 내용은 ~라고 할 수 있을까?"
또는 동료 학생들에게 그 학생의 의견을 듣고 이해한 내용을 말하도록 한 다음, 의견을 말한 학생에게 확인을 받을 수 있습니다. "길동이의 의견을 자기가 이해한 대로 말해볼 사람?", "길동이는 자신의 생각을 친구들이 잘 이해했다고 생각해요?"
⑥ 추가 질문으로 다음을 고려할 수 있습니다. "위의 ㉡, ㉢처럼 쓰인 교과서로 공부하면 어떤 문제가 있을까? 혹시 우리나라 교과서에도 일본 교과서의 일본군 '위안부' 문제처럼 다른 나라 사람들을 불편하게 만드는 내용이 있지 않을까? 있다면 어떤 것이 있을까?", "우리 역사 교과서에서 자랑스러운 역사를 강조하

다 보니 의도적으로 혹은 의식하지 못하는 사이에 왜곡이 발생하는 경우가 있지는 않을까?" "만약, ○○ 사건에 대한 우리 역사 교과서의 서술이 공정치 못하다는 길동이의 의견을 받아들인다면, 어떻게 고쳐야 할까? 그렇게 고쳐 쓰면 어떤 점에서 좋을까?"

⑦ 진행 교사는 학생들의 다양한 답변을 간단하게 정리한 뒤, 다음 질문으로 넘어갑니다. 학생들에게서 지친 기색이 보이면 잠시 음료수를 마시거나 다과를 들면서 4번 설문으로 넘어갈 수도 있습니다.

⑧ 자신의 의견을 보충하여 말할 기회를 요구하는 학생이 있으면 적절히 받아주세요.

〈심층 면접 4번〉

- **소요 시간: 15분 내외**
- **취지: 객관식 조사 문항 13번, 14번(국가와 민족주의의 상대화)과 연계된 심층 면접 질문**

4. 다음은 미국 의회가 일본군 '위안부' 문제에 대해 일본 정부에 책임 있는 행동을 촉구하는 결의안을 채택한 일에 관한 것입니다. 다 같이 읽고, 글 아래 제시된 두 가지 질문에 대해 자신의 생각을 말해봅시다.

2013년 3월 21일 미국 뉴저지주 의회(하원)에서는 일본 정부에 '위안부'에 대한 역사교육을 촉구하는 내용의 결의안을 만장일치로 채택했다. 결의안 내용을 살펴보면, "태평양 전쟁 당시 위안부 강제 동원 문제에 대해 일본 정부의 공식적 시인을 받아내기 위해 싸우는 위안부 피해자들을 지지하며, ㉠ 일본 정부는 역사적인 책임을 인정하고 이러한 과거의 범죄를 미래 세대에 교육해야 한다"는 것이다. 이 결의안에서는 "위안부라는 용어가 1932~1945년 일본군에 의해 강제 동원된 '성 노예'를 일컫는 일본 정부의 표현"이라고 전제하고 "이들 대부분이 한국인과 중국인 여성들이지만 태국과 베트남, 인도네시아, 말레이시아, 필리핀, 호주, 네덜란드 등지에서도 동원됐다"고 명시했다.

뉴저지주 의회(하원)의 이번 결의안은 2007년 연방 하원에서 채택된 위안부 강제 동원 규탄 결의안에 대해 보내는 강력한 지지의 표현이라고 할 수 있다. 2007년 당시 연방 의회(하원)에 결의안을 제출한 사람은 마이크 혼다(캘리포니아주. 민주당) 의원으로 일본계 미국인 3세이다. 혼다 의원은 갓난아기였을 때인 1942년 미국 정부의 일본인 강제 수용 정책에 따라 콜로라도주 강제수용소에 끌려가 그곳에서 어린 시절을 보낸 뒤 1953년에 풀려난 경험을 가지고 있다. 그는 미국 의회가 1988년 시민자유법을 제정해서 미국 정부가 일본인 강제 수용을 공식 사과하는 것을 보고 국가 차원의 사과를 통한 화해가 가지는 힘을 실감했다고 주장한 바 있다.

미국 주의회 차원에서 위안부 결의가 채택된 것은 1999년 캘리포니아주 하원과 지난 1월 뉴욕주 상원에 이어 이번이 세 번째다.

4-(1). 2007년 일본계 미국인인 마이크 혼다 의원이 일본군이 저지른 '위안부' 강제동원을 규탄하는 결의안을 연방 의회에 제출한 이유는 무엇이라고 생각하나요?

4-(2). 여러분이 일본 역사 교과서의 저자가 되었다고 상상해봅시다. 물론 일본인 저자겠지요. 그렇다면 밑줄 친 ㉠과 같은 요구에 대해 어떻게 대처해야 할까요?

① 문항의 시작 부분을 진행 교사가 소리 내어 읽습니다. 그리고 미국 의회의 구성에 대한 학생들의 이해를 돕기 위해 아주 간단하게 문답식 설명을 덧붙입니다. 예를 들면, "여러분은 미국의 의회가 연방 의회와 주의회로 되어 있다는 것을 알고 있나요? 연방 의회는 ~이고, 주의회는 ~이지요. 의회는 다시 상원과 하원으로 나뉘어 있다는 점도 알고 있나요?"라는 식입니다. 확인 설명을 마친 뒤에는 학생이 소리 내어 자료를 읽도록 합니다.

② 진행 교사가 4-(1)과 4-(2) 질문 내용을 소리 내어 읽습니다. 학생들에게 자료를 확인하고 두 가지 질문에 대한 생각을 정리하여 메모할 시간을 줍니다.(1분 정도) 이때 제시된 자료나 문항에 대한 질문을 받을 수 있습니다.

③ 4-(1)에 대한 학생들의 생각을 돌아가며 말하도록 합니다. 참고로, 학생들은 대체로 자료에 제시된 혼다 의원의 경험을 토대로 간단하게 대답하는 경향이 있습니다. 따라서 이 질문에 대한 대답은 시간이 오래 걸리지 않을 가능성이 높습니다. 단, 자료의 내용을 그대로 인용하는 답변에 대해서는 생각을 유도하는 보충 질문을 할 수 있습니다.

④ 4-(2)에 대한 학생들의 생각을 돌아가며 말하도록 합니다. 참고로, 학생들은 '한국인으로서 자아와 정체성'을 가진 상태이므로 일본인이 되어 생각하라는 요구에 꽤 당황해하고 난감해하는 모습을 보이기도 합니다. 대체로 '내가 한국인이지만, 굳이 상상해서 말한다면'이라는 조건을 붙이는 경향이 있으며, (3)번 문항에서 자신이 답했던 내용을 떠올리면서 '갈등을 겪으며 힘들게' 대답하는 학생

들이 적지 않습니다.

⑤ 4-(2) 문항에 대한 의견을 정리하여 말하기 힘들어하는 학생이 있다면, 자신의 생각을 정리할 수 있도록 그 학생이 말한 내용을 진행 교사가 간단히 정리하여 확인하는 질문을 던지고 말한 학생에게 확인을 받을 수 있습니다. "길동이가 방금 말한 내용은 ~라고 할 수 있을까?"

⑥ 추가 질문으로 다음을 고려할 수 있습니다. "미국이나 유럽 나라들의 의회에서 위안부 결의안을 채택하면 일본 교과서의 내용을 바꾸는 데 영향을 줄 수 있을까?"

⑦ 돌아가면서 의견 말하기가 끝난 뒤에는, 학생들의 피로도를 고려하여 서로 다른 의견에 대한 토론을 진행할 수 있을지 판단해봅니다. 학생들의 다양한 답변을 간단하게 정리하고, "이제 마지막 질문이니 힘을 냅시다"라고 학생들을 격려하면서 마지막 질문으로 넘어갑니다.

⑧ 자신의 의견을 보충하여 말할 기회를 요구하는 학생이 있으면 적절히 받아주세요.

〈심층 면접 5번〉

- **소요 시간: 15~20분**
- **취지: 객관식 조사 문항 17, 18, 20번(산업화와 민주화에 대한 인식)과 연계된 심층 면접 질문**

5. 과거 역사를 바라보는 입장은 다양할 수 있을 수 있습니다. 다음의 (가)~(라)는 1960~1980년대 한국 사회를 바라보는 여러 입장들입니다. 다 같이 읽고 글 (가)~(라) 아래 제시된 두 가지 질문에 대해 자신의 생각을 말해봅시다.

(가) 1961년에 집권한 박정희 대통령은 "민주주의라는 빛 좋은 개살구는 기아와 절망에 시달리는 국민 대중에게는 너무나도 무의미한 것이다"라면서 국가와 기업이 손을 잡고 수출을 통해 경제를 성장시키자며 기업의 성장을 우선적으로 강조하였다.

(나) 평화시장 노동자 전태일은 노동자들이 하루 16~18시간의 노동에 시달리면서도 일한 대가를 제대로 받지 못하는 노동 현실을 개선하기 위해 앞장섰다. 1970년 "일주일에 한 번만이라도 햇빛을 보게 해달라!", "우리는 기계가 아니다!"라고 외

치며 시위에 나갔다가 경찰의 제지를 받고 온몸에 휘발유를 뿌려 분신하였다. 전태일의 분신은 1970년대 전후의 경제 성장이 노동자와 농민의 피와 땀으로 이루어졌으나 그들의 삶까지 함께 나아진 것은 아님을 잘 보여준다.

(다) 1962년부터 경제 개발 5개년 계획이 시작되었다. 값싼 노동력을 바탕으로 외국에서 자본을 끌어와 수출 산업을 특별히 지원하는 '국가주도형' 공업화 정책을 추진하였다. 그 결과 1977년 수출 100억 달러를 달성하였고, 경제 개발 계획 추진 이후 처음으로 경상 수지 흑자를 기록하였다. 이와 같은 비약적인 경제 성장을 '한강의 기적'이라고 부른다.

(라) 독재 타도와 헌법 개정을 요구하며 전국적인 시위로 확산된 1987년 6월 민주항쟁 이후 생산직 노동자들은 물론 은행원이나 간호사, 연구원이나 교직원 등 다양한 직종의 노동자들이 민주적인 노동조합을 건설하였다. 정치적 민주화의 실현이 경제 민주화와 평등 사회를 지향하는 움직임으로 이어졌다.

5-(1). 위의 (가)~(라)의 입장 가운데 1960~1980년대 한국 사회를 설명할 때 가장 중요하다고 생각하는 관점을 하나만 고르세요. 그러한 관점을 선택한 이유는 무엇인가요?
5-(2). 만약 여러분이 지금 대한민국의 대통령이 된다면, 우리 사회를 어떤 방향으로 이끌어갈지 (가)~(라)에서 읽은 내용을 참고하여 자유롭게 말해보세요. 지금의 대통령에게 제안을 한다고 생각하고 이야기해도 좋습니다.

① 문항의 시작 부분을 진행 교사가 소리 내어 읽습니다. (가)~(라)는 학생이 소리 내어 읽도록 합니다. 4명의 학생이 하나씩 돌아가며 읽는 것이 좋습니다.
② 설문 진행 교사가 5-(1) 문항을 소리 내어 읽습니다. 학생들이 자료를 확인하면서 생각을 정리하고 메모할 시간을 줍니다.(1분~1분30초 정도) 이때 자료나 문항에 대한 질문을 받을 수 있습니다.
③ 5-(1)에 대한 학생들의 생각을 돌아가며 말하도록 합니다. 단, (가)~(라) 중 선택한 항목부터 말하게 한 뒤에 선택한 이유를 돌아가며 말하게 합니다. 학생들은 자신들의 경험을 바탕으로 매우 다양한 이유를 제시하는 경향이 있습니다. 진행 교사의 견해가 학생들에게 영향을 주지 않도록 유의하면서 학생들 의견의 논점과 핵심이 잘 드러나도록 학생 한 사람 한 사람에게 보충 질문을 던질

수 있습니다. 사전 조사에 따르면, 학생들은 5-(1) 문항에 꽤 높은 흥미를 보입니다. 시간이나 학생들의 상태를 종합적으로 고려하면서 약간의 토론을 진행할 수도 있습니다. '같은 선택, 다른 이유'에 대한 학생 상호 질문과 토론, 상반된 선택에 대한 학생 상호 질문과 토론이 가능합니다.

④ 설문 진행 교사가 5-(2) 문항을 소리 내어 읽습니다. 이 문항에 대해서는 생각을 정리할 시간이 크게 필요하지 않습니다. 약 20~30초만 있으면 정리가 가능합니다. 5-(2) 문항은 답변 순서를 정하지 않고 자유롭게 '난상 토론' 형식으로 진행합니다. 시간이 된다면 발언 기회를 여러 번 주셔도 됩니다.

⑤ 자신의 의견을 보충하여 말할 기회를 요구하는 학생이 있으면 적절히 받아주세요.

역사의식조사, 역사교육의 미래를 묻다

–최초의 전국 단위 초·중·고 역사의식조사, 그 10년의 기록

1판 1쇄 발행일 2020년 6월 8일

지은이 역사교육연구소

발행인 김학원
발행처 (주)휴머니스트 출판그룹
출판등록 제313-2007-000007호(2007년 1월 5일)
주소 (03991) 서울시 마포구 동교로23길 76(연남동)
전화 02-335-4422 **팩스** 02-334-3427
저자·독자 서비스 humanist@humanistbooks.com
홈페이지 www.humanistbooks.com
유튜브 youtube.com/user/humanistma **포스트** post.naver.com/hmcv
페이스북 facebook.com/hmcv2001 **인스타그램** @humanist_insta

편집주간 황서현 **편집** 김나윤 신영숙 **디자인** 박인규
용지 화인페이퍼 **인쇄** 청아디앤피 **제본** 정민문화사

ISBN 979-11-6080-403-4 03900

이 도서의 국립중앙도서관 출판예정도서목록(CIP)은 서지정보유통지원시스템 홈페이지(http://seoji.go.kr)와
국가자료공동목록시스템(http://www.nl.go.kr/kolisnet)에서 이용하실 수 있습니다.(CIP제어번호: CIP2020021117)